HASS UND GESELLSCHAFT

Die unsichtbaren Mechanismen der Entstehung von Feindbildern

Prof. Dr. Melanie Bergmann

Bibliografische Information der Deutschen Nationalbibliothek: Die Deutsche Nationalbibliothek verzeichnet diese Publikation in der Deutschen Nationalbibliografie; detaillierte bibliografische Daten sind im Internet über http://dnb.dnb.de abrufbar.

Verlag: BoD · Books on Demand GmbH, In de Tarpen 42, 22848 Norderstedt, bod@bod.de

Druck: Libri Plureos GmbH, Friedensallee 273, 22763 Hamburg

ISBN: 978-3-7693-5217-7

Inhaltsverzeichnis

HASS ALS ERLERNTES VERHALTEN: EINFÜHRUNG UND ÜBERBLICK 8

DIE ENTWICKLUNG DES HASSES: FRÜHKINDLICHE PRÄGUNG UND SOZIALISATION 12

LERNMECHANISMEN DES HASSES: KONDITIONIERUNG, MODELLLERNEN UND SOZIALE VERSTÄRKUNG 16

FAMILIENSTRUKTUREN UND HASS: DIE ROLLE DER ERZIEHUNG UND FAMILIÄRER DYNAMIKEN 21

BILDUNGSSYSTEM UND HASS: WIE SCHULEN UND LEHRPLÄNE VORURTEILE VERSTÄRKEN KÖNNEN 27

MEDIEN UND HASS: NACHRICHTEN, FILME UND DIE DARSTELLUNG VON FEINDBILDERN 34

POLITISCHE SOZIALISATION UND HASS: IDEOLOGIEN UND PROPAGANDA 40

RELIGION UND HASS: RELIGIÖSE ERZIEHUNG UND INTERRELIGIÖSE KONFLIKTE 46

HASS IN DER DIGITALEN WELT: SOZIALE MEDIEN UND ALGORITHMEN ALS VERSTÄRKER 51

DIE ROLLE VON AUTORITÄTSPERSONEN: LEHRER, ELTERN UND RELIGIÖSE FÜHRER 57

GRUPPENDYNAMIK UND HASS: KONFORMITÄT, GRUPPENDENKEN UND SOZIALER DRUCK 63

RITUALE DES HASSES: SYMBOLISCHE HANDLUNGEN UND INITIATIONSRITEN 68

HASS IN DER POPKULTUR: MUSIK, FILME UND DIE NORMALISIERUNG VON GEWALT 74

HASS UND GESCHLECHT: GESCHLECHTERROLLEN, MÄNNLICHKEITSNORMEN UND MISOGYNIE 78

HASS DURCH NATIONALISMUS: DIE KONSTRUKTION DES "ANDEREN" 84

FEINDBILDER SCHAFFEN: DIE PSYCHOLOGIE DER ENTMENSCHLICHUNG 90

STEREOTYPEN UND VORURTEILE: KOGNITIVE MECHANISMEN UND IHRE SOZIALE REPRODUKTION 96

DAS LERNEN VON HASS IN KRISENSITUATIONEN: WIRTSCHAFTLICHE UNSICHERHEIT UND SOZIALE KONFLIKTE 101

INTERGENERATIONALE ÜBERTRAGUNG VON HASS: FAMILIENTRADITIONEN UND KULTURELLES GEDÄCHTNIS 106

LINGUISTIK DES HASSES: SPRACHE, RHETORIK UND DISKURSANALYSE. 110

EMOTIONALER NUTZEN DES HASSES: DIE ROLLE VON ANGST UND WUT 116

BELOHNUNGSSYSTEME: WARUM HASS ATTRAKTIV SEIN KANN 121

HASS IN AUTORITÄREN GESELLSCHAFTEN: INDOKTRINATION UND GEHORSAM 127

DIE PSYCHOPATHOLOGIE DES HASSES: NARZISSMUS, PARANOIA UND PROJEKTION 133

HASS ALS SOZIALE IDENTITÄT: ZUGEHÖRIGKEIT, LOYALITÄT UND ABGRENZUNG 138

ÖKONOMISCHE INTERESSEN UND HASS: KONKURRENZ, RESSOURCENKONFLIKTE UND SOZIALE UNGLEICHHEIT 140

DER WEG ZUR RADIKALISIERUNG: VOM HASSLERNEN ZUR GEWALTBEREITSCHAFT 144

MEDIATISIERUNG VON HASS: DIE ROLLE VON MASSENMEDIEN UND SOZIALEN PLATTFORMEN 148

HASS ALS POLITISCHES INSTRUMENT: MANIPULATION, MOBILISIERUNG UND MACHT 151

KULTURELLE UNTERSCHIEDE IM LERNEN VON HASS: EIN INTERKULTURELLER VERGLEICH 155

STRATEGIEN ZUR DEKONSTRUKTION VON HASS: BILDUNG, AUFKLÄRUNG UND REFLEXION 159

HASS LERNEN IN TOTALITÄREN REGIMEN: GEHIRNWÄSCHE UND MASSENMANIPULATION 163

DAS LERNEN VON HASS IN EXTREMISTISCHEN GRUPPEN: SEKTEN, TERRORZELLEN UND PARALLELGESELLSCHAFTEN 168

DIE ROLLE VON TRAUMA UND HASS: PERSÖNLICHE UND KOLLEKTIVE TRAUMATA ALS AUSLÖSER 173

HASS UND DIE MEDIEN: KONSTRUKTION UND DEKONSTRUKTION VON NARRATIVEN 177

DER KREISLAUF DES HASSES: WIE OPFER ZU TÄTERN WERDEN 183

HASS UND HUMOR: SATIRE, SARKASMUS UND IHRE AMBIVALENZEN 189

HASS IN DER ERZIEHUNG: NEGATIVE VORBILDER UND IHRE AUSWIRKUNGEN 193

DER EINFLUSS VON LITERATUR UND KUNST AUF HASS 199

HASS UND DAS GEHIRN: NEUROWISSENSCHAFTLICHE PERSPEKTIVEN . 204

DIE ROLLE VON MINDERWERTIGKEITSKOMPLEXEN IM LERNEN VON HASS 209

SPRACHLICHE GEWALT: WIE SPRACHE HASS SCHÜRT 215

ÖFFENTLICHE SYMBOLE UND HASS: DENKMÄLER, FLAGGEN UND IHRE BEDEUTUNGEN 220

HASS IM KONTEXT VON GLOBALISIERUNG UND MIGRATION 225

METHODEN ZUR MESSUNG UND ERFORSCHUNG DES ERLERNTEN HASSES 231

HASS UND IDENTITÄTSKRISEN: SELBSTDEFINITION DURCH ABLEHNUNG DES ANDEREN 236

HASSVERBRECHEN: FORMEN, URSACHEN UND PRÄVENTIONSSTRATEGIEN 241

DIE DEKONSTRUKTION VON HASS IN DER THERAPIE: ANSÄTZE UND FALLSTUDIEN 247

FAZIT: KANN MAN DAS LERNEN VON HASS RÜCKGÄNGIG MACHEN? PERSPEKTIVEN UND ZUKUNFTSAUSSICHTEN 253

Hass ist ein komplexes und vielschichtiges emotionales Phänomen, das in der Psychologie, Soziologie und Neurowissenschaft intensiv untersucht wird. Historisch gesehen wurde Hass oft als eine angeborene menschliche Emotion verstanden, die tief in der Biologie und Evolution des Menschen verwurzelt ist. Neuere Forschung deutet jedoch darauf hin, dass Hass weitgehend als erlerntes Verhalten betrachtet werden kann, das in spezifischen sozialen und kulturellen Kontexten erworben und verstärkt wird.

In der Psychologie wird Hass als eine emotionale Reaktion beschrieben, die in intensiver Ablehnung oder Feindseligkeit gegenüber einer Person oder Gruppe resultiert. Während bestimmte evolutionäre Theorien vorschlagen, dass Hass eine Schutzfunktion gegen Bedrohungen haben könnte, wird zunehmend anerkannt, dass er nicht ausschließlich biologisch determiniert ist. Vielmehr scheint Hass auf kognitiven Prozessen zu basieren, die von Umweltfaktoren beeinflusst werden, wie Sozialisation, kulturelle Werte und Erfahrungen in der Kindheit.

Forscher wie Allport (1954) und Bandura (1977) haben gezeigt, dass menschliche Aggression und Feindseligkeit nicht allein durch biologische Impulse gesteuert werden, sondern durch soziale Lernprozesse geformt werden können. In seiner „Theorie des sozialen Lernens" betonte Albert Bandura, dass Menschen Verhaltensweisen durch die Beobachtung anderer und die Nachahmung dieser Handlungen erlernen. Dies gilt auch für Emotionen wie Hass. Kinder, die in Umgebungen aufwachsen, in denen Vorurteile oder Feindseligkeiten gegenüber bestimmten Gruppen vorherrschen, sind eher geneigt, ähnliche Einstellungen zu übernehmen (Bandura, 1977).

Die Sozialisation spielt eine zentrale Rolle bei der Entwicklung von Hass. Von frühester Kindheit an lernen Menschen, wie sie mit ihren Emotionen umgehen und diese in sozialen Interaktionen ausdrücken sollen. Eine der stärksten Einflüsse auf dieses Lernen ist das familiäre Umfeld. Studien zeigen, dass Kinder von Eltern, die feindselige oder hasserfüllte Einstellungen gegenüber bestimmten Gruppen haben, mit höherer Wahrscheinlichkeit ähnliche Einstellungen entwickeln.

Allport (1954) betonte in seiner Arbeit über Vorurteile, dass Kinder Vorurteile und Hass oft unbewusst von ihren Eltern und ihrem sozialen Umfeld übernehmen. Diese Vorurteile werden nicht immer direkt vermittelt, sondern oft subtil, durch Gespräche, Medienkonsum oder alltägliche Interaktionen. Dieser Prozess des „impliziten Lernens" führt dazu, dass Kinder bestimmte Stereotypen und Abwertungen gegenüber Gruppen internalisieren, ohne dies bewusst zu reflektieren.

Hass wird oft innerhalb spezifischer kultureller und gesellschaftlicher Kontexte weitergegeben und verstärkt. Historisch gesehen haben viele Gesellschaften über Jahrhunderte hinweg Mechanismen etabliert, die bestimmte Gruppen systematisch entmenschlichen und als „anders" oder „minderwertig" darstellen. Diese kulturellen Normen und Werte tragen zur Aufrechterhaltung von Hass bei.

Ein prominentes Beispiel ist der Nationalsozialismus, bei dem über Propaganda und Bildung systematisch antisemitische Ideologien verbreitet wurden. Die soziologische Forschung hat gezeigt, dass Propaganda und die bewusste Manipulation von Informationen einen erheblichen Einfluss auf die Entwicklung von Vorurteilen und Hass haben können. Der Soziologe Erving Goffman (1959) argumentierte, dass soziale Institutionen und Medien oft eine „Rahmung" vornehmen, die bestimmte Gruppen als gefährlich oder minderwertig darstellt, was die Entwicklung von Feindseligkeit und Hass in der breiten Öffentlichkeit fördert.

Der Psychologe Gordon Allport fasst diese Dynamik in seiner „Skala des Vorurteils" zusammen, die zeigt, wie Vorurteile von subtilen Einstellungen bis hin zu offenen Feindseligkeiten und Gewalt eskalieren können (Allport, 1954). Diese Eskalation ist oft das Ergebnis gesellschaftlicher Verstärkung, bei der Normen und institutionelle Praktiken Hass aufrechterhalten und legitimieren.

Medien spielen eine entscheidende Rolle bei der Verbreitung und Verstärkung von hasserfüllten Einstellungen. Untersuchungen zeigen, dass Menschen durch die Darstellung bestimmter Gruppen in den Medien tiefgreifend beeinflusst werden können. Negative Darstellungen von Minderheiten oder marginalisierten Gruppen tragen dazu bei, Vorurteile und Feindseligkeiten zu verstärken, indem sie stereotype Bilder reproduzieren und verstärken (Entman, 1993).

Der Medientheoretiker George Gerbner entwickelte die „Kultivierungstheorie", die argumentiert, dass Menschen, die regelmäßig bestimmte Medieninhalte konsumieren, dazu neigen, die Welt entsprechend den in diesen Medien dargestellten Mustern wahrzunehmen (Gerbner, 1969). Wenn also die Medien immer wieder negative Darstellungen bestimmter Gruppen wiederholen, können Zuschauer oder Leser lernen, diese Gruppen als Bedrohung oder als Feinde wahrzunehmen. In einem solchen Fall wird Hass zu einem „gelernten" Phänomen, das durch den ständigen Konsum von stereotypen Bildern verstärkt wird.

Die Neurowissenschaft liefert zunehmend Hinweise darauf, dass Emotionen wie Hass nicht fest in der Biologie des Menschen verankert sind, sondern durch Erfahrungen und Lernprozesse im Gehirn verankert werden. Studien zur Neuroplastizität zeigen, dass das Gehirn durch wiederholte Erfahrungen umgestaltet wird, was bedeutet, dass es sich an bestimmte Denk- und Verhaltensmuster anpasst.

Einige Studien haben beispielsweise gezeigt, dass das Gehirn durch den Konsum von hasserfüllten Inhalten (z.B. in Form von Vorurteilen oder Extremismus) auf bestimmte Weise „umtrainiert" wird. In einer Untersuchung über die Gehirnaktivität von Menschen, die regelmäßig extremistische Inhalte konsumieren, fanden Forscher heraus, dass bestimmte Hirnregionen, die mit Empathie und sozialem Verständnis verbunden sind, weniger aktiv waren, während Regionen, die mit Angst und Aggression assoziiert werden, verstärkt aktiv waren (Zeki & Romaya, 2008).

Die Forschung zeigt deutlich, dass Hass nicht ausschließlich biologisch oder angeboren ist, sondern ein Verhalten, das weitgehend erlernt wird. Soziale, kulturelle und familiäre Faktoren spielen eine entscheidende Rolle bei der Vermittlung und Verstärkung von hasserfüllten Einstellungen. Sowohl direkte Sozialisation als auch subtile, implizite Lernprozesse tragen dazu bei, dass Hass von Generation zu Generation weitergegeben wird. Neurowissenschaftliche Erkenntnisse unterstreichen, dass das menschliche Gehirn formbar ist und durch wiederholte Exposition gegenüber hasserfüllten Inhalten bestimmte Denkweisen und Emotionen verinnerlichen kann.

Insgesamt ist Hass ein dynamisches Phänomen, das durch eine Kombination von biologischen, sozialen und kulturellen Faktoren entsteht und durch Lernprozesse verstärkt wird. Um Hass wirksam zu bekämpfen, ist es notwendig, die Mechanismen des sozialen Lernens und der Sozialisation zu verstehen und Programme zur Prävention und Intervention zu entwickeln, die diese Dynamiken gezielt ansprechen.

Hass ist eine der stärksten negativen Emotionen, die der Mensch empfinden kann. Er kann sich auf verschiedene Zielobjekte richten, von einzelnen Personen bis hin zu sozialen Gruppen, und führt oft zu tiefgreifenden sozialen Konflikten und Gewalt. Während Hass historisch oft als eine angeborene oder biologische Reaktion auf Bedrohungen verstanden wurde, hat die moderne Forschung in den Sozialwissenschaften und der Psychologie gezeigt, dass Hass in einem komplexen Wechselspiel von frühkindlicher Prägung und sozialer Sozialisation erlernt wird. Dieser Prozess beginnt bereits in den ersten Lebensjahren, wenn Kinder die sozialen Normen und Werte ihrer Umgebung verinnerlichen und emotionale Reaktionen wie Hass durch direkte oder indirekte Erlebnisse entwickeln.

Die Familie stellt die erste und entscheidende soziale Einheit dar, in der ein Kind lernt, emotionale Reaktionen zu entwickeln und mit der Umwelt umzugehen. Bereits in den ersten Lebensjahren beginnt das Kind, die Einstellungen, Werte und Verhaltensweisen der Eltern und anderer enger Bezugspersonen zu beobachten und nachzuahmen. Die Theorie des sozialen Lernens von Albert Bandura (1977) besagt, dass Kinder Verhaltensweisen und emotionale Reaktionen durch die Beobachtung derjenigen lernen, die sie als Modelle betrachten, und durch die Rückmeldungen, die sie für ihr eigenes Verhalten erhalten. Wenn Kinder in einer Umgebung aufwachsen, in der Vorurteile, Feindseligkeit oder Hass gegenüber bestimmten Personen oder Gruppen als normal gelten, übernehmen sie diese Einstellungen oft unbewusst.

Studien belegen, dass Kinder in jungen Jahren besonders empfänglich für emotionale Botschaften ihrer Eltern sind. Wenn Eltern negative oder hasserfüllte Äußerungen über andere äußern, nehmen

Kinder diese oft auf, bevor sie die kognitiven Fähigkeiten entwickelt haben, um diese kritisch zu hinterfragen. Nach Bowlbys (1969) Theorie der Bindung prägen die frühesten sozialen Bindungen eines Kindes dessen späteren Umgang mit Emotionen und sozialen Beziehungen. Wenn diese Bindungen durch Angst, Misstrauen oder Feindseligkeit gegenüber Fremden oder bestimmten sozialen Gruppen gekennzeichnet sind, kann dies dazu führen, dass das Kind entsprechende emotionale Reaktionen wie Hass entwickelt.

Die Sozialpsychologie hat gezeigt, dass Vorurteile eine wichtige Grundlage für die Entwicklung von Hass darstellen können. Vorurteile sind in der Regel verfestigte negative Überzeugungen oder Stereotypen über andere Personen oder Gruppen, die auf sozialen Kategorien wie Rasse, Ethnizität, Religion oder Geschlecht beruhen. Kinder beginnen sehr früh, Kategorien zu bilden und die Welt in „Wir" und „die Anderen" einzuteilen, ein Phänomen, das als *Ingroup-Outgroup-Denken* bekannt ist. Tajfels (1979) Theorie der sozialen Identität beschreibt, wie Menschen dazu neigen, ihre eigene Gruppe (die Ingroup) zu bevorzugen und gegenüber der Outgroup negative Einstellungen zu entwickeln. Diese Tendenz kann durch frühkindliche Sozialisation erheblich verstärkt werden.
Studien zur frühkindlichen Entwicklung zeigen, dass Kinder im Alter von etwa drei bis fünf Jahren beginnen, soziale Kategorien zu erkennen und Unterschiede zwischen Gruppen wahrzunehmen. Diese Wahrnehmungen werden durch die sozialen und kulturellen Normen verstärkt, die ihnen in ihrem Umfeld vermittelt werden. Nach Pettigrew und Tropp (2006) entstehen Vorurteile oft in einem sozialen Umfeld, das durch kulturelle Normen und Stereotypen geprägt ist. Wenn Kinder in einer Umgebung aufwachsen, in der bestimmte Gruppen abgewertet oder stigmatisiert werden, neigen sie dazu, diese Vorurteile zu übernehmen.

Erziehung und Sozialisation sind wesentliche Mechanismen, durch die emotionale Reaktionen wie Hass vermittelt werden. Bronfenbrenners (1979) ökologisches Modell der menschlichen Entwicklung beschreibt, wie verschiedene Ebenen des sozialen Umfelds (von der unmittelbaren Familie bis hin zu breiteren gesellschaftlichen Einflüssen) die Entwicklung eines Kindes formen. Diese Einflüsse wirken nicht isoliert, sondern verstärken sich oft gegenseitig.

Wenn Eltern oder Erziehungsberechtigte Vorurteile und Feindseligkeit gegenüber bestimmten Gruppen ausdrücken, wird dies oft durch soziale Normen in der weiteren Gemeinschaft oder durch Medieninhalte unterstützt. Kinder, die in einer Umgebung aufwachsen, in der bestimmte ethnische oder religiöse Gruppen negativ dargestellt werden, internalisieren diese Darstellungen als Teil ihres Weltbildes. Dies wird auch durch die Arbeiten von Piaget (1932) und Vygotsky (1978) gestützt, die zeigen, dass Kinder durch die Interaktion mit ihrer sozialen Umgebung lernen, wie sie soziale Kategorien und Emotionen verstehen und darauf reagieren.

Neben den Eltern spielen auch andere Erwachsene und Institutionen eine entscheidende Rolle bei der Entwicklung von Hass. Lehrer, religiöse Führer und Peers können als bedeutende Vorbilder fungieren und dazu beitragen, Vorurteile und feindselige Einstellungen zu verstärken oder abzubauen. Besonders in autoritären Erziehungskontexten, in denen Hierarchien und Gruppendenken betont werden, kann die Tendenz zur Feindseligkeit gegenüber „Außenseitern" gefördert werden (Adorno et al., 1950).

Auch Bildungssysteme und Medien tragen erheblich zur Sozialisation von Kindern bei. Schulen und Lehrpläne, die bestimmte Geschichtsnarrative oder kulturelle Normen fördern, können zur Entwicklung hasserfüllter Einstellungen beitragen, insbesondere wenn sie bestehende Vorurteile und Diskriminierung nicht kritisch hinterfragen. Studien haben gezeigt, dass Kinder, die regelmäßig mit stereotypen oder abwertenden Darstellungen in den Medien konfrontiert werden, mit höherer Wahrscheinlichkeit negative Einstellungen gegenüber den betroffenen Gruppen entwickeln (Gerbner et al., 1986).

Der Kontakt zwischen verschiedenen sozialen Gruppen kann ebenfalls eine zentrale Rolle bei der Entwicklung von Hass oder dessen Abbau spielen. Allports (1954) Kontakthypothese besagt, dass der Kontakt zwischen Mitgliedern verschiedener Gruppen Vorurteile abbauen kann, wenn bestimmte Bedingungen erfüllt sind, wie gleiche Machtverhältnisse, gemeinsame Ziele und institutionelle Unterstützung. Fehlt dieser Kontakt, oder findet er unter negativen Bedingungen statt, kann dies jedoch die Entstehung von Vorurteilen und Hass begünstigen. Studien zeigen, dass Kinder, die in segregierten oder homogenen Gemeinschaften aufwachsen, eher Vorurteile entwickeln, da sie weniger Gelegenheit haben, positive intergruppale Erfahrungen zu machen (Pettigrew & Tropp, 2006).

Die Neurowissenschaft bietet zusätzliche Erkenntnisse darüber, wie Hass und Vorurteile im Gehirn verankert werden. Die Forschung zur Neuroplastizität zeigt, dass das Gehirn in den ersten Lebensjahren besonders formbar ist und durch wiederholte Erfahrungen geprägt wird. Wenn Kinder wiederholt negative emotionale Reaktionen auf bestimmte soziale Gruppen erleben oder beobachten, führt dies zu einer Verstärkung von neuronalen Netzwerken, die mit Feindseligkeit und Angst verbunden sind (LeDoux, 1996). Diese Netzwerke können später im Leben durch erneute Exposition reaktiviert werden, was erklärt, warum frühkindliche Erfahrungen so einen starken Einfluss auf das spätere emotionale Verhalten haben.

Die Entwicklung von Hass ist ein tief verwurzelter sozialer Prozess, der durch frühkindliche Prägung und Sozialisation entscheidend beeinflusst wird. Die ersten Lebensjahre sind von entscheidender Bedeutung für die Bildung emotionaler Reaktionen, da Kinder in dieser Phase besonders empfänglich für die Werte und Normen ihrer Umgebung sind. Vorurteile und Feindseligkeiten werden oft durch familiäre, soziale und institutionelle Einflüsse weitergegeben, und die Neurowissenschaft unterstreicht die Bedeutung dieser frühen Erfahrungen für die spätere emotionale Entwicklung. Der Abbau von Hass erfordert daher umfassende Bildungs- und Interventionsstrategien, die nicht nur die individuellen Einstellungen, sondern auch die sozialen Strukturen und Normen ansprechen, die Hass aufrechterhalten.

Lernmechanismen des Hasses: Konditionierung, Modelllernen und soziale Verstärkung

---

Hass, eine stark negative Emotion, die oft auf Personen, Gruppen oder abstrakte Konzepte gerichtet ist, wird in den Sozial- und Verhaltenswissenschaften zunehmend als erlerntes Verhalten verstanden. Der Prozess, durch den Menschen lernen, Hass zu entwickeln und auszudrücken, ist komplex und multidimensional. Im Mittelpunkt stehen drei zentrale Lernmechanismen: Konditionierung, Modelllernen und soziale Verstärkung. Diese Mechanismen bieten Einblicke in die Art und Weise, wie Hass im Laufe der Zeit durch individuelle Erfahrungen, Beobachtung anderer und soziale Rückmeldungen aufgebaut und aufrechterhalten wird.

Die **Konditionierung**, insbesondere die klassische und operante Konditionierung, ist ein grundlegender Mechanismus des emotionalen Lernens, der auch die Entwicklung von Hass beeinflussen kann.

16

In der klassischen Konditionierung, die ursprünglich von Iwan Pawlow (1927) beschrieben wurde, lernen Individuen, eine emotionale Reaktion (wie Hass) mit einem bestimmten Reiz zu assoziieren. Wenn zum Beispiel ein Kind wiederholt negative Erfahrungen mit einer bestimmten Personengruppe macht oder diese Gruppe in einem negativen Kontext sieht, kann es beginnen, starke negative Emotionen mit dieser Gruppe zu verbinden. Die wiederholte Kopplung eines neutralen Reizes (z.B. einer ethnischen Gruppe oder einer sozialen Kategorie) mit negativen Erlebnissen (z.B. Schmerz, Angst oder Benachteiligung) kann zur Konditionierung von Hass führen.

Eine ähnliche Dynamik kann durch die **operante Konditionierung**, ein Konzept, das durch den Verhaltenspsychologen B. F. Skinner (1953) populär gemacht wurde, erklärt werden. Hierbei lernen Menschen durch die Konsequenzen ihres Verhaltens. Wenn eine aggressive oder hasserfüllte Handlung positive Verstärkungen erhält (z.B. soziale Anerkennung in einer Gruppe oder das Gefühl, eine Bedrohung erfolgreich abgewendet zu haben), steigt die Wahrscheinlichkeit, dass dieses Verhalten in Zukunft wiederholt wird. Umgekehrt kann die Vermeidung oder Nichtausübung von Hass mit negativen Konsequenzen verbunden sein, was ebenfalls das hasserfüllte Verhalten verstärken kann.

Ein Beispiel dafür ist die Ausgrenzung von Minderheiten: Wenn Kinder, die hasserfüllte Äußerungen über eine Gruppe machen, von Gleichaltrigen oder Autoritätspersonen belohnt werden (z.B. durch Lachen, Zustimmung oder Anerkennung), wird dieses Verhalten durch positive Verstärkung aufrechterhalten und wiederholt.

Ein weiterer zentraler Mechanismus in der Entwicklung von Hass ist das **Modelllernen**, auch als *Beobachtungslernen* bekannt, das von Albert Bandura (1977) in seiner *Theorie des sozialen*

Lernens beschrieben wurde. Beim Modelllernen übernehmen Individuen Verhaltensweisen und emotionale Reaktionen, indem sie das Verhalten anderer beobachten und nachahmen. Besonders in sozialen Kontexten, in denen Vorurteile oder Hass gegen bestimmte Gruppen akzeptiert oder sogar gefördert werden, lernen Kinder und Jugendliche, ähnliche Einstellungen und Verhaltensweisen zu entwickeln.

Banduras berühmtes *Bobo-Doll-Experiment* zeigte, wie aggressives Verhalten durch Beobachtung von Modellen erlernt werden kann, insbesondere wenn das Modell für dieses Verhalten belohnt wurde (Bandura, Ross & Ross, 1961). Diese Dynamik gilt auch für Hass: Wenn Kinder oder Jugendliche sehen, dass Erwachsene oder Gleichaltrige gegenüber bestimmten Gruppen feindselig agieren und für dieses Verhalten keine negativen Konsequenzen erleiden oder sogar Anerkennung finden, lernen sie, dieses Verhalten als sozial akzeptabel anzusehen und nachzuahmen.

Familienstrukturen spielen dabei eine entscheidende Rolle, da Eltern und enge Bezugspersonen als erste Vorbilder fungieren. Wenn Kinder in einem Umfeld aufwachsen, in dem abwertende oder hasserfüllte Kommentare gegenüber bestimmten Gruppen alltäglich sind, besteht eine hohe Wahrscheinlichkeit, dass sie diese Einstellungen übernehmen. Untersuchungen belegen, dass Kinder in ihrer frühen Sozialisation durch die familiäre Übertragung von Vorurteilen und Hass besonders stark beeinflusst werden (Degner & Dalege, 2013). Dabei erfolgt die Übertragung oft subtil und nicht explizit; Kinder beobachten das Verhalten und die Einstellungen der Eltern und übernehmen diese unbewusst als Normen.

Ein weiteres Feld, in dem Modelllernen eine Rolle spielt, sind **mediale Vorbilder**. Kinder und Jugendliche lernen häufig über

Massenmedien, insbesondere Filme, Fernsehen und soziale Netzwerke. Studien zeigen, dass die Darstellung von Stereotypen und Feindbildern in den Medien zur Festigung von Vorurteilen und zur Entstehung von Hass beitragen kann (Entman, 1993). Wenn bestimmte Gruppen in den Medien konstant negativ dargestellt werden, entwickeln Zuschauer ein verzerrtes Bild dieser Gruppen, was zu Vorurteilen und hasserfüllten Einstellungen führen kann.

Ein dritter wichtiger Lernmechanismus ist die **soziale Verstärkung**, die beschreibt, wie Hass durch positive Rückmeldungen und Unterstützung innerhalb sozialer Gruppen verstärkt und aufrechterhalten wird. Soziale Verstärkung ist eng mit operanter Konditionierung verwandt, jedoch spezifisch auf das soziale Umfeld bezogen. Die **soziale Bestätigung** von hasserfülltem Verhalten in Gruppen trägt dazu bei, dass dieses Verhalten langfristig stabil bleibt.

Der Soziologe Erving Goffman (1959) hat in seiner *Theorie der Impression Management* beschrieben, wie Menschen ihr Verhalten an die Erwartungen und Reaktionen ihres sozialen Umfelds anpassen. In sozialen Gruppen, die negative oder hasserfüllte Einstellungen gegenüber bestimmten Gruppen pflegen, erfahren Individuen oft soziale Bestätigung für das Zeigen von Feindseligkeit oder Aggression. Dies fördert die Verinnerlichung und Stabilisierung solcher Verhaltensweisen. Jugendliche, die beispielsweise in extremistischen oder radikalisierten Gruppen aktiv sind, erleben oft, dass ihre hasserfüllten Äußerungen oder Handlungen von Gleichaltrigen belohnt oder positiv bewertet werden (Tajfel & Turner, 1979). Diese Form der sozialen Bestätigung verstärkt den Hass und macht ihn zu einem zentralen Bestandteil der individuellen und kollektiven Identität.

Darüber hinaus spielen **Machtstrukturen** innerhalb sozialer Gruppen eine entscheidende Rolle. Gruppenführer oder charismatische Persönlichkeiten innerhalb einer Gruppe können hasserfülltes

Verhalten durch ihre Vorbildfunktion modellieren und durch ihre Autorität verstärken. Die Soziologie spricht in diesem Zusammenhang oft von der Rolle des **„Scapegoating"** (Sündenbockmechanismus), bei dem eine Gruppe oder Einzelperson für soziale Probleme verantwortlich gemacht wird, was eine kohäsive Dynamik innerhalb der Gruppe stärkt (Girard, 1986). Diese Mechanismen tragen zur Stabilisierung von Hass als Teil der Gruppenidentität bei, da sich Individuen über ihre Feindseligkeit gegenüber anderen Gruppen definieren.

Die **Soziale Identitätstheorie** von Henri Tajfel (1979) erklärt, wie Menschen dazu neigen, sich mit ihrer eigenen sozialen Gruppe (Ingroup) zu identifizieren und dabei Unterschiede zu anderen Gruppen (Outgroup) zu betonen. Dieser Prozess der sozialen Kategorisierung kann zur Entwicklung von Vorurteilen und Hass führen, wenn Mitglieder der Ingroup positive Verstärkung für feindseliges Verhalten gegenüber der Outgroup erhalten. Die Zugehörigkeit zu einer Gruppe kann dazu führen, dass die eigene Gruppe idealisiert und die Outgroup entmenschlicht wird, ein Prozess, der oft die Basis für gruppenbezogenen Hass bildet (Brewer, 1999).

In extremen Fällen kann diese Dynamik zur **Dehumanisierung** führen, einem Prozess, bei dem die Mitglieder der Outgroup nicht mehr als vollwertige Menschen wahrgenommen werden. Studien zeigen, dass Dehumanisierung eng mit dem Aufkommen von Hass und Gewalt gegenüber bestimmten Gruppen verbunden ist. Medien, Institutionen und politische Führer, die dehumanisierende Narrative verbreiten, verstärken diese Tendenz, indem sie eine soziale Umgebung schaffen, in der Hass als gerechtfertigt angesehen wird (Haslam, 2006).

Die Mechanismen der Konditionierung, des Modelllernens und der sozialen Verstärkung sind entscheidend für das Verständnis der Entstehung und Aufrechterhaltung von Hass. Während die klassische und operante Konditionierung auf individuelle Erfahrungen und deren emotionale Konsequenzen verweist, betont das Modelllernen die Rolle von Vorbildern und sozialer Nachahmung. Soziale Verstärkung schließlich erklärt, wie Hass innerhalb von Gruppen durch Rückmeldungen und soziale Dynamiken verstärkt wird. Alle drei Mechanismen tragen dazu bei, dass Hass zu einem erlernten, sozial konstruierten Phänomen wird, das durch individuelle und kollektive Erfahrungen geprägt ist.

Die Bekämpfung von Hass erfordert daher ein tiefes Verständnis dieser Lernprozesse und die Entwicklung von präventiven Maßnahmen, die darauf abzielen, soziale Bedingungen zu verändern, die Hass fördern und verstärken. Interventionen, die auf Bildung, interkulturellen Dialog und positive soziale Vorbilder setzen, sind entscheidend, um die Mechanismen des Hasses zu unterbrechen und ein Umfeld zu schaffen, das Toleranz und Empathie fördert.

Familienstrukturen und Hass: Die Rolle der Erziehung und familiärer Dynamiken

Die Familie spielt eine zentrale Rolle in der frühen Sozialisation eines Individuums und beeinflusst in entscheidender Weise, welche Werte, Normen und emotionalen Reaktionen Kinder entwickeln. Im Rahmen der Entwicklung negativer Emotionen wie Hass sind Familienstrukturen und die Erziehungspraktiken, die innerhalb dieser Strukturen angewandt werden, von großer Bedeutung. Insbesondere die familiäre Dynamik, die Art der emotionalen Bindungen und die Wertevermittlung durch Eltern und andere familiäre Bezugspersonen tragen entscheidend dazu bei, ob Kinder und Jugendliche feindselige Einstellungen und hasserfüllte Verhaltensmuster gegenüber bestimmten Personen oder Gruppen entwickeln. Dieser Text untersucht die wissenschaftlichen Erkenntnisse zu den Zusammenhängen zwischen familiären Strukturen und der Entwicklung von Hass, wobei sowohl psychologische als auch soziologische Ansätze betrachtet werden.

Die **Bindungstheorie**, die von John Bowlby (1969) entwickelt wurde, bietet einen wichtigen Rahmen, um zu verstehen, wie frühe emotionale Bindungen zwischen Eltern und Kindern die langfristige emotionale Entwicklung beeinflussen. Kinder entwickeln in den ersten Lebensjahren emotionale Bindungen zu ihren primären Bezugspersonen, in der Regel den Eltern. Die Qualität dieser Bindungen spielt eine wesentliche Rolle für die Art und Weise, wie das Kind spätere soziale Beziehungen gestaltet und mit Emotionen wie Angst, Wut und Hass umgeht.

Bowlbys Theorie legt nahe, dass Kinder, die sichere Bindungen zu ihren Eltern entwickeln, ein höheres Maß an emotionaler Stabilität und Resilienz gegenüber negativen Emotionen aufweisen. Sie lernen, ihre Emotionen zu regulieren und können empathische Beziehungen zu anderen Menschen aufbauen. Unsichere Bindungsmuster hingegen, die durch Vernachlässigung, emotionale Kälte oder Missbrauch geprägt sind, können zu einer Überempfindlichkeit gegenüber Bedrohungen und zu einer Neigung zu aggressivem oder hasserfülltem Verhalten führen. Kinder, die emotionale Ablehnung erfahren, entwickeln häufiger aggressive Verhaltensmuster, da sie lernen, dass feindselige Reaktionen auf zwischenmenschliche Konflikte eine effektive Bewältigungsstrategie sind (Mikulincer & Shaver, 2007).

Eine der zentralen Dimensionen, die in der Forschung zur elterlichen Erziehung untersucht wurde, ist der **Erziehungsstil**. Diana Baumrind (1967) identifizierte drei Haupttypen von Erziehungsstilen, die unterschiedliche Auswirkungen auf die emotionale und soziale

Entwicklung von Kindern haben: autoritativ, autoritär und permissiv. Diese Erziehungsstile spielen auch eine bedeutende Rolle bei der Entwicklung von Hass und aggressiven Verhaltensmustern.

Autoritativer Erziehungsstil: Dieser Stil zeichnet sich durch eine Balance zwischen elterlicher Kontrolle und emotionaler Unterstützung aus. Eltern, die autoritativ erziehen, setzen klare Grenzen, fördern jedoch gleichzeitig die Autonomie und das Selbstwertgefühl ihrer Kinder. Kinder, die in solchen Familien aufwachsen, entwickeln in der Regel eine gute emotionale Selbstregulation und sind weniger anfällig für extreme negative Emotionen wie Hass, da sie lernen, mit Konflikten auf konstruktive Weise umzugehen (Baumrind, 1991). Die Forschung hat gezeigt, dass Kinder aus autoritativen Familien weniger anfällig für Vorurteile und aggressive Verhaltensmuster sind (Steinberg, 2001).

Autoritärer Erziehungsstil: Eltern, die autoritär erziehen, legen großen Wert auf Gehorsam und Disziplin, bieten jedoch nur wenig emotionale Unterstützung oder Wärme. Diese strenge und oft bestrafende Erziehung kann bei Kindern zu einer höheren Wahrscheinlichkeit führen, feindselige Einstellungen zu entwickeln. Der autoritäre Erziehungsstil fördert oft die Übernahme rigider sozialer Normen und Vorurteile, da Kinder in einem Umfeld aufwachsen, das Gehorsam und soziale Hierarchien betont (Baumrind, 1991). Studien haben gezeigt, dass Kinder, die in autoritären Familien aufwachsen, eine höhere Neigung zu Aggression und Feindseligkeit gegenüber anderen Gruppen zeigen, insbesondere wenn diese als Bedrohung wahrgenommen werden (Adorno et al., 1950).

Permissiver Erziehungsstil: Permissive Eltern üben nur wenig Kontrolle aus und lassen ihren Kindern große Freiheiten, setzen jedoch kaum klare Regeln oder Grenzen. Diese Kinder haben oft

Schwierigkeiten, emotionale Impulse zu kontrollieren, da sie in einem Umfeld aufwachsen, in dem emotionale Regulation nicht gefördert wird. Auch wenn permissive Erziehung nicht direkt mit der Förderung von Hass in Verbindung gebracht wird, kann sie dazu führen, dass Kinder emotionale Impulse wie Wut und Frustration auf unkontrollierte Weise ausdrücken, was in bestimmten sozialen Kontexten zu aggressiven oder hasserfüllten Verhaltensweisen führen kann (Maccoby & Martin, 1983).

Die Transmission von Vorurteilen innerhalb der Familie
Ein weiterer zentraler Mechanismus, durch den Hass in der Familie erlernt wird, ist die **Transmission von Vorurteilen** von einer Generation zur nächsten. Studien zeigen, dass Eltern oft die Einstellungen und Werte, die sie gegenüber bestimmten sozialen Gruppen hegen, unbewusst an ihre Kinder weitergeben. Dieser Prozess der intergenerationalen Übertragung von Vorurteilen kann durch direkte Lehre oder durch indirekte Sozialisation erfolgen. Insbesondere in ethnisch oder religiös homogenen Familienumfeldern, in denen negative Stereotype über andere Gruppen weit verbreitet sind, können Kinder diese Vorurteile als Teil ihrer Weltanschauung übernehmen (Degner & Dalege, 2013).

Die Forschung zur sozialen Kategorisierung zeigt, dass Kinder bereits in jungen Jahren beginnen, die soziale Welt in Kategorien wie "Wir" und "die Anderen" zu unterteilen (Tajfel, 1981). Wenn Eltern diese Kategorisierungen durch abwertende oder hasserfüllte Kommentare über bestimmte Gruppen verstärken, entwickeln Kinder oft Vorurteile und negative Einstellungen gegenüber diesen Gruppen. In Familien, in denen negative Stereotype offen oder subtil gefördert werden, verinnerlichen Kinder diese oft ohne kritische Reflexion, da sie sich auf die Werte und Überzeugungen ihrer Eltern verlassen, um ihre soziale Realität zu verstehen.

Die **Theorie der sozialen Dominanz** von Sidanius und Pratto (1999) liefert einen weiteren Erklärungsansatz für die Entstehung von Hass innerhalb der familiären Sozialisation. Diese Theorie besagt, dass Menschen dazu neigen, hierarchische Strukturen innerhalb von sozialen Gruppen zu akzeptieren und diese Hierarchien oft durch Ideologien der Ungleichheit und Dominanz rechtfertigen. In autoritären Familienstrukturen, in denen die Macht ungleich verteilt ist und Gehorsam und Hierarchie betont werden, können Kinder lernen, dass Ungleichheit und Dominanz gerechtfertigt sind und dass es akzeptabel ist, gegenüber untergeordneten Gruppen oder Individuen feindselig zu sein.

Familien, in denen Geschlechterrollen oder ethnische Hierarchien stark betont werden, vermitteln oft eine Weltanschauung, in der es „natürlich" ist, dass bestimmte Gruppen über andere dominieren. Diese hierarchischen Strukturen tragen dazu bei, dass Kinder lernen, soziale Ungleichheit und Diskriminierung als legitim zu betrachten, was zur Entwicklung von Hass gegenüber, als "unterlegen" wahrgenommenen Gruppen führen kann (Pratto et al., 2006).

Neben den Erziehungsstilen und der Übertragung von Vorurteilen spielt auch die **familiäre Konfliktdynamik** eine wichtige Rolle bei der Entstehung von Hass. In Familien, die durch häufige Konflikte, Spannungen oder Gewalt geprägt sind, entwickeln Kinder oft negative emotionale Bewältigungsstrategien. Studien haben gezeigt, dass Kinder, die in Haushalten aufwachsen, in denen Gewalt oder emotionale Vernachlässigung häufig vorkommt, eine höhere Wahrscheinlichkeit haben, aggressive und hasserfüllte Verhaltensweisen zu entwickeln (Dodge, 1991).

Die **Theorie der erlernten Aggression** von Leonard Berkowitz (1993) besagt, dass Kinder, die in einer Umgebung aufwachsen, in der Aggression als akzeptable Reaktion auf Konflikte wahrgenommen, dazu neigen, ähnliche Verhaltensweisen zu übernehmen. Familiäre Konflikte, die nicht auf konstruktive Weise gelöst werden, führen oft dazu, dass Kinder lernen, Wut und Frustration auf aggressive oder feindselige Weise auszudrücken. Dieser Mechanismus kann leicht auf soziale Interaktionen außerhalb der Familie übertragen werden, was zur Entwicklung von Hass gegenüber bestimmten Gruppen oder Personen führen kann.

Die sozioökonomische Lage einer Familie kann ebenfalls einen erheblichen Einfluss auf die Entwicklung von Hass haben. Familien, die in Armut oder sozialer Isolation leben, sind oft stärkerem Stress und sozialer Unsicherheit ausgesetzt, was die emotionale Dynamik innerhalb der Familie negativ beeinflussen kann. Studien zeigen, dass sozioökonomischer Stress oft mit höheren Raten von häuslicher Gewalt und Konflikten einhergeht, was wiederum die Wahrscheinlichkeit erhöht, dass Kinder aggressive oder hasserfüllte Verhaltensmuster entwickeln (Conger et al., 1992).

Darüber hinaus kann sozioökonomische Unsicherheit dazu führen, dass Eltern und Kinder sich stärker bedroht fühlen, insbesondere von anderen sozialen Gruppen, die als Konkurrenten um knappe Ressourcen wahrgenommen werden. Diese Wahrnehmung von Bedrohung kann Hass und Vorurteile gegenüber, als „fremd" oder „anders" wahrgenommenen Gruppen verstärken (Cuddy, Fiske & Glick, 2007). Familien, die in benachteiligten sozialen Umfeldern leben, können daher anfälliger für die Übernahme hasserfüllter Ideologien sein, die soziale Ungleichheit und Fremdenfeindlichkeit rechtfertigen.
Schlussfolgerung

Familienstrukturen und Erziehungspraktiken spielen eine entscheidende Rolle bei der Entstehung und Aufrechterhaltung von Hass. Bindungsstile, Erziehungsstrategien, die familiäre Hierarchie sowie die Konfliktdynamik innerhalb der Familie sind zentrale Faktoren, die beeinflussen, ob Kinder feindselige und hasserfüllte Einstellungen entwickeln. Insbesondere autoritäre Erziehungsstile, die Übertragung von Vorurteilen und Konflikte in der Familie begünstigen die Entstehung von Hass.

Die Bekämpfung von Hass erfordert daher präventive Maßnahmen, die bei der familiären Sozialisation ansetzen. Eltern sollten in ihrer Erziehungsrolle unterstützt werden, um positive emotionale Bindungen zu fördern und Vorurteile kritisch zu reflektieren. Weiterhin ist es wichtig, sozioökonomische Ungleichheit zu verringern, um den familiären Stress zu reduzieren, der oft zur Entwicklung von Aggression und Hass beiträgt.

Bildungssystem und Hass: Wie Schulen und Lehrpläne Vorurteile verstärken können

Das Bildungssystem hat in vielen Gesellschaften eine zentrale Funktion bei der Sozialisation von Kindern und Jugendlichen. Schulen sind nicht nur Orte des Wissenserwerbs, sondern auch Institutionen, in denen soziale Normen, Werte und Identitäten vermittelt werden. Doch obwohl Bildung häufig als Instrument zur Förderung von Toleranz, sozialem Zusammenhalt und Demokratie idealisiert wird, können Schulen und Lehrpläne in bestimmten Kontexten auch zur Reproduktion und Verstärkung von Vorurteilen und Hass beitragen. Die Art und Weise, wie Unterrichtsmaterialien gestaltet sind, welche

Werte in der Schule vermittelt werden und wie soziale Hierarchien zwischen Schülern reproduziert werden, kann entweder dazu führen, dass Vorurteile abgebaut oder aber vertieft werden. In diesem Kapitel wird untersucht, wie das Bildungssystem – von den Lehrplänen bis hin zur Schulpolitik – unbewusst zur Förderung von Vorurteilen beitragen kann, und welche Mechanismen dabei eine Rolle spielen.

Schulen als Orte der sozialen Reproduktion
Pierre Bourdieu und Jean-Claude Passeron (1970) haben in ihren klassischen Studien über Bildungssysteme argumentiert, dass Schulen ein zentraler Ort für die **Reproduktion sozialer Ungleichheit** sind. Sie zeigen auf, wie das Bildungssystem oft die bestehenden sozialen und kulturellen Machtverhältnisse aufrechterhält und legitimiert. In diesem Zusammenhang ist es wichtig zu verstehen, dass Schulen nicht in einem sozialen Vakuum agieren, sondern in bestehenden sozialen und politischen Kontexten verankert sind. Die in Schulen vermittelten Inhalte und Werte spiegeln daher oft dominante gesellschaftliche Ideologien wider, die Vorurteile und Diskriminierung aufrechterhalten können.

Zum Beispiel haben mehrere Studien gezeigt, dass Schulbücher und Lehrpläne häufig historische oder kulturelle Darstellungen bevorzugen, die die dominante Gruppe in einer Gesellschaft begünstigen und Minderheiten marginalisieren. Dies kann dazu führen, dass bestimmte Gruppen als weniger wertvoll oder „anders" dargestellt werden, was zu einer Verinnerlichung von Stereotypen und Vorurteilen führt. Dies ist besonders in Ländern mit kolonialer Vergangenheit oder ethnischer Vielfalt der Fall, wo nationale Lehrpläne oft eine vereinfachte oder verzerrte Sicht auf Geschichte und Kultur vermitteln (Apple, 1990).

Lehrpläne und die Konstruktion von „dem Anderen"

Ein zentraler Mechanismus, durch den Vorurteile in Schulen verstärkt werden können, ist die **Konstruktion des „Anderen"** im Lehrplan. Dies geschieht häufig durch die Art und Weise, wie Lehrpläne Geschichte, Literatur und Sozialkunde darstellen. Studien haben gezeigt, dass Schulbücher oft die Geschichte und Kultur dominanter Gruppen in den Vordergrund stellen und andere Gruppen entweder ausblenden oder in stereotypisierter Form darstellen. Eine Metaanalyse von Pingel (2010) ergab, dass in vielen Ländern ethnische Minderheiten oder koloniale Bevölkerungen oft nur als Randfiguren in der Geschichte dargestellt werden und dass die komplexen historischen Realitäten kolonialer Unterdrückung, Ausbeutung und Widerstand oft vereinfacht oder verschwiegen werden.

Ein weiteres Beispiel ist die Darstellung von Frauen und Geschlechterrollen in Lehrplänen. Untersuchungen von Sadker und Zittleman (2009) zeigen, dass in vielen Schulbüchern Männer in überwiegend aktiven und führenden Rollen dargestellt werden, während Frauen oft auf passive oder unterstützende Rollen reduziert werden. Solche Darstellungen können dazu führen, dass geschlechtsspezifische Vorurteile verstärkt werden, indem sie Schülern eine verzerrte Sicht auf die Geschlechterverhältnisse vermitteln. Diese Vorurteile können sich später in Form von geschlechtsspezifischem Hass oder Diskriminierung manifestieren.

Ein weiterer kritischer Punkt ist die Darstellung von Religion und ethnischen Gruppen in Schulmaterialien. In einigen Ländern gibt es deutliche Tendenzen, religiöse oder ethnische Minderheiten als Bedrohung oder als minderwertig darzustellen, was eine Basis für Vorurteile und Hass schaffen kann. Beispielsweise hat die Forschung zu Schulbüchern in Ländern des Nahen Ostens gezeigt, dass Lehrpläne manchmal feindselige oder abwertende Darstellungen bestimmter religiöser Gruppen beinhalten, die nationale oder religiöse

Hierarchien stärken (Brown & Davies, 2014). Solche Inhalte können Vorurteile gegenüber bestimmten religiösen oder ethnischen Gruppen verstärken und langfristig die Basis für Hass und Diskriminierung bilden.

Die Rolle von Lehrkräften: Unbewusste Vorurteile und implizite Botschaften

Lehrkräfte spielen eine entscheidende Rolle bei der Vermittlung von Wissen und Werten, und sie haben erheblichen Einfluss auf die soziale und emotionale Entwicklung ihrer Schüler. Allerdings sind auch Lehrer nicht immun gegenüber den kulturellen und sozialen Vorurteilen, die in der Gesellschaft existieren. Forschung zur Rolle von Lehrern in der Reproduktion von Vorurteilen zeigt, dass Lehrer oft unbewusste Vorurteile haben, die ihre Interaktionen mit Schülern beeinflussen. Diese **impliziten Vorurteile** können sich in subtilen, aber wirksamen Formen manifestieren, wie zum Beispiel in der Art und Weise, wie Lehrer Schüler verschiedener ethnischer oder sozialer Hintergründe behandeln (Glock, 2016).

Eine Studie von Ferguson (2003) zeigt, dass Lehrkräfte oft Schüler mit afroamerikanischem Hintergrund als weniger leistungsfähig oder als disziplinarisches Problem wahrnehmen, was zu einer unterschiedlichen Behandlung führt. Solche Unterschiede in der Behandlung verstärken bestehende soziale Ungleichheiten und können bei den betroffenen Schülern Gefühle der Entfremdung und Ablehnung hervorrufen, was wiederum ihre soziale Identität und ihre Einstellung gegenüber der Mehrheitsgesellschaft negativ beeinflussen kann. In extremen Fällen kann dies zur Entwicklung von Ressentiments und Hass führen.

Die Reproduktion sozialer Hierarchien und Diskriminierung

In vielen Schulsystemen gibt es eine klare **soziale Hierarchie** zwischen Schülern, die auf Faktoren wie ethnische Zugehörigkeit, sozioökonomischen Status, Geschlecht oder Leistung basiert. Diese Hierarchien werden oft durch schulische Strukturen, wie Leistungsgruppen oder den Zugang zu bestimmten Bildungsressourcen, verstärkt. Die Soziologin Annette Lareau (2003) zeigte in ihrer Studie, dass Kinder aus wohlhabenderen Familien oft besser auf den Schulalltag vorbereitet sind, da ihre Eltern die schulischen Anforderungen besser verstehen und sich besser für ihre Kinder einsetzen können. Dies führt dazu, dass Schüler aus privilegierten sozialen Schichten mehr Aufmerksamkeit und Förderung erhalten, während Schüler aus weniger privilegierten Schichten oft benachteiligt werden.

In einem solchen Umfeld lernen Schüler, soziale Hierarchien als natürlich oder unvermeidlich zu akzeptieren, was dazu führen kann, dass sie Vorurteile gegenüber „unterlegenen" Gruppen entwickeln. Eine solche implizite **Hierarchisierung von sozialen Gruppen** kann zu Vorurteilen und diskriminierenden Verhaltensweisen führen. Wenn Schüler erleben, dass bestimmte Gruppen systematisch benachteiligt oder abgewertet werden, können sie diese Wahrnehmung internalisieren und ihr eigenes Verhalten und ihre Einstellungen entsprechend anpassen. Diese soziale Dynamik wird von Tajfels (1979) *Sozialer Identitätstheorie* gestützt, die zeigt, dass Menschen dazu neigen, ihre eigene Gruppe (Ingroup) gegenüber anderen Gruppen (Outgroup) aufzuwerten, was zu intergruppaler Diskriminierung und oft zu Hass führen kann.

Schulpolitik und institutionelle Diskriminierung
Ein weiterer kritischer Aspekt, der zur Verstärkung von Vorurteilen und Hass im Bildungssystem beiträgt, ist die **institutionelle Diskriminierung**. Institutionelle Diskriminierung bezieht sich auf systemische Benachteiligungen bestimmter Gruppen durch

organisatorische Strukturen oder Politiken. In vielen Schulsystemen gibt es versteckte oder offene Formen der Diskriminierung, die sich in der Ungleichverteilung von Ressourcen, der Ausgrenzung bestimmter Gruppen oder in der Art und Weise, wie Disziplinarmaßnahmen umgesetzt werden, zeigen.

Beispiele für institutionelle Diskriminierung in Schulen sind Ungleichheiten im Zugang zu hochwertiger Bildung oder die systematische Benachteiligung von Schülern mit Migrationshintergrund. Eine Studie von Artiles und Trent (1994) zeigt, dass Schüler aus ethnischen Minderheiten in den USA überproportional häufig in sonderpädagogische Programme eingewiesen werden, was oft ihre schulischen und beruflichen Zukunftsperspektiven negativ beeinflusst. Diese Formen der strukturellen Diskriminierung können bei den betroffenen Schülern das Gefühl erzeugen, ausgegrenzt oder ungerecht behandelt zu werden, was langfristig zur Entwicklung von Feindseligkeit und Hass gegenüber der Mehrheitsgesellschaft beitragen kann.

Vorurteile in Peer-Gruppen und Mobbing
Schulen sind auch Orte, an denen soziale Beziehungen zwischen Gleichaltrigen entstehen. Diese Beziehungen spielen eine zentrale Rolle bei der Entwicklung von Vorurteilen und Hass. Forschung zum Thema **Mobbing** zeigt, dass Schüler, die aufgrund ihrer ethnischen Zugehörigkeit, ihrer Religion oder anderer Merkmale gemobbt werden, oft mit intensiven negativen Emotionen wie Angst, Wut und schließlich Hass reagieren. Mobbing kann somit ein Auslöser für die Entwicklung von Vorurteilen und Feindseligkeit gegenüber bestimmten sozialen Gruppen sein (Hawker & Boulton, 2000).

Schüler, die in einem Umfeld aufwachsen, in dem Vorurteile und Diskriminierung in den sozialen Beziehungen zwischen Gleichaltrigen verbreitet sind, verinnerlichen diese Vorurteile oft und reproduzieren sie in ihren eigenen sozialen Interaktionen. Studien zeigen, dass Peer-Gruppen einen erheblichen Einfluss auf die Entwicklung von Stereotypen und Feindseligkeiten haben können, insbesondere in Kontexten, in denen es zu intergruppalen Konflikten kommt (Rutland, Cameron, Bennett, & Ferrell, 2005).

Das Bildungssystem ist ein bedeutender Einflussfaktor bei der Vermittlung von Werten und Normen, und es trägt in vielerlei Hinsicht zur sozialen Entwicklung von Kindern und Jugendlichen bei. Allerdings können Schulen und Lehrpläne in bestimmten Kontexten auch zur Verstärkung von Vorurteilen und Hass beitragen. Lehrpläne, die die Geschichte und Kultur dominanter Gruppen überbetonen und Minderheiten marginalisieren, sowie unbewusste Vorurteile von Lehrkräften und institutionelle Diskriminierung, können negative Einstellungen und Stereotype verstärken. Ebenso spielen die sozialen Hierarchien innerhalb von Schulen und die Interaktionen in Peer-Gruppen eine wesentliche Rolle bei der Entwicklung und Verbreitung von Vorurteilen.

Um diesem Problem entgegenzuwirken, ist es notwendig, dass Schulen und Bildungspolitiker ihre Lehrpläne und institutionellen Strukturen kritisch reflektieren und Maßnahmen ergreifen, um Vorurteile und Diskriminierung in allen Bereichen des Schullebens zu reduzieren. Dies könnte beispielsweise durch die Einführung von Schulprogrammen zur Förderung von Toleranz, Vielfalt und sozialer Gerechtigkeit geschehen. Nur durch eine bewusste und kontinuierliche Auseinandersetzung mit diesen Themen kann das Bildungssystem eine inklusive und respektvolle Lernumgebung fördern, die zur Bekämpfung von Hass beiträgt.

Medien und Hass: Nachrichten, Filme und die Darstellung von Feindbildern

Medien sind ein bedeutender Faktor bei der Entstehung und Verbreitung von Vorurteilen und Feindbildern, die in der Gesellschaft Hass hervorrufen und verstärken können. Dabei spielen verschiedene Medientypen – von Nachrichten über Filme bis hin zu sozialen Medien – eine zentrale Rolle bei der Konstruktion und Aufrechterhaltung von Stereotypen und Vorurteilen. Dieses Kapitel untersucht die Mechanismen, durch die Medien Feindbilder erzeugen und verstärken, wie diese Darstellung auf gesellschaftliche Dynamiken und Konflikte zurückwirkt und welche psychologischen Effekte solche medial vermittelten Feindbilder auf die Rezipienten haben.

Der Einfluss der Nachrichtenmedien auf die Wahrnehmung von Feindbildern

Nachrichtenmedien besitzen die Fähigkeit, gesellschaftliche Themen zu definieren und die öffentliche Meinung zu beeinflussen. Durch den sogenannten *Agenda-Setting*-Prozess können Medien darüber bestimmen, welche Themen als wichtig erachtet werden, und durch *Framing* wird beeinflusst, wie diese Themen interpretiert werden (McCombs & Shaw, 1972; Entman, 1993). In diesem Kontext haben Nachrichtenmedien eine bedeutende Rolle bei der Konstruktion von Feindbildern, indem sie bestimmten Gruppen wiederholt negative Attribute zuweisen.

Eine Vielzahl von Studien hat gezeigt, dass die Art und Weise, wie über bestimmte ethnische oder religiöse Gruppen berichtet wird, oft stark verzerrt ist. Insbesondere in der Berichterstattung über Migration, Terrorismus oder Kriminalität werden Minderheitengruppen häufig in einem negativen Licht dargestellt. Ein klassisches Beispiel ist die Medienberichterstattung über muslimische Gemeinschaften nach den Terroranschlägen vom 11. September 2001. Studien zeigten, dass Muslime nach diesen Ereignissen verstärkt als Bedrohung dargestellt wurden, was zu einem Anstieg islamfeindlicher Einstellungen führte (Powell, 2011; Saeed, 2007). Eine Analyse von Baker et al. (2013) zu britischen Printmedien ergab, dass die Berichterstattung über Muslime zwischen 2001 und 2012 überwiegend negativ war, wobei islamische Kultur und Religion oft in Verbindung mit Gewalt, Extremismus und Unterdrückung dargestellt wurden.

Ähnlich verhält es sich mit der Darstellung von Einwanderern in westlichen Medien. In der Forschung wird häufig festgestellt, dass Migranten und Flüchtlinge als Bedrohung für die nationale Sicherheit und den Arbeitsmarkt inszeniert werden. Ein Beispiel hierfür ist die Untersuchung von Esses, Medianu und Lawson (2013), die zeigen konnten, dass Medien in Nordamerika und Europa Migranten regelmäßig als Gefahr für die soziale Ordnung und als Last für das Sozialsystem darstellen. Diese Darstellungen tragen zur Verfestigung von negativen Stereotypen bei und fördern fremdenfeindliche Haltungen in der Bevölkerung.

Durch die fortlaufende negative Darstellung bestimmter Gruppen in den Nachrichtenmedien werden diese Gruppen symbolisch „ausgegrenzt". George Gerbner (1998) prägte hierfür den Begriff der „symbolischen Vernichtung", der beschreibt, wie bestimmte Gruppen entweder durch negative Berichterstattung verzerrt dargestellt oder vollständig aus den Medien ausgeblendet werden. Diese symbolische

Vernichtung kann die Grundlage für Hass und Diskriminierung sein, da sie die sozialen Grenzen zwischen „uns" und „den anderen" verstärkt und Gruppen, die als Bedrohung dargestellt werden, dehumanisiert.

Filme und die Konstruktion des „Anderen"
Auch Filme und die Unterhaltungsindustrie spielen eine entscheidende Rolle bei der Konstruktion von Feindbildern. Filme haben eine mächtige Wirkung auf das Bewusstsein der Menschen, da sie Geschichten erzählen und emotionale Reaktionen hervorrufen, die tiefe kognitive und affektive Spuren hinterlassen können. Historisch betrachtet haben Filme oft zur Konstruktion von ethnischen und nationalen Feindbildern beigetragen. Die Darstellung bestimmter Gruppen als „feindlich" oder „anders" findet sich in einer Vielzahl von Genres, von Kriegsfilmen über Actionfilme bis hin zu historischen Epen.
Ein klassisches Beispiel für die Konstruktion von Feindbildern im Film sind die Darstellungen von Menschen asiatischer Herkunft während des Zweiten Weltkriegs. In US-amerikanischen Filmen dieser Zeit wurden Japaner häufig als sadistische, unmenschliche Gegner dargestellt, die die amerikanische Lebensweise bedrohen. Solche Darstellungen trugen dazu bei, die Feindseligkeit gegenüber der japanischen Bevölkerung sowohl in den Vereinigten Staaten als auch international zu verstärken (Dower, 1986).

In ähnlicher Weise hat Hollywood nach den Anschlägen vom 11. September oft den „arabischen Terroristen" als Standardfeindbild in Actionfilmen etabliert. Shaheen (2001) analysierte über 900 Hollywood-Filme und stellte fest, dass Araber in der Mehrzahl dieser Filme stereotyp als gewalttätige Extremisten dargestellt wurden. Solche wiederholten negativen Darstellungen prägen die Wahrnehmung der Zuschauer und können Vorurteile und Feindseligkeiten gegenüber

36

Arabern und Muslimen verstärken. Durch diese ständigen Wiederholungen in der Populärkultur wird das Bild des „arabischen Feindes" normalisiert, und solche Filme verstärken kulturelle Spannungen und Polarisierungen.

Filme haben zudem die Fähigkeit, historische Konflikte zu rekonstruieren und dabei Narrative zu schaffen, die die „Guten" von den „Bösen" klar abgrenzen. Dies kann oft zu einer verzerrten Wahrnehmung führen, in der komplexe historische Ereignisse vereinfacht und moralisch eindeutige Positionen zugewiesen werden. Historische Feindbilder werden dadurch nicht nur verfestigt, sondern auch an neue Generationen weitergegeben.

Soziale Medien und die Verbreitung von Hass
Mit dem Aufstieg sozialer Medien hat sich die Dynamik der Verbreitung von Feindbildern radikal verändert. Plattformen wie Facebook, Twitter und YouTube ermöglichen eine schnelle und ungefilterte Verbreitung von Informationen, die sowohl positive als auch negative Inhalte umfassen. Während soziale Medien dazu beitragen können, Dialog und Toleranz zu fördern, haben sie auch die Verbreitung von Hassreden und extremistischen Ideologien erleichtert.

Die Algorithmen sozialer Medienplattformen spielen hierbei eine zentrale Rolle. Diese Algorithmen sind darauf ausgelegt, Inhalte zu priorisieren, die hohe Interaktionen erzeugen, und emotionale, polarisierende Inhalte tendieren dazu, mehr Aufmerksamkeit zu erregen. Dies hat zur Folge, dass extreme und hasserfüllte Inhalte oft bevorzugt in den Feeds der Nutzer angezeigt werden, was zu einer Verstärkung von Vorurteilen und Feindbildern führen kann (Tufekci, 2018). In einer Studie von Vosoughi, Roy und Aral (2018) wurde festgestellt, dass falsche oder irreführende Informationen, insbesondere solche, die Feindbilder oder extreme Ansichten fördern, sich auf Twitter schneller verbreiten als wahrheitsgemäße Informationen.

Darüber hinaus bieten soziale Medien eine Plattform für die Bildung von **Echokammern**, in denen Nutzer überwiegend mit Informationen und Meinungen konfrontiert werden, die ihre bestehenden Ansichten bestätigen. Dies verstärkt nicht nur bestehende Vorurteile, sondern kann auch zu einer Radikalisierung führen, da Nutzer zunehmend in homogenen Netzwerken agieren, die alternative Perspektiven ausschließen. Sunstein (2017) beschreibt diesen Prozess als „Gruppenpolarisierung", bei dem Menschen, die in einer Gruppe mit ähnlichen Meinungen interagieren, dazu neigen, extremere Positionen zu entwickeln.

Eine weitere Gefahr der sozialen Medien liegt in der Anonymität, die viele Plattformen bieten. Diese Anonymität erleichtert es, Hassreden zu äußern, ohne unmittelbare soziale oder rechtliche Konsequenzen befürchten zu müssen. Dadurch entsteht ein Raum, in dem Feindbilder und hasserfüllte Rhetorik ohne Hemmungen verbreitet werden können, was insbesondere in polarisierten politischen oder sozialen Kontexten zu einem Anstieg von Gewalt und Feindseligkeit führen kann (Foxman & Wolf, 2013).

Psychologische Mechanismen: Kognitive Verzerrungen und die Dehumanisierung von Feindbildern
Die Medien tragen nicht nur durch die Verbreitung von Feindbildern zur Entstehung von Hass bei, sondern sie beeinflussen auch die psychologischen Mechanismen, die der Wahrnehmung von „dem Anderen" zugrunde liegen. Eines der zentralen Konzepte hierbei ist die **Dehumanisierung**, also der Prozess, durch den bestimmte Gruppen als weniger menschlich oder minderwertig wahrgenommen werden. Medien, die bestimmte Gruppen regelmäßig als Bedrohung

oder in negativen Stereotypen darstellen, tragen zur Dehumanisierung dieser Gruppen bei.

Studien zur Medienwirkung haben gezeigt, dass wiederholte Exposition gegenüber dehumanisierenden Darstellungen dazu führt, dass Menschen weniger Empathie und Mitgefühl für die betroffenen Gruppen empfinden (Haslam, 2006). Dies erleichtert die Verbreitung von Hass, da die Opfer solcher Feindbilder als weniger wertvoll oder sogar als berechtigt für Gewaltanwendung angesehen werden. Ein Beispiel dafür ist die Berichterstattung über Kriege, in denen der Feind oft als barbarisch oder unmenschlich dargestellt wird, was dazu beiträgt, Gewalt gegen diese Gruppe zu rechtfertigen (Bandura, 1999).

Zusätzlich verstärken Medien die **kognitive Verzerrung** der „Feindbildkonstruktion" durch Mechanismen wie den *Confirmation Bias* (Bestätigungsfehler). Menschen neigen dazu, Informationen zu suchen und zu akzeptieren, die ihre bestehenden Überzeugungen bestätigen. Wenn Medien bestimmte Gruppen immer wieder negativ darstellen, werden diese Stereotype und Vorurteile von den Rezipienten als wahr und gerechtfertigt angesehen. Dies trägt zur Stabilisierung von Vorurteilen bei und verhindert eine differenzierte Betrachtung der Realität.

Die Medien spielen eine entscheidende Rolle bei der Entstehung und Verstärkung von Hass und Feindbildern in der Gesellschaft. Nachrichtenmedien, Filme und soziale Medien tragen alle dazu bei, wie bestimmte Gruppen wahrgenommen werden und wie Vorurteile und Stereotypen entstehen. Diese Darstellungen haben nicht nur Einfluss auf individuelle Einstellungen, sondern sie prägen auch gesellschaftliche Normen und Werte, die wiederum das Verhalten und die Interaktionen zwischen verschiedenen Gruppen beeinflussen. Um den Einfluss der Medien auf die Verbreitung von Hass und Vorurteilen zu minimieren, ist es notwendig, sich kritisch mit medialen Inhalten auseinanderzusetzen und die Verantwortung der Medien in der Schaffung einer toleranten und inklusiven Gesellschaft zu reflektieren.

Politische Sozialisation und Hass: Ideologien und Propaganda

Die politische Sozialisation ist ein Prozess, durch den Individuen politische Werte, Normen und Verhaltensweisen erlernen. Sie findet in verschiedenen sozialen Kontexten statt, darunter Familie, Schule, Medien und politische Institutionen. Ideologien und Propaganda spielen eine zentrale Rolle in der politischen Sozialisation, da sie systematisch dazu genutzt werden, bestimmte Weltbilder und Feindbilder zu konstruieren. In diesem Kapitel wird untersucht, wie politische Sozialisation und ideologische Einflussnahme zur Entstehung von Hass beitragen können und welche Mechanismen Propaganda nutzt, um Feindseligkeiten und Gewalt gegen andere Gruppen zu legitimieren.

Politische Sozialisation und die Entstehung von Hass
Politische Sozialisation beginnt in der Kindheit und dauert das ganze Leben an. Sie umfasst die Vermittlung von politischen Werten, Normen und Überzeugungen, die das politische Verhalten und die Identität einer Person prägen. Dabei werden vor allem grundlegende Konzepte wie Gerechtigkeit, Macht, Autorität und gesellschaftliche Teilhabe vermittelt. Besonders relevant ist die Frage, wie dabei Feindbilder und hasserfüllte Ideologien in die politischen Überzeugungen von Individuen integriert werden.

40

Der Soziologe Pierre Bourdieu prägte den Begriff des „Habitus" (Bourdieu, 1977), der aufzeigt, wie durch langfristige Sozialisation politische Einstellungen tief im Individuum verankert werden. Diese politischen Einstellungen können Vorurteile gegenüber bestimmten sozialen, ethnischen oder politischen Gruppen beinhalten. Solche Vorurteile sind oft das Resultat bewusster oder unbewusster Prozesse, in denen soziale Akteure wie Eltern, Lehrer, Politiker oder Medien Feindbilder reproduzieren. Es entsteht eine politische Kultur, in der bestimmte Gruppen als Bedrohung für das gesellschaftliche Wohl dargestellt werden.

In totalitären und autoritären Regimen wird die politische Sozialisation gezielt zur Verbreitung von Hass genutzt. Hier wird politische Bildung bewusst als Mittel eingesetzt, um Ideologien zu fördern, die bestimmte Gruppen entmenschlichen und Gewalt legitimieren. Der Nationalsozialismus in Deutschland ist ein prominentes historisches Beispiel dafür, wie das Bildungssystem und die Jugendorganisationen gezielt genutzt wurden, um antisemitische, rassistische und militaristische Überzeugungen zu vermitteln (Kershaw, 2001). Der „Führerkult" und die Ideologie der „Volksgemeinschaft" trugen dazu bei, dass Jugendliche in den nationalsozialistischen Organisationen, insbesondere der Hitlerjugend, eine von Hass geprägte Weltanschauung übernahmen, die auf der Feindseligkeit gegenüber Juden, Kommunisten und anderen „Feinden des Reiches" basierte (Pine, 2010).

Auch in demokratischen Gesellschaften kann politische Sozialisation zur Verbreitung von Hass beitragen, wenn sie von bestimmten ideologischen Kräften dominiert wird. Politische Gruppierungen, die auf populistischen oder extremistischen Ideologien basieren, versuchen oft gezielt, ihre Anhänger durch eine spezifische Form der politischen Sozialisation zu radikalisieren. Indem sie Feindbilder schaffen und einfache, dualistische Erklärungen für komplexe gesellschaftliche Probleme anbieten, fördern sie eine Kultur der Intoleranz und des Hasses.

Ideologien als Träger von Hass
Ideologien spielen eine zentrale Rolle in der politischen Sozialisation und der Entstehung von Hass. Sie bieten kohärente Erklärungen für gesellschaftliche und politische Zustände und legitimieren oft den Ausschluss oder die Unterdrückung bestimmter Gruppen. Eine Ideologie ist laut Karl Mannheim (1936) ein Gedankengebäude, das bestehende Machtstrukturen rechtfertigt und die Interessen einer bestimmten Gruppe, Klasse oder Nation schützt.

Ideologien wie Faschismus, Nationalismus und religiöser Fundamentalismus neigen dazu, klare Feindbilder zu konstruieren. Diese Feindbilder basieren oft auf ethnischen, religiösen oder ideologischen Unterschieden. Ein zentrales Element solcher Ideologien ist der *Ethnozentrismus* – das Überlegenheitsgefühl gegenüber anderen ethnischen Gruppen – und die Vorstellung, dass die eigene Gruppe durch „fremde" Gruppen bedroht wird. In seiner berühmten Arbeit „The Nature of Prejudice" betont Gordon Allport (1954), dass Vorurteile oft das Ergebnis von rigiden ideologischen Überzeugungen sind, die den sozialen Kontext verzerren und Gruppen homogenisieren. Durch die Konstruierung von Feindbildern als „andersartig" und „gefährlich" schaffen Ideologien eine klare Trennung zwischen „wir" und „sie".

Im Kontext des Nationalsozialismus war der Rassismus ein zentraler Bestandteil der ideologischen Weltanschauung, die die Grundlage für die systematische Verfolgung und Ermordung von Millionen Menschen bildete. Diese Ideologie rechtfertigte die Entmenschlichung von Juden, Sinti und Roma, Homosexuellen und anderen

Minderheiten, indem sie diese als „Untermenschen" darstellte, die die „arische Rasse" bedrohten (Burleigh & Wippermann, 1991). Durch die Verbreitung dieser rassistischen Ideologie in Bildungseinrichtungen, Medien und Kulturinstitutionen wurde der Hass auf Minderheiten in der gesamten Gesellschaft verankert.

Moderne Formen des Nationalismus und Rechtsextremismus nutzen ähnliche ideologische Mechanismen, um Feindbilder zu konstruieren und Gewalt gegen Minderheiten zu legitimieren. So zeigte eine Studie von Mudde (2019), dass rechtsextreme Bewegungen in Europa und Nordamerika häufig die Idee einer „nationalen Identität" fördern, die von Migranten und ethnischen Minderheiten bedroht wird. Diese ideologische Erzählung trägt dazu bei, eine Kultur der Angst und Feindseligkeit zu schaffen, die häufig in Gewalt gegen diese Gruppen mündet.

Propaganda als Werkzeug zur Verbreitung von Hass
Propaganda ist ein mächtiges Instrument, um ideologische Inhalte zu verbreiten und politische Sozialisation zu steuern. Sie zielt darauf ab, die Meinungen und Überzeugungen einer Zielgruppe systematisch zu beeinflussen, oft indem sie Emotionen wie Angst, Wut und Hass anspricht. Die Nutzung von Propaganda zur Förderung von Hass und Feindseligkeit ist seit langem ein zentraler Bestandteil autoritärer und totalitärer Regime.

Eines der bekanntesten Beispiele für die gezielte Nutzung von Propaganda zur Verbreitung von Hass ist das nationalsozialistische Deutschland. Joseph Goebbels, der Propagandaminister des NS-Regimes, nutzte Film, Radio, Zeitungen und öffentliche Veranstaltungen, um antisemitische Botschaften zu verbreiten und die Juden als „Volksschädlinge" darzustellen. Die berühmte Propaganda-Zeitschrift *Der Stürmer*, herausgegeben von Julius Streicher, enthielt antisemitische Karikaturen und Artikel, die Juden dämonisierten und dehumanisierten. Diese systematische Kampagne der Desinformation und Hetze führte dazu, dass die antisemitischen Stereotype, die in der Propaganda vermittelt wurden, von großen Teilen der deutschen Bevölkerung übernommen wurden (Herf, 2006).

Propaganda bedient sich spezifischer psychologischer Mechanismen, um Hass zu schüren. Ein wichtiger Mechanismus ist die *Dehumanisierung*, also die Darstellung der Zielgruppe als weniger menschlich oder moralisch minderwertig. Durch die Dehumanisierung wird die moralische Hemmschwelle für Gewalt gesenkt, da die Opfer nicht als vollwertige Menschen betrachtet werden. In ihrer Analyse totalitärer Propaganda betont Hannah Arendt (1951), dass diese Form der Entmenschlichung zentral für die Mobilisierung von Hass und Gewalt gegen bestimmte Gruppen ist. Propaganda führt zur Verinnerlichung eines Feindbildes, das die Rechtfertigung von Repression und Gewalt erleichtert.

Ein weiterer wichtiger Mechanismus ist der *Sündenbock*-Effekt, bei dem bestimmte Gruppen für gesellschaftliche Probleme verantwortlich gemacht werden. In Krisenzeiten, wie etwa bei wirtschaftlichen oder politischen Instabilitäten, neigen autoritäre Regime und populistische Bewegungen dazu, Minderheiten als Sündenböcke darzustellen. Historische Beispiele hierfür sind die Judenverfolgungen im Nationalsozialismus oder die Diskriminierung von Migranten in der gegenwärtigen politischen Rhetorik rechtsextremer Bewegungen (Mudde, 2019). Indem komplexe soziale Probleme auf eine einzige Gruppe projiziert werden, wird der gesellschaftliche Zusammenhalt manipuliert und Feindseligkeit geschürt.

Psychologische Wirkung von Propaganda

Propaganda beeinflusst die politischen Einstellungen und Verhaltensweisen auf tiefgreifende Weise. Die kontinuierliche Exposition gegenüber propagandistischen Inhalten führt zu einer Normalisierung von Hass und Vorurteilen. Psychologisch gesehen bedient sich Propaganda oft kognitiver Verzerrungen, um den Prozess der Feindbildkonstruktion zu fördern. Der „Confirmation Bias", also die Tendenz, Informationen zu suchen und zu interpretieren, die bestehenden Überzeugungen bestätigen, verstärkt die Wirkung der Propaganda. Menschen, die bereits Vorurteile gegen eine bestimmte Gruppe haben, sind empfänglicher für propagandistische Inhalte, die diese Vorurteile bestätigen (Nickerson, 1998).

Ein weiterer Effekt ist die *Gruppenpolarisierung*, die durch die gezielte Schaffung von Echokammern verstärkt wird. Propaganda fördert die Spaltung zwischen „In-Gruppen" und „Out-Gruppen", was zu einer Radikalisierung der politischen Einstellungen führt. Menschen, die sich in homogenen politischen Gruppen bewegen und ständig von gleichgesinnten Informationen umgeben sind, tendieren dazu, extremere Positionen einzunehmen (Sunstein, 2017). Propaganda nutzt diese Dynamik, um Feindbilder zu verschärfen und eine Polarisierung der Gesellschaft zu erreichen.

Die politische Sozialisation, insbesondere durch Ideologien und Propaganda, spielt eine entscheidende Rolle bei der Entstehung und Verbreitung von Hass. Ideologien konstruieren Feindbilder und rechtfertigen die Unterdrückung oder Gewalt gegen bestimmte Gruppen, während Propaganda diese Botschaften systematisch verbreitet und emotional auflädt. Die psychologischen Mechanismen der Dehumanisierung und Polarisierung tragen dazu bei, dass Hass und Vorurteile in der Bevölkerung tief verankert werden. In einer globalisierten Welt, in der Informationen schnell und weit verbreitet werden, ist es von entscheidender Bedeutung, die Dynamiken politischer

Sozialisation und Propaganda kritisch zu hinterfragen, um die Entstehung von Hass und Gewalt zu verhindern.

Religion und Hass: Religiöse Erziehung und interreligiöse Konflikte

Religion spielt in der Geschichte der Menschheit eine zentrale Rolle, sowohl als Quelle für moralische Orientierung und soziale Kohäsion als auch als Faktor für Konflikte und Gewalt. Religiöse Überzeugungen können in ihrer extremen Form dazu beitragen, Feindseligkeit und Hass gegenüber Andersgläubigen zu fördern. In diesem Kapitel wird untersucht, wie religiöse Erziehung zur Entstehung von Hass beitragen kann, welche Mechanismen religiöse Institutionen nutzen, um Feindbilder zu erzeugen, und wie interreligiöse Konflikte durch solche Feindbilder verstärkt werden. Besonderes Augenmerk wird daraufgelegt, wie religiöse Lehren einerseits zu Friedfertigkeit und Toleranz anregen, andererseits aber auch als Legitimation für Hass und Gewalt dienen können.

Religiöse Erziehung und die Entstehung von Hass
Religiöse Erziehung spielt eine Schlüsselrolle in der Vermittlung von Werten, Normen und Glaubensvorstellungen, die das Weltbild und das Verhalten von Gläubigen prägen. Für viele Menschen beginnt die religiöse Sozialisation bereits in der Kindheit durch familiäre Einflüsse und den Besuch religiöser Institutionen. Diese frühen Prägungen haben einen nachhaltigen Einfluss auf die kognitive und emotionale Entwicklung, da Kinder und Jugendliche besonders empfänglich für die Werte und Normen sind, die ihnen durch die Religion vermittelt werden. In vielen Fällen betonen religiöse Lehren Mitgefühl, Nächstenliebe und Toleranz, doch ebenso häufig finden sich in den

religiösen Schriften und der religiösen Praxis Anreize für Exklusion und Feindseligkeit gegenüber Außenseitern und Andersgläubigen.

Laut Berger und Luckmann (1966) ist die Religion eine zentrale Institution in der Sozialisation, da sie zur Konstruktion einer gemeinsamen Wirklichkeit beiträgt, die das kollektive Denken und Handeln formt. Diese Konstruktion kann zu einer starken Identifikation mit der eigenen religiösen Gemeinschaft führen, was im Extremfall eine Abwertung anderer Gruppen begünstigt. Der *Ethnozentrismus* in religiösen Gemeinschaften basiert auf der Vorstellung, dass die eigene Religion, die einzig wahre ist und andere Glaubensrichtungen als minderwertig oder falsch angesehen werden müssen. Diese Überzeugung kann leicht in Hass umschlagen, wenn religiöse Führer oder Institutionen Feindbilder fördern, um die eigene Gruppe zu stärken und gegen äußere Einflüsse zu verteidigen.

Ein Beispiel für die Förderung von religiösem Hass findet sich in der christlichen Geschichte, insbesondere in der mittelalterlichen Praxis des Antijudaismus. Die Kirche verbreitete die Vorstellung, dass die Juden „Christusmörder" seien, was über Jahrhunderte hinweg zu Verfolgungen und Pogromen führte (Cohn-Sherbok, 1997). Diese Form von Hass war das Ergebnis einer gezielten religiösen Erziehung, die Juden als Feinde des Christentums darstellte. Ähnlich zeigt sich in der islamischen Geschichte, wie bestimmte theologische Interpretationen zur Legitimation von Gewalt gegen Andersgläubige beigetragen haben. Beispielsweise wurden in bestimmten Epochen des Islam nicht-muslimische Bevölkerungsgruppen als *Dhimmis* (Schutzbefohlene) betrachtet, denen weniger Rechte als Muslimen eingeräumt wurden, was wiederum Feindseligkeiten hervorrufen konnte (Lewis, 1984).

Religiöse Texte und ihre ambivalente Wirkung

Religiöse Texte spielen eine fundamentale Rolle bei der Vermittlung von Normen und moralischen Überzeugungen, doch sie sind oft mehrdeutig in ihren Aussagen über den Umgang mit Andersgläubigen. Während viele heilige Schriften friedliche und humane Prinzipien fördern, enthalten sie gleichzeitig Passagen, die Gewalt und Hass gegen Außenstehende legitimieren können.

Im Alten Testament der Bibel gibt es zahlreiche Beispiele, in denen Gewalt gegen andere Völker gerechtfertigt wird. Die Vernichtung der Kanaaniter (Deuteronomium 20,16-17) und ähnliche Berichte zeigen, dass religiöse Texte auch als Quelle für religiöse Gewalt interpretiert werden können. Obwohl das Christentum durch die Lehren Jesu die Nächstenliebe betont, haben bestimmte theologische Interpretationen, wie etwa die Lehren des heiligen Augustinus über den „gerechten Krieg", die Anwendung von Gewalt in religiösen Konflikten legitimiert (Elshtain, 1992).

Im Koran gibt es ebenfalls Passagen, die zu unterschiedlichen Interpretationen führen. Während einige Verse die Toleranz und den Respekt gegenüber anderen Glaubensgemeinschaften betonen (Sure 2:256: „Es gibt keinen Zwang im Glauben"), gibt es andere, die Gewalt gegen Ungläubige befürworten (Sure 9:29). Solche Ambivalenzen in religiösen Texten bieten den Nährboden für unterschiedliche Interpretationen, die je nach sozialem und politischem Kontext zur Förderung von Hass und Intoleranz oder zur Betonung von Frieden und Toleranz führen können (Esposito, 1998).

Moderne religiöse Bewegungen neigen dazu, diese ambivalenten Lehren selektiv zu interpretieren, um ihre politischen und sozialen Ziele zu erreichen. Fundamentalistische Bewegungen beispielsweise betonen oft die exklusiven und feindlichen Aspekte ihrer religiösen Traditionen, um sich von anderen Gruppen abzugrenzen und ihren Anhängern ein Gefühl der Überlegenheit zu vermitteln. Diese Bewegungen nutzen religiöse Texte und Symbole gezielt, um eine Kultur des Hasses zu schaffen, die interreligiöse Konflikte befeuert.

Die Rolle religiöser Führer und Institutionen
Religiöse Führer und Institutionen haben einen erheblichen Einfluss auf die Art und Weise, wie religiöse Lehren interpretiert und an die Gläubigen weitergegeben werden. Diese Akteure spielen eine doppelte Rolle: Sie können entweder zur Förderung von Toleranz und Dialog beitragen oder sie können durch ihre Rhetorik und Praxis Hass und Intoleranz schüren.

Ein eindrucksvolles Beispiel für die Rolle religiöser Führer in der Schaffung von Feindbildern ist der Einfluss radikaler Prediger, die religiöse Texte selektiv verwenden, um Gewalt gegen Andersgläubige zu rechtfertigen. So wurde in bestimmten islamistischen Bewegungen, wie beispielsweise im Dschihadismus, die Vorstellung von einem „heiligen Krieg" gegen den Westen durch extremistische Prediger verbreitet. Diese Radikalisierung ist oft das Ergebnis einer gezielten religiösen Erziehung, die darauf abzielt, die Gläubigen auf einen „Krieg der Kulturen" vorzubereiten (Roy, 2004).

In anderen Fällen können religiöse Institutionen und Führer als Vermittler des Friedens auftreten. Ein Beispiel hierfür ist der interreligiöse Dialog, der in vielen Teilen der Welt gefördert wird, um Spannungen zwischen unterschiedlichen Glaubensgemeinschaften abzubauen. Religiöse Führer wie der Dalai Lama oder Papst Franziskus setzen sich aktiv für Toleranz und Versöhnung ein und betonen die universalen Prinzipien der Menschenwürde und Nächstenliebe, die in den meisten religiösen Traditionen verankert sind (Eck, 2007).

Die Ambivalenz religiöser Institutionen zeigt sich auch in den Mechanismen der sozialen Kontrolle. Religiöse Institutionen haben oft eine wichtige Funktion bei der Regulierung des sozialen Lebens und der Vermittlung von Normen. Wenn diese Institutionen jedoch unter dem Einfluss extremistischer Strömungen stehen, können sie Feindseligkeiten verstärken und zu interreligiösen Konflikten beitragen. Ein Beispiel dafür ist der interreligiöse Konflikt in Nordirland, wo katholische und protestantische Institutionen über Jahrzehnte hinweg gegensätzliche Identitäten und Feindbilder gefördert haben, was zu Gewalt und langanhaltenden Spannungen geführt hat (Bruce, 2007).

Interreligiöse Konflikte und die Konstruktion von Feindbildern
Interreligiöse Konflikte sind oft das Ergebnis tief verwurzelter historischer, sozialer und ökonomischer Spannungen, die durch religiöse Unterschiede verschärft werden. Diese Konflikte basieren häufig auf der Konstruktion von Feindbildern, die religiöse Unterschiede betonen und gleichzeitig Gemeinsamkeiten negieren. Dabei wird die eigene religiöse Identität als unvereinbar mit der Identität der „Anderen" dargestellt.

Ein klassisches Beispiel für interreligiöse Konflikte ist der Nahostkonflikt zwischen Israelis und Palästinensern, in dem religiöse Narrative eine bedeutende Rolle spielen. Beide Seiten berufen sich auf religiöse Überlieferungen, um territoriale Ansprüche zu legitimieren und den anderen als Feind darzustellen. Insbesondere die Siedlungspolitik im Westjordanland wird oft durch religiöse Argumente der jüdischen Orthodoxie gestützt, die sich auf biblische Verheißungen beziehen (Cohen, 2007). Auf der anderen Seite nutzen radikale islamistische Bewegungen religiöse Argumente, um den Widerstand gegen Israel zu rechtfertigen und den Konflikt als heiligen Krieg darzustellen (Milton-Edwards & Hinchcliffe, 2008).

Solche Konflikte werden häufig durch religiöse Erziehung verstärkt, die Kindern und Jugendlichen von klein auf ein dichotomes Weltbild vermittelt. Durch den systematischen Einsatz religiöser Symbole und Rituale, die das „Wir" von den „Anderen" trennen, werden Feindbilder stabilisiert und verstärkt. In extremen Fällen kann dies zur Legitimation von Gewalt führen, wie es im Jugoslawienkrieg der 1990er Jahre der Fall war, wo religiöse Symbole genutzt wurden, um ethnische Säuberungen zu rechtfertigen (Ramet, 2005).

Religiöse Erziehung und interreligiöse Konflikte sind eng miteinander verbunden, insbesondere wenn Religion zur Schaffung und Verstärkung von Feindbildern genutzt wird. Während Religionen auch das Potenzial haben, Frieden und Toleranz zu fördern, zeigt die Geschichte, dass sie in vielen Fällen als Legitimation für Hass und Gewalt dienen können. Religiöse Institutionen und Führer spielen eine entscheidende Rolle dabei, wie religiöse Lehren interpretiert und vermittelt werden. In einer globalisierten Welt, in der interreligiöse Kontakte zunehmen, ist es von entscheidender Bedeutung, die Mechanismen zu verstehen, durch die religiöse Erziehung zur Verbreitung von Hass beitragen kann, um interreligiöse Spannungen abzubauen und den Dialog zwischen den Religionen zu fördern.

Hass in der digitalen Welt: Soziale Medien und Algorithmen als Verstärker

In den letzten Jahrzehnten haben soziale Medien und digitale Plattformen das gesellschaftliche Leben tiefgreifend verändert. Plattformen wie Facebook, Twitter und YouTube bieten Menschen die Möglichkeit, in Echtzeit Informationen zu teilen, miteinander zu interagieren und Gemeinschaften zu bilden. Diese technologische Entwicklung hat einerseits zur Vernetzung von Menschen und zur Demokratisierung von Informationen beigetragen, andererseits aber auch neue Räume für die Verbreitung von Hass und Hetze geschaffen. In diesem Kapitel wird untersucht, wie soziale Medien als Verstärker von Hass fungieren und welche Rolle Algorithmen bei der Verbreitung von Feindbildern und Extremismus spielen.

Soziale Medien als Plattformen für Hass

Soziale Medien haben durch ihre offene Struktur und die Möglichkeit, Inhalte ohne journalistische Kontrolle zu veröffentlichen, die Verbreitung von Hass und Desinformation erheblich erleichtert. Im Gegensatz zu traditionellen Medien wie Fernsehen oder Zeitungen, die redaktionelle Filter und ethische Richtlinien haben, bieten Plattformen wie Twitter, Facebook oder YouTube einen Raum, in dem Hassrede, Fake News und Hetze unkontrolliert kursieren können. Studien zeigen, dass gerade diese digitalen Plattformen häufig zur Verbreitung von extremistischen Inhalten und zur Eskalation von Konflikten beitragen (Zhou et al., 2021).

Die Anonymität, die soziale Medien ermöglichen, ist ein wesentlicher Faktor bei der Verbreitung von Hassrede. Ohne die Konsequenzen realer sozialer Sanktionen erleben viele Menschen eine geringere Hemmschwelle, aggressiv und feindlich zu kommunizieren. Diese „Enthemmungseffekte" wurden erstmals in der Forschung zu computervermittelter Kommunikation untersucht, wobei festgestellt wurde, dass Menschen in anonymen digitalen Umgebungen eher dazu neigen, beleidigende oder hasserfüllte Kommentare zu posten (Suler, 2004). Dadurch wird ein Klima geschaffen, in dem Hass und Extremismus gedeihen können, ohne dass soziale Kontrolle ausgeübt wird.

Ein weiteres Phänomen, das in den sozialen Medien zu beobachten ist, ist die „Echokammer". Echokammern entstehen, wenn Nutzer nur noch Inhalte sehen, die ihre bestehenden Überzeugungen bestätigen, und sich mit Gleichgesinnten zusammenschließen. Dieser

Effekt verstärkt Vorurteile und Feindbilder, da abweichende Meinungen oder widersprüchliche Informationen ausgeblendet werden (Sunstein, 2009). In einer solchen Umgebung können Hass und extreme Meinungen ungestört wachsen, da keine kritische Auseinandersetzung mit alternativen Perspektiven stattfindet.

Die Rolle von Algorithmen bei der Verstärkung von Hass
Ein zentraler Mechanismus, der die Verbreitung von Hass in sozialen Medien befeuert, sind die Algorithmen, die den Nutzern Inhalte anzeigen. Diese Algorithmen sind darauf ausgelegt, die Interaktionsrate zu maximieren, indem sie Inhalte bevorzugen, die hohe Aufmerksamkeit und emotionale Reaktionen hervorrufen. Zahlreiche Studien haben gezeigt, dass insbesondere negative Emotionen wie Wut und Empörung die Interaktionsraten in sozialen Medien steigern (Brady et al., 2017). Inhalte, die Hass oder Polarisierung fördern, haben daher eine höhere Wahrscheinlichkeit, weit verbreitet zu werden, da sie mehr „Likes", „Shares" oder Kommentare generieren.

Der Einsatz von Algorithmen zur Personalisierung von Inhalten, insbesondere durch Plattformen wie Facebook und YouTube, hat dazu geführt, dass Nutzer zunehmend mit extremen oder hasserfüllten Inhalten konfrontiert werden. Diese Algorithmen verfolgen das Ziel, den Nutzern Inhalte vorzuschlagen, die ihren bisherigen Vorlieben und Verhaltensweisen entsprechen, was jedoch oft zur Radikalisierung führen kann. YouTube beispielsweise hat Algorithmen, die Nutzern nach dem Konsum von Videos mit kontroversen oder extremen Inhalten weitere, oft noch radikalere Inhalte empfehlen (Tufekci, 2018). Dieser „Radikalisierungseffekt" führt dazu, dass Nutzer, die anfänglich nur ein mildes Interesse an bestimmten Themen zeigen, durch die algorithmischen Vorschläge in extreme Ideologien hineingezogen werden.

Beispielsweise wurde in einer Studie gezeigt, dass Nutzer, die auf YouTube Videos über Fitness oder Selbstverbesserung ansahen, nach und nach Videos über Männerrechtsbewegungen und schließlich über rechtsextreme Ideologien vorgeschlagen bekamen (Ribeiro et al., 2020). Dieser Prozess verdeutlicht, wie Algorithmen nicht nur die Verbreitung von Hassrede und extremen Inhalten fördern, sondern auch aktiv zur Radikalisierung von Nutzern beitragen können.

Desinformationskampagnen und gezielte Manipulation
Neben den inhärenten Algorithmen sozialer Medien gibt es gezielte Desinformationskampagnen, die darauf abzielen, Hass und Polarisierung in der Gesellschaft zu schüren. Diese Kampagnen werden oft von politischen Akteuren, staatlichen Stellen oder extremistischen Gruppen organisiert, um das Vertrauen in demokratische Institutionen zu untergraben oder soziale Konflikte zu verschärfen.

Ein prominentes Beispiel hierfür sind die russischen Trollfabriken, die während der US-Präsidentschaftswahlen 2016 gezielt über soziale Medien Falschinformationen verbreiteten, um die Bevölkerung zu spalten und Feindseligkeiten zwischen verschiedenen sozialen Gruppen zu fördern (Howard et al., 2018). Diese Kampagnen nutzten gezielt bestehende soziale Spannungen, etwa in Bezug auf Rassismus oder Einwanderung, und schürten durch gefälschte Nachrichten und hasserfüllte Kommentare Misstrauen und Wut.

Durch den Einsatz von Bots und automatisierten Konten können solche Kampagnen in großem Umfang durchgeführt werden, wobei die Verbreitung von Hassbotschaften oft gezielt auf besonders anfällige Bevölkerungsgruppen ausgerichtet wird. Diese gezielten Manipulationen verstärken das Gefühl der Unsicherheit und des Misstrauens in der Gesellschaft und tragen zur Normalisierung von Hass und Feindseligkeit bei (Benigni et al., 2019).

Die Psychologie der Online-Hasskultur

Die Verbreitung von Hass in sozialen Medien ist nicht nur eine technische, sondern auch eine psychologische Frage. Die digitale Kommunikation weist spezifische Merkmale auf, die die Eskalation von Feindseligkeit begünstigen. Wie bereits erwähnt, spielt die Anonymität eine wichtige Rolle bei der Enthemmung und ermöglicht es Nutzern, extreme Meinungen zu äußern, ohne persönliche Konsequenzen befürchten zu müssen. Darüber hinaus führt die Distanz, die die Online-Kommunikation schafft, dazu, dass Menschen ihre Mitmenschen weniger als Individuen wahrnehmen, sondern als abstrakte „Feinde", was zu einer Dehumanisierung führt (Citron, 2014).

Ein weiteres psychologisches Phänomen, das in sozialen Medien verstärkt wird, ist die sogenannte „Gruppenpolarisierung". In Online-Communities, in denen Gleichgesinnte zusammenkommen, neigen die Mitglieder dazu, ihre Meinungen gegenseitig zu bestätigen und zu verstärken, was zu extremeren Positionen führt. Dieser Effekt wurde in verschiedenen Studien zur politischen Kommunikation in sozialen Medien nachgewiesen (Del Vicario et al., 2016). Gruppendynamiken und das Streben nach sozialer Anerkennung innerhalb dieser Netzwerke tragen dazu bei, dass Hass und Intoleranz intensiviert werden, da Mitglieder versuchen, die Zustimmung ihrer Peers zu gewinnen, indem sie extreme oder provokante Meinungen äußern.

Hassrede, Regulierung und die Rolle der Plattformen

Die Frage, wie soziale Medienplattformen auf die Verbreitung von Hassrede reagieren, ist ein zentrales Thema in der öffentlichen Debatte. Viele Plattformen haben Richtlinien zur Bekämpfung von Hassrede entwickelt, doch diese Regelwerke stoßen oft auf Grenzen. Einerseits besteht die Herausforderung, eine Balance zwischen der Bekämpfung von Hassrede und der Wahrung der Meinungsfreiheit zu finden. Andererseits haben die Plattformen durch ihre Größe und den globalen Charakter ihrer Netzwerke Schwierigkeiten, Hassinhalte effektiv zu moderieren.

Im Jahr 2020 haben einige Plattformen, darunter Facebook und Twitter, begonnen, härter gegen Hassrede und Falschinformationen vorzugehen, insbesondere in Bezug auf die Verbreitung von Fake News während der COVID-19-Pandemie und der US-Wahlen. Trotz dieser Maßnahmen bleibt die Umsetzung oft lückenhaft, und extremistische Inhalte finden weiterhin ihren Weg auf die Plattformen (Gillespie, 2018). Kritiker werfen den Plattformen vor, dass sie aufgrund ihrer Geschäftsmodelle, die auf Interaktionsraten und Werbung basieren, keinen ausreichenden Anreiz haben, Hassrede konsequent zu unterbinden (Vaidhyanathan, 2018).

Mögliche Lösungsansätze
Die Bekämpfung von Hass in der digitalen Welt erfordert einen multidimensionalen Ansatz, der sowohl technologische als auch soziale und politische Maßnahmen umfasst. Ein wichtiger Ansatz ist die Verbesserung der Algorithmen, die für die Verbreitung von Inhalten verantwortlich sind. Hierbei könnten Algorithmen so angepasst werden, dass sie Inhalte bevorzugen, die auf sachlicher Information und konstruktivem Dialog basieren, anstatt negative Emotionen zu fördern.

Eine weitere Möglichkeit besteht in der Förderung von Medienkompetenz. Durch Bildungsinitiativen, die darauf abzielen, kritisches Denken und den bewussten Umgang mit digitalen Medien zu schulen, können Nutzer besser darin werden, Hassinhalte zu erkennen und sich ihnen entgegenzustellen (Wardle & Derakhshan, 2017).

Schließlich sind auch politische Maßnahmen gefragt. Regierungen auf der ganzen Welt diskutieren über neue Regulierungen, die soziale

Medienplattformen stärker in die Verantwortung nehmen sollen, wenn es um die Verbreitung von Hassrede geht. Beispiele dafür sind das deutsche Netzwerkdurchsetzungsgesetz (NetzDG), das Plattformen verpflichtet, rechtswidrige Inhalte innerhalb von 24 Stunden zu entfernen, oder die Vorschläge der EU zur Regulierung von Digitaldiensten, die auf eine verstärkte Kontrolle von Hassinhalten abzielen (Gollatz et al., 2018).

Soziale Medien und die ihnen zugrunde liegenden Algorithmen spielen eine zentrale Rolle bei der Verbreitung von Hass und extremen Inhalten in der digitalen Welt. Die technischen Strukturen, die darauf abzielen, Aufmerksamkeit zu maximieren, fördern oft Inhalte, die Wut, Empörung und Hass auslösen. Gleichzeitig ermöglichen die sozialen Dynamiken der Plattformen, dass sich extremistische Gruppen in Echokammern zusammenschließen und gegenseitig radikalisieren. Die Lösung dieses Problems erfordert eine Kombination aus technologischem Fortschritt, Bildung und Regulierung, um das Internet zu einem sichereren Raum für konstruktiven Dialog und gegenseitigen Respekt zu machen.

Die Rolle von Autoritätspersonen: Lehrer, Eltern und religiöse Führer

Autoritätspersonen spielen eine zentrale Rolle bei der Sozialisation und Wertevermittlung in jeder Gesellschaft. Lehrer, Eltern und religiöse Führer gelten als Schlüsselfiguren, die nicht nur Wissen und soziale Normen vermitteln, sondern auch das Weltbild und die moralischen Einstellungen von Individuen nachhaltig prägen. Diese Positionen verleihen ihnen ein erhebliches Machtpotenzial, das sowohl positiv als auch negativ eingesetzt werden kann. Während Autoritätspersonen eine Vorbildfunktion innehaben und zur Förderung von

Toleranz und Mitgefühl beitragen können, zeigen zahlreiche Studien und historische Ereignisse, dass sie auch eine entscheidende Rolle bei der Weitergabe von Vorurteilen und Hass spielen können. In diesem Kapitel wird die Einflussnahme von Lehrern, Eltern und religiösen Führern auf die Entstehung von Feindseligkeit und Hass untersucht und analysiert, wie diese Mechanismen wirken.

Die Rolle von Eltern als primäre Sozialisationsträger

Eltern sind die ersten und wichtigsten Sozialisationsagenten in der Kindheit. Sie vermitteln nicht nur Sprache und soziale Normen, sondern auch grundlegende Werte wie Toleranz, Empathie oder Vorurteile gegenüber anderen sozialen Gruppen. Studien in der Entwicklungspsychologie zeigen, dass Kinder von klein auf lernen, soziale Gruppen in "Wir" und "Die" zu unterteilen, wobei Eltern stark dazu beitragen, diese Kategorisierungen zu formen (Aboud, 1988). Vorurteile und Hass können durch die explizite oder implizite Vermittlung von negativen Stereotypen gegenüber bestimmten Gruppen weitergegeben werden.

Eltern beeinflussen die sozialen Einstellungen ihrer Kinder sowohl direkt durch explizite Belehrungen als auch indirekt durch ihr eigenes Verhalten und die Umwelt, die sie schaffen. So zeigt die Forschung, dass Kinder in autoritären Familienstrukturen, die stark hierarchisch und auf Gehorsam ausgerichtet sind, dazu neigen, feindlichere Einstellungen gegenüber anderen zu entwickeln (Altemeyer, 1981). Dies hängt mit der „autoritären Persönlichkeit" zusammen, die durch eine starke Orientierung an Macht und Gehorsam sowie durch geringe Toleranz gegenüber abweichenden Meinungen und sozialen Gruppen gekennzeichnet ist. Kinder, die in solchen Umgebungen aufwachsen, übernehmen oft diese Werte und entwickeln eine erhöhte Anfälligkeit für feindliche Einstellungen und Hass gegenüber anderen.

Ein weiteres wichtiges Konzept in diesem Zusammenhang ist das Modelllernen, ein zentraler Mechanismus der sozialen Entwicklung.

Kinder übernehmen Verhaltensweisen und Einstellungen, indem sie das Verhalten ihrer Eltern und anderer Autoritätspersonen beobachten und nachahmen (Bandura, 1977). Eltern, die beispielsweise in ihrer Kommunikation abwertende oder feindselige Sprache gegenüber anderen ethnischen oder religiösen Gruppen verwenden, vermitteln ihren Kindern diese negativen Einstellungen unbewusst weiter. Das Modelllernen in der Familie bildet somit einen starken Einflussfaktor, der in den frühen Lebensjahren tief in der kindlichen Psyche verankert wird.

Die Rolle von Lehrern und dem Bildungssystem

Lehrer haben eine einzigartige Position in der Gesellschaft, da sie junge Menschen nicht nur in fachlichen Themen, sondern auch in sozialen Kompetenzen und ethischen Werten unterrichten. Sie sind oft die ersten externen Autoritätspersonen, mit denen Kinder außerhalb der Familie regelmäßig interagieren. Lehrer können entweder eine wichtige Rolle dabei spielen, Vorurteile abzubauen und Toleranz zu fördern, oder sie können unbewusst zur Verstärkung von Stereotypen und Hass beitragen.

Das Bildungssystem selbst kann in bestimmten Fällen eine systematische Weitergabe von Vorurteilen begünstigen. Der Bildungssoziologe Pierre Bourdieu hat in seiner Theorie des „kulturellen Kapitals" argumentiert, dass Schulen nicht nur Wissen vermitteln, sondern auch zur Reproduktion sozialer Ungleichheiten beitragen, indem sie bestimmte kulturelle Werte und Normen bevorzugen (Bourdieu, 1986). In diesem Zusammenhang können Lehrpläne, die bestimmte historische oder kulturelle Narrative bevorzugen, dazu führen, dass Schüler ein einseitiges Weltbild entwickeln, das Vorurteile gegenüber anderen Gruppen verstärkt.

Darüber hinaus spielen Lehrer durch ihren täglichen Umgang mit Schülern eine wichtige Rolle bei der Vermittlung sozialer Werte. Ihre Reaktionen auf diskriminierendes Verhalten in der Klasse, ihre Sensibilität für kulturelle Unterschiede und die Art und Weise, wie sie Themen wie Rassismus, Migration oder Religion behandeln, können tiefgreifende Auswirkungen auf die Einstellung ihrer Schüler haben (Banks, 1994). Untersuchungen zeigen, dass Lehrer, die selbst Vorurteile gegenüber bestimmten Gruppen haben oder unkritisch gegenüber nationalistischen oder ethnisch geprägten Narrativen sind, unbewusst diese Vorurteile an ihre Schüler weitergeben können (Tajfel & Turner, 1986).

Die Bedeutung von Toleranz und antirassistischem Unterricht wurde in vielen modernen pädagogischen Ansätzen betont, doch die Umsetzung ist oft problematisch. In vielen Ländern fehlt es an einer systematischen Integration von interkulturellem Lernen und der Förderung von Empathie in den Lehrplänen. Dies führt dazu, dass in einigen Bildungssystemen Vorurteile und Diskriminierung, ob bewusst oder unbewusst, perpetuiert werden.

Die Rolle religiöser Führer
Religiöse Führer haben in vielen Gemeinschaften eine herausragende Stellung, da sie sowohl spirituelle als auch soziale Autorität verkörpern. Sie sind oft in der Lage, moralische Normen und Werte zu setzen, die tief in das Leben ihrer Anhänger eingreifen. Die Rolle von religiösen Führern bei der Entstehung von Hass oder Toleranz ist ein zweischneidiges Schwert: Während viele religiöse Traditionen Frieden und Mitgefühl betonen, gibt es auch zahlreiche Beispiele dafür, dass Religion zur Legitimation von Hass und Gewalt gegen andere Gruppen genutzt wurde.

Religiöse Führer können durch ihre Predigten und Lehren entweder Feindseligkeit gegenüber anderen religiösen, ethnischen oder sozialen Gruppen schüren oder eine Botschaft der Versöhnung und des Friedens fördern. Im Laufe der Geschichte gab es zahlreiche Fälle, in denen religiöse Führer Hass gegen vermeintliche „Ungläubige" oder andere Minderheiten geschürt haben. Dies reicht von den Kreuzzügen im Mittelalter, bei denen christliche Führer Hass und Gewalt gegen Muslime und Juden propagierten, bis hin zu aktuellen Konflikten, in denen radikale religiöse Gruppen Terrorakte im Namen des Glaubens verüben (Juergensmeyer, 2003).

Gleichzeitig können religiöse Führer aber auch mächtige Stimmen des Friedens und der Toleranz sein. Beispiele wie Mahatma Gandhi, der Hinduismus nutzte, um eine Botschaft des Friedens und der Gewaltlosigkeit zu verbreiten, oder Martin Luther King Jr., der in seiner Bürgerrechtsbewegung christliche Werte einsetzte, um gegen Rassismus und Hass zu kämpfen, zeigen das transformative Potenzial religiöser Führer, wenn sie ihre Macht nutzen, um eine Kultur der Toleranz zu fördern (King, 1963).

Die psychologische Wirkung von religiöser Autorität ist besonders stark, da viele Gläubige religiöse Führer nicht nur als moralische, sondern auch als spirituelle Instanzen wahrnehmen. Diese Verehrung kann dazu führen, dass Gläubige die Lehren ihrer religiösen Führer ohne kritische Hinterfragung übernehmen. In extremen Fällen führt dies zu einem blinden Gehorsam, der für die Verbreitung von Feindseligkeit oder Gewaltanfälligkeit missbraucht werden kann (Altemeyer, 2006).

Interaktionen zwischen den Autoritätspersonen: Synergien und Konflikte

Es ist wichtig, die Wechselwirkungen zwischen den verschiedenen Autoritätspersonen zu betrachten. Die Werte und Normen, die von Eltern, Lehrern und religiösen Führern vermittelt werden, können entweder miteinander in Einklang stehen oder in Konflikt geraten. Wenn beispielsweise Eltern in der Familie Toleranz und Offenheit fördern, die Kinder jedoch in der Schule oder in religiösen Kontexten auf Hass oder Vorurteile stoßen, kann dies zu kognitiven Dissonanzen führen, die die Kinder entweder in die eine oder andere Richtung drängen.

In autoritären Systemen oder in Gesellschaften, die durch religiöse oder ethnische Konflikte geprägt sind, kann es vorkommen, dass alle drei Autoritätsebenen – Familie, Schule und Religion – in einem synergistischen Prozess zusammenarbeiten, um Hass und Feindseligkeit gegenüber „fremden" Gruppen zu verstärken. Solche Konstellationen sind besonders gefährlich, da sie nur wenig Raum für abweichende Meinungen oder kritisches Denken lassen.

Autoritätspersonen wie Eltern, Lehrer und religiöse Führer spielen eine entscheidende Rolle bei der Weitergabe von Werten und Normen, die entweder Hass und Vorurteile verstärken oder Toleranz und Mitgefühl fördern können. Durch direkte Instruktionen, Modelllernen und die Gestaltung der sozialen Umgebung haben sie einen tiefgreifenden Einfluss auf die Einstellungen und das Verhalten derjenigen, die ihrer Autorität unterstehen. Die psychologische und soziale Macht dieser Akteure sollte nicht unterschätzt werden, da ihre Lehren und Handlungen oft tief in den Individuen verwurzelt sind und deren Weltanschauung nachhaltig prägen.

Gruppendynamik spielt eine entscheidende Rolle bei der Entstehung und Verstärkung von Hass. Die Zugehörigkeit zu einer sozialen Gruppe beeinflusst nicht nur das Verhalten des Einzelnen, sondern auch dessen Wahrnehmung von anderen Gruppen und sein emotionales Erleben. Phänomene wie Konformität, Gruppendenken und sozialer Druck können dazu führen, dass negative Emotionen und Vorurteile gegenüber Außenstehenden oder Minderheiten entstehen und sich verstärken. In diesem Kapitel wird untersucht, wie diese Mechanismen im Kontext von Hass wirken und welchen Einfluss sie auf das Verhalten und die Einstellungen von Individuen haben.

Konformität und die Anpassung an Gruppenmeinungen
Konformität bezeichnet die Tendenz von Individuen, sich an die Normen und Meinungen einer Gruppe anzupassen, um soziale Akzeptanz zu erlangen oder Konflikte zu vermeiden. Die bekanntesten Experimente zur Konformität wurden von Solomon Asch (1951) durchgeführt. In seinem klassischen Konformitätsexperiment zeigte Asch, dass Menschen bereit sind, ihre eigene Wahrnehmung und Meinung zugunsten der Gruppenmeinung zu ändern, selbst wenn diese offensichtlich falsch ist. Diese Neigung zur Anpassung kann auch in moralischen und politischen Fragen eine Rolle spielen, einschließlich der Akzeptanz von Vorurteilen und Hass.

In Gruppen, in denen feindliche Einstellungen gegenüber anderen sozialen, ethnischen oder religiösen Gruppen als Norm etabliert sind, wird Konformität zu einem starken Motor für die Weitergabe und Verstärkung von Hass. Individuen, die zunächst keine feindseligen Einstellungen haben, können aufgrund des sozialen Drucks der Gruppe diese Einstellungen übernehmen. Die Angst vor Ausgrenzung oder Ablehnung führt dazu, dass sie sich der Mehrheitsmeinung anschließen, selbst wenn sie diese innerlich nicht vollständig teilen.

Tajfel und Turner (1986) entwickelten die *Soziale Identitätstheorie*, die erklärt, wie Gruppenzugehörigkeit das Selbstbild beeinflusst und zu Abgrenzung sowie potenziell feindseligem Verhalten gegenüber „Fremdgruppen" (Outgroups) führen kann. Individuen definieren ihre Identität oft über die Mitgliedschaft in einer Gruppe, und je stärker sie sich mit dieser identifizieren, desto eher übernehmen sie auch die normativen Einstellungen der Gruppe, einschließlich Vorurteilen und Hass gegenüber anderen. Dieser Mechanismus verstärkt sich in Situationen, in denen die eigene Gruppe als bedroht wahrgenommen wird – eine Bedrohung, die oft durch Übertreibung oder Fehlinformationen entsteht.

Gruppendenken und kollektive Fehlentscheidungen
Gruppendenken (*groupthink*) ist ein weiteres gruppendynamisches Phänomen, das zu fehlerhaften Entscheidungen und extremen Einstellungen führen kann. Irving Janis (1972) prägte den Begriff, um zu beschreiben, wie in stark kohäsiven Gruppen der Drang nach Konsens die Fähigkeit zur kritischen Reflexion und individuellen Meinungsäußerung unterdrückt. Gruppendenken tritt vor allem in Situationen auf, in denen eine Gruppe eine starke Homogenität aufweist und von Außenstehenden isoliert ist. In solchen Situationen neigen die Gruppenmitglieder dazu, alternative Meinungen zu ignorieren und die kollektive Meinung unkritisch zu akzeptieren.

Dieses Phänomen ist besonders gefährlich, wenn es um Entscheidungen geht, die zu Gewalt oder Diskriminierung führen. In extremistischen Gruppen, die stark auf ideologischen Überzeugungen beruhen, können Meinungsabweichungen als Bedrohung wahrgenommen und unterdrückt werden. Janis identifizierte mehrere Symptome des Gruppendenkens, die in solchen Fällen auftreten, darunter die Illusion der Unverletzlichkeit, kollektive Rationalisierungen und die Abwertung von Außenstehenden (*Outgroup*). Diese Dynamiken können zur Eskalation von Hass führen, da die Gruppe immer extremer wird und alternative Sichtweisen oder moralische Bedenken ignoriert werden.

Beispiele aus der Geschichte zeigen, wie Gruppendenken zu katastrophalen Konsequenzen führen kann. Der Holocaust im nationalsozialistischen Deutschland ist ein erschreckendes Beispiel dafür, wie eine extreme Ideologie, die innerhalb der Führungsebene eines Staates durch Gruppendenken verstärkt wurde, zu massenhaftem Hass und Völkermord führte. Die kollektive Dehumanisierung der jüdischen Bevölkerung wurde als moralisch gerechtfertigt angesehen, weil abweichende Meinungen unterdrückt und kritische Reflexionen nicht zugelassen wurden (Bauman, 1989).

Sozialer Druck und die Macht der Mehrheit
Sozialer Druck ist ein zentraler Mechanismus, der in Gruppen wirkt und das Verhalten von Individuen maßgeblich beeinflusst. Insbesondere der Einfluss der Mehrheit, der sogenannte *Majoritätsdruck*, kann Menschen dazu bringen, sich Einstellungen anzuschließen, die sie ohne diesen Druck möglicherweise nicht teilen würden. Dies ist nicht nur auf direkte Interaktionen beschränkt, sondern kann auch durch die Wahrnehmung von sozialen Normen und Erwartungen in einer Gesellschaft oder Subkultur vermittelt werden.
Stanley Milgram (1974) zeigte in seinen berühmten Gehorsamsexperimenten, dass Menschen bereit sind, grausame Handlungen auszuführen, wenn sie glauben, dass sie unter dem Druck einer Autorität stehen oder die Mehrheit der Gruppe diese Handlungen akzeptiert. Diese Ergebnisse können auf die Dynamik von Hassgruppen übertragen werden, in denen sozialer Druck und Autorität die individuellen

moralischen Bedenken überlagern. Gruppenmitglieder werden durch den Druck, Teil der Gruppe zu sein, dazu gebracht, extremere Positionen einzunehmen oder sich an gewalttätigen Handlungen zu beteiligen.

Ein weiteres Beispiel für den Einfluss des sozialen Drucks ist das Phänomen der *Echokammern* in sozialen Netzwerken. Diese entstehen, wenn Menschen sich in sozialen Medien hauptsächlich mit Gleichgesinnten umgeben und nur Informationen erhalten, die ihre bereits bestehenden Überzeugungen bestätigen. Diese soziale Isolation von abweichenden Meinungen verstärkt bestehende Vorurteile und kann Hass gegen Außenstehende fördern (Sunstein, 2001). Untersuchungen zeigen, dass Menschen in solchen Echokammern zunehmend extremere Meinungen entwickeln, da sie nur wenig oder gar keinen Widerspruch erfahren (Cinelli et al., 2021).

4. Gruppenpolarisierung: Wenn Gruppen extremer werden
Gruppenpolarisierung ist ein weiteres wichtiges Konzept, das im Zusammenhang mit der Entstehung von Hass in Gruppen relevant ist. Unter Gruppenpolarisierung versteht man den Prozess, bei dem Gruppenmitglieder nach Diskussionen extremere Positionen einnehmen als vor den Diskussionen. Dieser Mechanismus wurde erstmals von Moscovici und Zavalloni (1969) beschrieben und zeigt, dass Gruppenentscheidungen nicht zu einem Mittelweg führen, sondern eher zu einer Radikalisierung der Meinungen.

Gruppenpolarisierung tritt häufig auf, wenn eine Gruppe eine starke kollektive Identität entwickelt und das Bedürfnis entsteht, diese Identität durch extreme Positionen abzugrenzen und zu stärken. Dieser Prozess ist in radikalen politischen oder religiösen Gruppen besonders ausgeprägt, kann jedoch in jeder Art von sozialer Gruppe auftreten. Untersuchungen zeigen, dass diese Polarisierung oft durch die gegenseitige Bestätigung innerhalb der Gruppe verstärkt wird, während abweichende Meinungen ignoriert oder abgewertet werden (Myers & Lamm, 1976).

Beispielsweise kann eine Gruppe, die anfänglich nur moderate Vorurteile gegenüber einer anderen ethnischen Gruppe hegt, durch wiederholte Diskussionen und den Einfluss von extremen Meinungsführern in eine radikalere Richtung gedrängt werden. Dies kann letztlich zu offenem Hass oder sogar gewalttätigen Aktionen führen, da die Gruppe sich zunehmend in ihrer eigenen Ideologie bestärkt fühlt.

5. Die Rolle von Meinungsführern und Minderheitseinfluss

In jeder Gruppe gibt es bestimmte Mitglieder, die mehr Einfluss auf die Meinungsbildung haben als andere. Diese sogenannten Meinungsführer (*opinion leaders*) können die Richtung und Intensität von Gruppenprozessen stark beeinflussen. Sie sind oft charismatische Persönlichkeiten, die in der Lage sind, durch rhetorische Fähigkeiten oder durch ihr Ansehen in der Gruppe andere zu überzeugen. In extremistischen Gruppen sind es häufig solche Meinungsführer, die den Hass gegen andere Gruppen aktiv schüren und die Gruppendynamik in eine radikale Richtung lenken (Klandermans, 2006).

Gleichzeitig kann der Einfluss von Minderheiten in einer Gruppe nicht unterschätzt werden. Moscovici (1976) zeigte, dass auch Minderheiten durch Konsistenz und Hartnäckigkeit die Meinungen einer Gruppe verändern können. In positiven Fällen können Minderheiten in einer Gruppe dazu beitragen, Vorurteile zu hinterfragen und den Hass zu reduzieren. In negativen Fällen können radikale Minderheiten jedoch den Hass innerhalb einer Gruppe verstärken, indem sie extreme Positionen vertreten und die Mehrheit der Gruppe davon überzeugen, diesen zu folgen.

Gruppendynamische Prozesse wie Konformität, Gruppendenken, sozialer Druck und Gruppenpolarisierung spielen eine zentrale Rolle bei der Entstehung und Verstärkung von Hass. Individuen sind in Gruppen oft einem starken sozialen Druck ausgesetzt, der dazu führt, dass sie ihre eigenen Überzeugungen anpassen und sich extremen Meinungen anschließen. Die Dynamik innerhalb von Gruppen kann Vorurteile und Hass auf eine Weise verstärken, die das Verhalten und die Einstellungen von Individuen radikalisiert. Um diesen Prozessen entgegenzuwirken, ist es entscheidend, Mechanismen zu entwickeln, die kritisches Denken und die Akzeptanz von Meinungsvielfalt in Gruppen fördern.

Rituale des Hasses: Symbolische Handlungen und Initiationsriten

Rituale sind ein universelles Phänomen, das in allen menschlichen Gesellschaften existiert. Sie spielen eine zentrale Rolle bei der Vermittlung und Aufrechterhaltung von sozialen Normen, Werten und Identitäten. In diesem Kontext können Rituale auch als Träger von Hass und Feindseligkeit fungieren. Durch symbolische Handlungen und Initiationsriten wird Hass institutionalisiert und weitergegeben, wodurch sich Gruppen von anderen abgrenzen, und Feindbilder verfestigen. Dieses Kapitel untersucht die Bedeutung von Ritualen in der Entstehung und Verstärkung von Hass, wobei der Fokus auf symbolischen Handlungen und Initiationsriten liegt, die Feindseligkeit und Gewalt gegen Außenstehende oder Minderheiten fördern.

Die soziale Funktion von Ritualen
Rituale erfüllen in menschlichen Gesellschaften mehrere Funktionen. Sie dienen der Vermittlung von Gemeinschaftsgefühl, der Etablierung und Aufrechterhaltung von sozialen Hierarchien und der

68

Schaffung von kollektiver Identität (Turner, 1969). Rituale schaffen eine Struktur, die es den Teilnehmern ermöglicht, soziale Normen und Werte symbolisch auszudrücken und zu verinnerlichen. Victor Turner betonte in seiner Forschung, dass Rituale besonders in Übergangssituationen, sogenannten „Liminalphasen", eine wichtige Rolle spielen, in denen Individuen von einem sozialen Status in einen anderen übergehen (Turner, 1967).

In dieser „liminalen" Phase sind Rituale oft mit symbolischen Handlungen verbunden, die die Integration in die Gruppe stärken und das Feindbild gegenüber anderen festigen. Diese Rituale können dabei sowohl konstruktiv als auch destruktiv sein. Während einige Rituale darauf abzielen, soziale Harmonie und Kooperation zu fördern, gibt es auch solche, die explizit darauf ausgerichtet sind, Hass und Feindseligkeit gegenüber anderen Gruppen zu erzeugen und aufrechtzuerhalten.

Symbolische Handlungen und die Vermittlung von Feindbildern
Symbolische Handlungen sind zentrale Bestandteile von Ritualen. Sie dienen dazu, bestimmte Werte, Überzeugungen und Emotionen zu kommunizieren und zu festigen. In vielen Fällen sind solche symbolischen Handlungen Teil von Ritualen, die explizit dazu dienen, die Zugehörigkeit zu einer Gruppe zu demonstrieren und gleichzeitig die Ablehnung gegenüber anderen Gruppen auszudrücken. Ein bekanntes Beispiel hierfür sind Flaggenverbrennungen oder andere Formen der Schändung nationaler oder religiöser Symbole, die eine symbolische Aggression gegenüber einer anderen Gruppe darstellen.

In vielen extremistischen oder nationalistischen Gruppen spielen symbolische Handlungen eine zentrale Rolle bei der Inszenierung von Hass. Diese Handlungen haben eine stark emotionale Komponente und dienen dazu, kollektive Identitäten zu stärken und

Feindbilder zu verfestigen. Der Soziologe Randall Collins argumentiert, dass solche Rituale als „rituelle Erregung" dienen und emotionale Energie aufbauen, die Gruppenmitglieder miteinander verbindet und gegen Außenstehende mobilisiert (Collins, 2004). Ein Beispiel hierfür sind Demonstrationen, bei denen bestimmte Slogans oder Symbole verwendet werden, um eine klare Abgrenzung zwischen der eigenen Gruppe und der gegnerischen Gruppe zu schaffen.

Darüber hinaus haben symbolische Handlungen oft eine historisch-kulturelle Dimension. Nationalistische oder religiöse Bewegungen greifen häufig auf historische Erzählungen zurück, die durch Rituale und symbolische Handlungen immer wieder neu inszeniert werden, um den Hass gegen bestimmte Gruppen zu legitimieren. Dies geschieht oft durch eine selektive Erinnerung an vergangene Konflikte oder Ungerechtigkeiten, die in den Ritualen symbolisch dargestellt werden.

Initiationsriten und die Ausbildung von Hass
Initiationsriten sind Übergangsrituale, die den Eintritt eines Individuums in eine neue soziale Rolle oder Gruppe markieren. Sie sind in vielen Kulturen und sozialen Strukturen verbreitet und spielen eine zentrale Rolle bei der Integration von Neulingen in eine Gemeinschaft. Solche Rituale sind oft mit symbolischen Handlungen und Prüfungen verbunden, die dazu dienen, die Loyalität gegenüber der Gruppe zu stärken und die Bereitschaft zu demonstrieren, sich den Normen und Werten der Gemeinschaft zu unterwerfen.

In Hassgruppen, wie extremistischen politischen Bewegungen oder kriminellen Organisationen, nehmen Initiationsriten oft eine gewaltsame oder demütigende Form an. Diese Rituale können körperliche oder psychische Gewalt beinhalten, die dazu dient, die neue

Identität des Initianten als Mitglied der Gruppe zu festigen und seine Loyalität zu sichern. Gewalt in diesen Initiationsriten kann sowohl gegen den Initianten selbst als auch gegen Mitglieder der „Fremdgruppe" gerichtet sein. Durch die Teilnahme an diesen Riten wird der Hass gegenüber der Fremdgruppe nicht nur erlernt, sondern auch performativ ausgedrückt und verinnerlicht (Campbell, 1993).

Ein bekanntes Beispiel für die Rolle von Initiationsriten in der Verbreitung von Hass sind extremistische Jugendorganisationen, die ihre Mitglieder durch symbolische Rituale und Prüfungen auf ihre Ideologie einschwören. Die Hitlerjugend im nationalsozialistischen Deutschland war eine solche Organisation, in der Initiationsriten und symbolische Handlungen dazu dienten, junge Menschen zu einer fanatischen Loyalität gegenüber der NS-Ideologie zu erziehen und ihnen Hass gegenüber Juden und anderen Minderheiten einzuimpfen (Koonz, 2003).

Gewalt als Ritual

Ein weiterer zentraler Aspekt der Rituale des Hasses ist die rituelle Dimension von Gewalt. In vielen extremistischen oder nationalistischen Gruppen wird Gewalt nicht nur als Mittel zum Zweck eingesetzt, sondern hat auch eine symbolische und rituelle Funktion. Gewaltakte gegen Mitglieder einer Fremdgruppe können als Initiationsriten dienen oder als symbolische Handlungen, die die Macht und Überlegenheit der eigenen Gruppe demonstrieren. Diese Gewaltakte werden oft öffentlich inszeniert und ritualisiert, um Angst zu verbreiten und die Gruppenidentität zu stärken.

René Girard (1977) argumentiert, dass Gewalt in solchen Kontexten oft eine rituelle und kathartische Funktion erfüllt. Nach Girard sind Sündenbockmechanismen und Opferungen zentrale Bestandteile menschlicher Gesellschaften, die dazu dienen, Spannungen innerhalb der Gruppe abzubauen, indem Gewalt gegen eine Außenstehende Gruppe gerichtet wird. In Hassgruppen wird dieser Mechanismus auf symbolischer Ebene durch Rituale und Gewaltakte gegen Mitglieder der Fremdgruppe ausgeführt. Diese Gewaltakte werden durch die Rituale gerechtfertigt und erhalten so eine moralische Legitimation innerhalb der Gruppe.

Ein historisches Beispiel für die rituelle Dimension von Gewalt ist der Ku-Klux-Klan in den USA, der nach dem Bürgerkrieg ritualisierte Gewaltakte wie Lynchmorde und Brandstiftungen an schwarzen Amerikanern durchführte, um die rassistische Hierarchie der weißen Vorherrschaft aufrechtzuerhalten (MacLean, 1994). Die Gewaltakte des Klans waren dabei nicht nur Mittel zur Einschüchterung, sondern wurden als rituelle Inszenierungen verstanden, die den „gerechten Kampf" gegen die vermeintliche Bedrohung durch die schwarze Bevölkerung symbolisierten.

Die Rolle von Gemeinschaft und kollektiven Emotionen
Rituale des Hasses sind oft stark mit dem Aufbau kollektiver Emotionen verbunden. Die Teilnahme an einem solchen Ritual stärkt nicht nur die Zugehörigkeit zur Gruppe, sondern auch das emotionale Erleben von Hass und Feindseligkeit gegenüber der Fremdgruppe. Collins (2004) beschreibt, wie Rituale emotionale Erregung erzeugen und diese Energie genutzt wird, um soziale Solidarität innerhalb der Gruppe aufzubauen. Diese „emotionale Energie" wird durch gemeinsame symbolische Handlungen, Gesänge oder Slogans verstärkt, die die kollektive Identität stärken und gleichzeitig die Abgrenzung zu Außenstehenden verdeutlichen.

Die emotionale Intensität von Ritualen des Hasses schafft eine starke Bindung zwischen den Mitgliedern der Gruppe und kann zu einem Zustand der „kollektiven Euphorie" führen, in dem Hass nicht nur akzeptiert, sondern als positiv und identitätsstiftend erlebt wird. Durch die symbolischen Handlungen und Riten wird der Hass gegenüber der Fremdgruppe verstärkt und als gerechtfertigt empfunden.

Die Ambivalenz von Ritualen: Vom Hass zur Versöhnung?
Es ist wichtig zu betonen, dass Rituale nicht immer destruktiv sein müssen. Während viele Rituale des Hasses darauf abzielen, Feindseligkeit und Gewalt zu verstärken, gibt es auch Rituale, die der Versöhnung und dem Frieden dienen. In vielen Gesellschaften existieren Übergangsriten und symbolische Handlungen, die darauf abzielen, Konflikte zu lösen und Frieden zwischen verfeindeten Gruppen herzustellen.

Ein Beispiel hierfür ist das *Gacaca*-System in Ruanda, das nach dem Völkermord von 1994 eingesetzt wurde, um Versöhnung zwischen Hutu und Tutsi zu fördern. Hier spielten symbolische Handlungen und rituelle Gesten der Vergebung eine zentrale Rolle, um den Hass zwischen den beiden Gruppen zu überwinden (Clark, 2010). Dieses Beispiel zeigt, dass Rituale sowohl destruktive als auch konstruktive Funktionen haben können, je nachdem, wie sie gestaltet und genutzt werden.

Rituale des Hasses spielen eine zentrale Rolle bei der Vermittlung und Aufrechterhaltung von Feindbildern und Feindseligkeit gegenüber anderen Gruppen. Durch symbolische Handlungen und Initiationsriten werden negative Emotionen verstärkt und Hass institutionalisiert. Diese Rituale dienen dazu, die kollektive Identität der Gruppe zu stärken und die Abgrenzung zu Außenstehenden zu festigen. Gleichzeitig erfüllen Rituale eine emotionale Funktion, indem sie kollektive Emotionen wie Hass erzeugen und verstärken. Während Rituale oft destruktiv wirken, können sie auch konstruktive Funktionen erfüllen, indem sie zur Versöhnung und zum Frieden beitragen.

Popkultur spielt eine zentrale Rolle in der modernen Gesellschaft, da sie Massenmedien und Unterhaltungsformen vereint, die breite Bevölkerungsgruppen ansprechen und tiefgreifenden Einfluss auf soziale Normen und Verhaltensmuster haben. In diesem Kontext tritt der Hass als kulturelles Phänomen und Ausdruck eines gesellschaftlichen Diskurses hervor. Insbesondere in der Musik und im Film finden sich immer wieder Darstellungen von Hass, Gewalt und Ausgrenzung, die sowohl kritische Reflexion als auch besorgniserregende Tendenzen der Normalisierung mit sich bringen.

Die Rolle der Musik in der Verbreitung von Hass
Musik, als emotionaler und oft subversiver Ausdruck menschlicher Erfahrungen, hat schon immer eine politische und soziale Dimension besessen. Vom Protestsong bis zum gewalttätigen Ausdruck marginalisierter Gruppen spiegelt Musik oft die Spannungen und Konflikte der Gesellschaft wider. Dabei fällt auf, dass Hass und Gewalt in bestimmten Musikgenres prominenter dargestellt werden.

Besonders kontrovers diskutiert wird der **Gangsta-Rap**, der seit den 1980er Jahren durch seine expliziten Darstellungen von Gewalt, Frauenfeindlichkeit und Feindseligkeit gegenüber Autoritäten Aufmerksamkeit erregt. Die Texte vieler Künstler dieser Bewegung, darunter berühmte Gruppen wie **N.W.A.**, spiegeln nicht nur den Hass der schwarzen Community gegen rassistische und soziale Unterdrückung, sondern werden oft als verherrlichend für Gewalt wahrgenommen. So heißt es beispielsweise im N.W.A.-Klassiker "Straight Outta Compton": "Shootin' motherfuckers like I'm in a war zone" – ein Text, der sowohl die alltägliche Gewalt in benachteiligten Vierteln der

USA beschreibt als auch Gewalt als adäquate Reaktion auf Unterdrückung darstellt (Kubrin, 2005).

Ähnlich ist auch im Black Metal eine Faszination für Hass und extreme Emotionen zu erkennen. Insbesondere der skandinavische Black Metal der frühen 1990er Jahre wurde durch seine Texte und Handlungen, darunter Kirchenverbrennungen und Morde, berüchtigt. Die extreme Negativität, oft gepaart mit okkulten und antichristlichen Inhalten, führte zu einer stärkeren Sensibilisierung für die Rolle der Musik als Ausdruck destruktiver Ideologien. Hierbei stellt sich die Frage, inwiefern solche extremen musikalischen Ausdrucksformen lediglich Provokation sind oder tatsächlich hasserfüllte Weltansichten reproduzieren und verstärken.

Der Musikwissenschaftler Adam Krims argumentiert, dass der Kontext entscheidend ist: „Es ist nicht nur die Gewalt in den Texten selbst, sondern die Art und Weise, wie sie inszeniert und rezipiert wird, die zur Normalisierung von Gewalt in bestimmten kulturellen Milieus beiträgt" (Krims, 2000). Dies deutet darauf hin, dass Hass in der Musik nicht isoliert, betrachtet werden kann, sondern in Wechselwirkung mit gesellschaftlichen und ökonomischen Bedingungen steht.

Gewalt und Hass im Film: Darstellung und Rezeption
Filme sind eines der mächtigsten Medien, wenn es darum geht, emotionale Zustände und moralische Dilemmata darzustellen. In diesem Medium wird Gewalt oft stilisiert, und der Umgang mit Hass variiert stark je nach Genre und Intention des Films. Besonders problematisch ist dabei die Normalisierung von Hass und Gewalt als Unterhaltungselement.

Ein bedeutendes Beispiel ist der Film **„Natural Born Killers"** **(1994)** von Oliver Stone, der als scharfe Satire auf die Gewaltkultur in den Medien gilt. Der Film folgt zwei Serienmördern, deren Verbrechen von den Medien verherrlicht werden, wodurch eine gesellschaftliche Diskussion über die Rolle der Medien bei der Schaffung von Gewaltikonen angestoßen wurde. Kritiker warfen dem Film jedoch vor, genau das zu tun, was er anprangert: Gewalt zu ästhetisieren und Täter zu glorifizieren. So schreibt der Kulturkritiker Richard Corliss: „Die Gefahr bei Filmen wie 'Natural Born Killers' ist, dass sie das, was sie zu kritisieren behaupten, unreflektiert nachahmen und Gewalt als bloßes Spektakel präsentieren" (Corliss, 1994).

Ein weiteres Beispiel für die Darstellung von Hass im Film findet sich im **Horror-Genre**, das Gewalt oft als zentrales Element nutzt. Filme wie **„The Texas Chainsaw Massacre"** **(1974)** oder **„Hostel"** **(2005)** zeigen extreme körperliche Gewalt in einer Weise, die oft als sadistisch und voyeuristisch kritisiert wird. In diesen Filmen dient Hass als treibende Kraft hinter den Handlungen der Antagonisten, und die Zuschauer werden zu Zeugen dieser Brutalität. Hierbei stellt sich die Frage, inwiefern solche Darstellungen des Hasses zur Abstumpfung der Zuschauer führen können. Der Filmwissenschaftler Mark Jancovich argumentiert: „Das Horrorkino bietet eine kathartische Funktion, aber es birgt auch das Risiko, Gewalt und Hass als normale, sogar erwartete Teile des menschlichen Erlebens darzustellen" (Jancovich, 2002).

Die Wirkung solcher Filme auf das Publikum ist umstritten. Einige Forscher, wie etwa **George Gerbner** und seine „Kultivierungstheorie", behaupten, dass eine kontinuierliche Exposition gegenüber Mediengewalt das Weltbild der Menschen beeinflussen kann, indem sie eine „mean world syndrome" erzeugt – die Vorstellung, dass die Welt gefährlicher und gewalttätiger ist, als sie in Wirklichkeit ist (Gerbner,

1998). Dies führt zu der Frage, ob Filme, die Hass und Gewalt zeigen, eher eine Spiegelung der Realität sind oder ob sie diese Realität selbst mitformen.

Die Normalisierung von Gewalt und Hass
Ein zentrales Problem der Darstellung von Hass und Gewalt in der Popkultur ist die Frage der **Normalisierung**. Wenn solche Darstellungen ohne kritischen Kontext oder Reflexion in Massenmedien erscheinen, besteht die Gefahr, dass Hass und Gewalt als akzeptierte oder gar erwartete soziale Verhaltensweisen wahrgenommen werden.

In vielen **Videospielen**, insbesondere in solchen des Shooter-Genres, wird Gewalt spielerisch erlebt und als Problemlösungsmechanismus etabliert. Spiele wie **„Grand Theft Auto"** oder **„Call of Duty"** erlauben den Spielern, gewalttätige Handlungen auszuführen, oft ohne moralische Konsequenzen für das Verhalten der Spielfigur. Dies hat zu einer hitzigen Debatte über die Auswirkungen solcher Inhalte auf die Psyche der Spieler geführt. Während einige Studien nahelegen, dass es keinen direkten Zusammenhang zwischen gewalttätigen Videospielen und realem Verhalten gibt, betonen andere, dass die ständige Wiederholung von Gewalt die Sensibilität für Aggression und Hass verringern könnte (Anderson et al., 2010).

Der Soziologe **Jean Baudrillard** argumentiert, dass die Popkultur im postmodernen Zeitalter eine „Simulation" schafft, in der die Grenze zwischen Realität und Fiktion verwischt wird. Gewalt und Hass werden in diesen simulierten Welten so allgegenwärtig, dass sie ihre ursprüngliche Schockwirkung verlieren und zunehmend als Teil des alltäglichen Erlebens wahrgenommen werden (Baudrillard, 1981). Diese These könnte erklären, warum extrem gewalttätige Darstellungen in der Popkultur – ob in der Musik, im Film oder in Videospielen –

auf ein breites Publikum stoßen und gleichzeitig nur selten zu einer umfassenden moralischen Auseinandersetzung führen.

Die Darstellung von Hass in der Popkultur, sei es durch Musik, Film oder andere Medien, ist ein komplexes Phänomen, das sowohl als Ausdruck gesellschaftlicher Spannungen als auch als Verstärker destruktiver Ideologien dienen kann. Der Umgang mit Hass in der Popkultur erfordert eine kritische Reflexion darüber, wie solche Darstellungen auf die Rezipienten wirken und welche Rolle sie in der Normalisierung von Gewalt spielen. Während die Popkultur häufig als Spiegel der Realität interpretiert wird, darf nicht vergessen werden, dass sie gleichzeitig Realitäten schafft und beeinflusst. Es liegt in der Verantwortung von Künstlern, Konsumenten und Kritikern, sich der Macht dieser Medien bewusst zu sein und den Diskurs über Hass und Gewalt in der Gesellschaft nicht zu vernachlässigen.

Hass und Geschlecht: Geschlechterrollen, Männlichkeitsnormen und Misogynie

Hass und Geschlecht sind tief miteinander verflochtene Konzepte, die in sozialen, politischen und kulturellen Kontexten seit langem diskutiert werden. Geschlechterrollen und soziale Normen, insbesondere im Hinblick auf Männlichkeit, sind nicht nur zentrale Elemente der Sozialisation, sondern spielen auch eine Schlüsselrolle bei der Entstehung und Verbreitung von Hass und Gewalt. In diesem Text werden die Dynamiken von Hass in Bezug auf Geschlecht untersucht, wobei der Fokus auf Männlichkeitsnormen und Misogynie liegt.

Geschlechterrollen und ihre Funktion in der Gesellschaft

Geschlechterrollen sind soziale Konstrukte, die Erwartungen an das Verhalten und die Identität von Menschen auf der Grundlage ihres Geschlechts festlegen. Diese Rollen, die tief in der Gesellschaft verankert sind, haben direkte Auswirkungen auf die Art und Weise, wie Individuen Beziehungen gestalten und auf soziale Herausforderungen reagieren. So argumentiert die Geschlechtertheoretikerin **Judith Butler**, dass Geschlecht nicht als biologisches Faktum betrachtet werden sollte, sondern als eine wiederholte Aufführung, durch die normative Vorstellungen von Weiblichkeit und Männlichkeit reproduziert werden. Butler erklärt: „Gender is the repeated stylization of the body, a set of repeated acts within a highly rigid regulatory frame that congeal over time to produce the appearance of substance, of a natural sort of being"(Butler, 1990). In diesem Sinne wird Geschlecht nicht nur erlebt, sondern aktiv performt.

Im Kontext von Hass und Gewalt spielen Geschlechterrollen eine zentrale Rolle, insbesondere wenn normative Vorstellungen von Männlichkeit mit Macht, Kontrolle und Aggression verknüpft werden. Traditionell wird Männlichkeit oft als stark, rational und dominant dargestellt, während Weiblichkeit mit Emotionalität, Passivität und Schwäche in Verbindung gebracht wird. Diese dualistischen Vorstellungen führen zu tief verankerten Machtstrukturen, die insbesondere Frauen benachteiligen und Grundlage für misogyne Gewalt und Hass gegen alles, was als "weiblich" angesehen wird, schaffen.

Männlichkeitsnormen und Gewalt
Ein zentrales Problem im Zusammenhang mit Geschlechterrollen ist die Konstruktion von Männlichkeit. Historisch gesehen wurden Männlichkeitsideale oft über die Fähigkeit definiert, Macht und Kontrolle auszuüben. Diese Ideale, die häufig als "toxische Männlichkeit" bezeichnet werden, stellen Anforderungen an Männer, aggressiv, dominant und emotional unzugänglich zu sein. Die Soziologin **Raewyn Connell** prägte den Begriff der „hegemonialen Männlichkeit", der die

dominante Form von Männlichkeit beschreibt, die andere Formen von Männlichkeit und Weiblichkeit unterdrückt. Connell betont: „Hegemonic masculinity is not a fixed character type, always and everywhere the same. It is, rather, the masculinity that occupies the hegemonic position in a given pattern of gender relations" (Connell, 1995).

Diese Normen haben weitreichende Folgen, insbesondere im Hinblick auf Gewalt. Männer, die in einer Gesellschaft aufwachsen, die Aggression und Dominanz als idealisierte Formen der Männlichkeit betrachtet, erfahren enormen Druck, diese Ideale zu erfüllen. Dieser Druck kann zu Frustration und Hass führen, insbesondere wenn Männer das Gefühl haben, dass ihre soziale Stellung oder ihre Männlichkeit bedroht ist. Laut dem Psychologen **James Gilligan**, der sich mit den Ursachen von Gewalt beschäftigt, ist „Scham die zugrunde liegende emotionale Ursache von Gewalt". Männer, die ihre Fähigkeit zur Dominanz oder Kontrolle verlieren, können sich gedemütigt fühlen, was zu Gewalt und Aggression führt (Gilligan, 1996).

Ein bekanntes Beispiel für die Verbindung von Männlichkeitsnormen und Gewalt findet sich in der Incel-Bewegung (Involuntary Celibates), einer online-basierten Subkultur von Männern, die sich durch ihre sexuelle Unerfahrenheit und Einsamkeit als gesellschaftlich marginalisiert wahrnehmen. Diese Gruppe entwickelt häufig Misogynie, da Frauen als Ursache ihrer vermeintlichen Männlichkeitsdefizite und sozialen Misserfolge angesehen werden. Der Soziologe **Michael Kimmel** argumentiert, dass diese Männer „ihren Frust und Hass über ihre eigene Marginalisierung auf Frauen projizieren, die sie als Quelle ihrer Probleme betrachten" (Kimmel, 2013). Diese Dynamik verdeutlicht die enge Verbindung zwischen traditionellen Vorstellungen von Männlichkeit und der Entstehung von Hass gegen Frauen.

Misogynie, der systematische und kulturell verankerte Hass auf Frauen, ist ein weit verbreitetes Phänomen, das tief in patriarchalen Strukturen verwurzelt ist. Es handelt sich dabei um eine Form von Hass, die Frauen aufgrund ihrer Geschlechtszugehörigkeit entmenschlicht und diskriminiert. Die Philosophin Kate Manne beschreibt Misogynie als „the law enforcement branch of patriarchy" (Manne, 2017). In ihrem Buch *Down Girl: The Logic of Misogyny* erklärt Manne, dass Misogynie nicht einfach nur eine feindselige Einstellung gegenüber Frauen sei, sondern eine systematische Bestrafung von Frauen, die traditionelle Geschlechterrollen herausfordern oder sich diesen entziehen.

In vielen Kulturen sind Frauen bestimmten sozialen Erwartungen unterworfen, die sie in Positionen der Unterordnung und Passivität halten. Wenn Frauen diese Erwartungen nicht erfüllen, indem sie zum Beispiel Machtpositionen einnehmen oder sexuelle Autonomie ausüben, führt dies oft zu Gegenreaktionen in Form von Misogynie. Dies zeigt sich besonders in Fällen öffentlicher Frauenfeindlichkeit, wie etwa im Online-Missbrauch, den viele Frauen erleben, die sich in der Öffentlichkeit äußern oder in traditionellen Männerdomänen aktiv sind. Manne betont, dass Misogynie dazu dient, Frauen wieder in ihre „richtigen" Rollen zu zwingen und die Machtstruktur aufrechtzuerhalten.

Ein erschreckendes Beispiel für diesen Hass sind die vielen Fälle von Gewalt gegen Frauen, die sich auf sexuellen Besitzanspruch stützen. Femizide, also Morde an Frauen aufgrund ihres Geschlechts, sind weltweit ein wachsendes Problem. In vielen Fällen steht hinter diesen Morden die Vorstellung, dass Männer das Recht hätten, die Sexualität und das Leben von Frauen zu kontrollieren. Soziale Normen, die Männer als dominante Subjekte und Frauen als untergeordnete Objekte konstruieren, legen die Grundlage für diese Gewalt.

Online-Hass und Geschlecht

Die Digitalisierung hat neue Formen der Gewalt und des Hasses geschaffen, insbesondere gegen Frauen. Online-Plattformen bieten Anonymität und fördern oft toxische Diskurse, die von Hass geprägt sind. Misogynie im Internet nimmt dabei viele Formen an, von verbalen Angriffen und Drohungen bis hin zu **doxxing** (der Veröffentlichung privater Informationen) und **revenge porn** (der Verbreitung intimer Bilder ohne Zustimmung). Diese Praktiken haben reale Konsequenzen für die betroffenen Frauen und spiegeln tief verwurzelte Geschlechternormen und Machtstrukturen wider.

Eine Untersuchung des **Pew Research Center** (2017) zeigt, dass Frauen, insbesondere junge Frauen, unverhältnismäßig häufig Opfer von Online-Belästigung werden. Die Journalistin **Amanda Hess** beschreibt in ihrem viel beachteten Artikel „Why Women Aren't Welcome on the Internet" den allgegenwärtigen Hass, dem Frauen online ausgesetzt sind: „The internet has become a primary place for many women to face a specific, pointed and particularly threatening form of misogyny" (Hess, 2014). Diese Art von Hass wirkt sich nicht nur auf das Wohlbefinden der Frauen aus, sondern kann auch ihre Möglichkeiten einschränken, am öffentlichen Diskurs teilzunehmen, wodurch ihre Stimmen zum Schweigen gebracht werden.

Die Reproduktion von Hass durch kulturelle Normen

Geschlechterrollen und die gesellschaftliche Akzeptanz von Hass hängen eng zusammen. Eine Kultur, die Männer als dominante und aggressive Akteure und Frauen als passive Objekte konstruiert, reproduziert nicht nur Ungleichheit, sondern auch Hass. Die Rolle der Medien, der Popkultur und der Erziehung in der Aufrechterhaltung dieser Normen kann nicht unterschätzt werden. Werbung, Filme, Musik und andere kulturelle Ausdrucksformen tragen oft zur Reproduktion dieser stereotypen Rollenbilder bei, die sowohl Männlichkeit als auch Weiblichkeit einschränken und Hass zwischen den Geschlechtern fördern können.

Die feministische Philosophin **bell hooks** betont, dass patriarchale Strukturen nicht nur Frauen schaden, sondern auch Männern, da sie emotionale Intelligenz und Empathie unterdrücken und sie zu Aggression und Gewalt anleiten: „Patriarchy has no gender" (hooks, 2004). Diese Sichtweise unterstreicht die Notwendigkeit, die gesellschaftlichen Geschlechternormen nicht nur zu hinterfragen, sondern radikal neu zu denken, um den Kreislauf von Hass und Gewalt zu durchbrechen.

Hass in Bezug auf Geschlecht ist kein isoliertes Phänomen, sondern eng mit historischen, sozialen und kulturellen Normen verknüpft, die Geschlechterrollen definieren und verstärken. Männlichkeitsnormen und Misogynie sind tief verwurzelt in einer patriarchalen Gesellschaft, die Macht und Kontrolle an Männlichkeit koppelt und Frauen systematisch unterordnet. Diese Dynamiken führen nicht nur zu individueller Gewalt, sondern auch zu strukturellem Hass, der sowohl offline als auch online reproduziert wird. Die Bekämpfung dieses Hasses erfordert eine kritische Auseinandersetzung mit den zugrunde liegenden Geschlechtervorstellungen und die Förderung alternativer, gleichberechtigter und respektvoller Geschlechterbeziehungen.

Nationalismus ist eine mächtige ideologische Strömung, die auf der Vorstellung basiert, dass die Zugehörigkeit zu einer bestimmten Nation nicht nur ein primäres Identitätsmerkmal ist, sondern auch eine moralische und kulturelle Hierarchie zwischen verschiedenen Bevölkerungsgruppen schafft. Diese Vorstellung kann zur Abgrenzung und Marginalisierung von Gruppen führen, die als „anders" betrachtet werden, was die Grundlage für Hass und Feindseligkeit bildet. In diesem Kapitel wird untersucht, wie Nationalismus zur Konstruktion des „Anderen" beiträgt und wie sich diese Prozesse in Hass, Exklusion und Gewalt manifestieren.

Nationalismus: Eine Definition und historische Perspektive
Nationalismus ist ein ideologisches und politisches Konzept, das die Vorstellung der nationalen Einheit und Überlegenheit betont. Die Historiker **Benedict Anderson** und **Eric Hobsbawm** gelten als einflussreiche Theoretiker auf diesem Gebiet. Anderson prägte den Begriff der „imaginierten Gemeinschaft", der die Nation als eine Konstruktion beschreibt, die durch geteilte Symbole, Mythen und Geschichten erschaffen wird. Anderson argumentiert, dass „die Nation eine vorgestellte politische Gemeinschaft ist, die als sowohl begrenzt als auch souverän empfunden wird" (Anderson, 1983). Die Nation wird also nicht durch unmittelbare persönliche Kontakte, sondern durch gemeinsame Rituale, Sprache und Symbole vereint, die eine kollektive Identität schaffen.

Der Historiker **Eric Hobsbawm** sieht Nationalismus als eine Form der „Erfindung von Tradition", die dazu dient, politische Macht zu festigen und soziale Gruppen zu mobilisieren (Hobsbawm, 1983). Er betont, dass Nationalismus oft mit der Etablierung staatlicher Institutionen, insbesondere durch Bildung und Medien, in Wechselwirkung steht. Diese Institutionen fördern nationale Narrative, die Homogenität betonen und alles „Andere" ausschließen, das nicht in diese Narrative passt.

Die Konstruktion des „Anderen"

Nationalismus beruht auf der Konstruktion eines „Wir", das als moralisch, kulturell und ethnisch überlegen angesehen wird, und eines „Anderen", der als Bedrohung oder minderwertig betrachtet wird. Diese Unterscheidung ist ein zentrales Element der nationalistischen Ideologie, da sie dazu dient, die eigene nationale Identität zu festigen, indem sie klare Grenzen zwischen „innen" und „außen" zieht.

Der Philosoph **Edward Said** beschreibt in seinem Werk *Orientalism* (1978), wie der Westen das „Andere" – in diesem Fall den Orient – als unterentwickelt, irrational und exotisch darstellt, um die eigene kulturelle Überlegenheit zu betonen. Diese „Orientalisierung" ist ein Prozess, durch den das „Andere" in vereinfachten, oft abwertenden Stereotypen dargestellt wird, um Machtverhältnisse zu stabilisieren. Said erklärt: „Der Orientalismus als Diskurs ist eine Art und Weise, wie das ‚Andere' dargestellt wird, um den Westen als rational, zivilisiert und überlegen zu konstruieren" (Said, 1978).

Im Kontext des Nationalismus wird diese Konstruktion des „Anderen" oft auf ethnische oder religiöse Minderheiten übertragen, die als fremd oder bedrohlich für die nationale Einheit empfunden werden. Dieser Prozess der Ausgrenzung wird durch eine Vielzahl von Mechanismen unterstützt, darunter Rassismus, Xenophobie und religiöse Intoleranz. Die Soziologin **Zygmunt Bauman** beschreibt diesen Prozess als „Ausgrenzung des Fremden", der notwendig ist, um nationale Identität zu konstruieren: „Der Fremde wird zum notwendigen

Gegenstück zur nationalen Gemeinschaft, die durch seine Abgrenzung ihre eigene Identität formt" (Bauman, 1991).

Die Rolle des Nationalismus bei der Verbreitung von Hass
Nationalismus hat das Potenzial, Hass zu erzeugen, insbesondere durch die Förderung von Feindbildern und die Polarisierung von „Wir" und „Die". Indem der „Andere" als Bedrohung für die nationale Identität, Sicherheit oder Kultur dargestellt wird, schaffen nationalistische Bewegungen die Grundlage für Feindseligkeit und Gewalt. Diese Dynamik kann in verschiedenen historischen und zeitgenössischen Kontexten beobachtet werden.

Ein klassisches Beispiel ist der **ethnische Nationalismus,** der die Zugehörigkeit zur Nation auf gemeinsame ethnische oder rassische Merkmale stützt. Diese Form des Nationalismus hat in der Geschichte zu einigen der schlimmsten Gewalttaten des 20. Jahrhunderts geführt, darunter der Holocaust und der Genozid in Ruanda. Der Holocaust, der von der rassistischen Ideologie des Nationalsozialismus angetrieben wurde, beruhte auf der Vorstellung, dass Juden als „fremde" und „schädliche" Gruppe aus der deutschen Gesellschaft ausgeschlossen und vernichtet werden müssten. Die Konstruktion des „Anderen" war hier eng mit biologisch-rassistischen Theorien verbunden, die Juden als „untermenschlich" und gefährlich darstellten.

Die nationalsozialistische Ideologie ist ein extremes Beispiel für die zerstörerische Kraft des Nationalismus, wenn er auf einer starren Unterscheidung zwischen „wir" und „die anderen" basiert. Der Historiker **Ian Kershaw** beschreibt, wie die NS-Propaganda die jüdische Bevölkerung Deutschlands und Europas systematisch als Feindbild konstruierte: „Die nationalsozialistische Propaganda verwandelte die Juden in ein Symbol für alles, was die deutsche Nation bedrohte – politisch, kulturell und biologisch" (Kershaw, 2008). Diese

Darstellung trug maßgeblich zur Verbreitung von Hass und zur Legitimation der systematischen Vernichtung von Millionen Juden bei.

Auch der Genozid in Ruanda im Jahr 1994 ist ein Beispiel für die Verbindung von Nationalismus und ethnischem Hass. Die extremistische Hutu-Bewegung, die die Macht im Land innehatte, setzte nationale Narrative ein, um die Tutsi-Minderheit als Feind zu brandmarken und die Bevölkerung zur Gewalt gegen sie zu mobilisieren. Innerhalb von nur 100 Tagen wurden etwa 800.000 Tutsi und gemäßigte Hutu getötet. Der Anthropologe **Mahmood Mamdani** erklärt, dass der ruandische Genozid auf einer tiefen historischen Konstruktion des „Anderen" beruhte, die von Kolonialisten eingeführt und später von nationalistischen Bewegungen verschärft wurde: „Der Genozid in Ruanda war die extreme Manifestation eines langen Prozesses der Ethnizität, in dem Hutu und Tutsi als fundamental unterschiedliche Völker konstruiert wurden" (Mamdani, 2001).

Nationalismus und der moderne politische Diskurs
Auch im modernen politischen Diskurs ist der Nationalismus eine treibende Kraft hinter der Ausgrenzung und Dämonisierung von Gruppen, die als „fremd" oder „anders" wahrgenommen werden. Besonders in Europa und Nordamerika haben rechtspopulistische Bewegungen in den letzten Jahrzehnten einen Wiederanstieg nationalistischer Rhetorik erlebt, die oft mit Hass auf Migranten, Flüchtlinge und religiöse Minderheiten einhergeht. Diese Rhetorik spielt mit Ängsten vor dem Verlust der nationalen Identität und Kultur und stellt Migranten als Bedrohung dar.

Der Politikwissenschaftler **Cas Mudde** beschreibt diesen neuen Nationalismus als „Exklusionsnationalismus", der auf der Idee basiert, dass die Nation durch den Ausschluss von Fremden und Minderheiten verteidigt werden muss: „Populist radical right parties frame national identity as being under threat from globalization, immigration, and multiculturalism, and they argue that the nation can only be preserved through a return to traditional national values and the exclusion of outsiders" (Mudde, 2019). Diese Form des Nationalismus führt zu einer Normalisierung von Fremdenfeindlichkeit und Hass in der politischen und medialen Landschaft.

Beispiele für diese Dynamik finden sich in der Rhetorik von Politikern wie **Donald Trump** und **Viktor Orbán**, die beide auf einer nationalistischen Plattform agieren, die Migranten und Minderheiten als Bedrohung für die nationale Sicherheit und Kultur darstellen. In seiner Präsidentschaftskampagne 2016 behauptete Trump, dass Migranten, insbesondere aus Mexiko, „Kriminelle" und „Vergewaltiger" seien, die die USA unsicher machten. Diese Rhetorik trug dazu bei, ein Klima des Hasses gegenüber Migranten zu schüren, das sich in der Verabschiedung restriktiver Einwanderungsgesetze und der Stärkung nationalistischer Bewegungen manifestierte.

In Ungarn hat Viktor Orbán einen „illiberalen Nationalismus" gefördert, der die europäische Identität und die Nation als bedroht durch muslimische Migranten darstellt. Orbán betonte in einer Rede: „Wir wollen, dass Ungarn ungarisch bleibt und dass Europa den Europäern gehört" (Orbán, 2018). Diese nationalistische und xenophobe Rhetorik diente nicht nur dazu, die Unterstützung für strenge Einwanderungsgesetze zu mobilisieren, sondern auch, den Hass auf Minderheiten und Migranten zu normalisieren.

Der Widerstand gegen nationalistischen Hass
Trotz der zerstörerischen Kraft des Nationalismus gibt es zahlreiche Bewegungen und Ansätze, die sich gegen die nationalistische

Konstruktion des „Anderen" und den daraus resultierenden Hass stellen. Der Politikwissenschaftler **Benedict Anderson** hebt hervor, dass Nationalismus nicht zwangsläufig zu Hass führen muss, sondern auch auf integrativen und inklusiven Konzepten basieren kann, die Vielfalt und Pluralismus wertschätzen. Diese Form des „zivilen Nationalismus" fördert eine nationale Identität, die auf gemeinsamen Werten und demokratischen Prinzipien basiert, anstatt auf ethnischen oder kulturellen Exklusionen.

Beispiele für diesen zivilen Nationalismus finden sich in Ländern wie Kanada und Südafrika, die versuchen, eine nationale Identität zu fördern, die auf Multikulturalismus und Inklusion beruht. Südafrikas Konzept der „Regenbogennation", das nach dem Ende der Apartheid unter Präsident Nelson Mandela entwickelt wurde, ist ein Versuch, eine nationale Identität zu schaffen, die ethnische und kulturelle Vielfalt einschließt und Hass auf der Grundlage von Nationalismus vermeidet.

Nationalismus ist eine mächtige Ideologie, die sowohl zur Schaffung einer gemeinsamen Identität als auch zur Konstruktion des „Anderen" beitragen kann. Wenn Nationalismus jedoch auf Exklusion und die Dämonisierung des „Anderen" basiert, fördert er Hass, Feindseligkeit und Gewalt. Historische Beispiele wie der Holocaust und der Genozid in Ruanda sowie moderne politische Entwicklungen zeigen, wie Nationalismus zu ethnischem und rassistischem Hass führen kann. Gleichzeitig gibt es jedoch auch alternative Formen des Nationalismus, die Inklusion und Vielfalt betonen und so als Gegenbewegung zu hasserfüllten, ausgrenzenden Ideologien dienen können.

Die Konstruktion von Feindbildern ist ein grundlegendes soziales und psychologisches Phänomen, das in Zeiten von Konflikten und Krisen verstärkt auftritt. Menschen neigen dazu, andere Gruppen als Bedrohung wahrzunehmen, insbesondere dann, wenn diese Gruppen als „andersartig" und außerhalb der eigenen sozialen, kulturellen oder ethnischen Gemeinschaft stehend empfunden werden. Dieser Prozess der Feindbildkonstruktion ist eng mit der Entmenschlichung verknüpft, bei der Mitglieder der gegnerischen Gruppe ihrer menschlichen Eigenschaften beraubt und zu „Unmenschen" erklärt werden. Diese psychologischen Mechanismen spielen eine zentrale Rolle bei der Rechtfertigung von Gewalt, Unterdrückung und Krieg. In diesem Kapitel wird untersucht, wie Feindbilder entstehen, welche psychologischen Prozesse dabei ablaufen und welche gesellschaftlichen Konsequenzen dies hat.

Feindbilder als psychologische Konstrukte

Feindbilder sind stereotype Vorstellungen, die eine bestimmte soziale Gruppe als gefährlich, minderwertig oder bedrohlich darstellen. Die Sozialpsychologie zeigt, dass Menschen dazu neigen, soziale Kategorien zu bilden, um ihre Umgebung zu ordnen und zu verstehen. Diese Kategorisierung dient dazu, Komplexität zu reduzieren und das Verhalten gegenüber anderen zu regulieren. Feindbilder entstehen dann, wenn eine Gruppe – sei es eine ethnische, religiöse oder politische Gemeinschaft – systematisch als Bedrohung oder als „das Böse" dargestellt wird. Der Psychologe **Henri Tajfel** beschrieb diesen Prozess im Rahmen seiner Theorie der sozialen Identität. Laut Tajfel neigen Individuen dazu, ihre eigene Gruppe, die „Ingroup", zu bevorzugen und andere Gruppen, die „Outgroup", abzuwerten, um ein positives Selbstbild aufrechtzuerhalten (Tajfel, 1982).

Feindbilder erfüllen daher eine wichtige soziale Funktion: Sie stärken das Wir-Gefühl innerhalb der eigenen Gruppe, indem sie die andere Gruppe entwerten und deren Menschlichkeit in Frage stellen. Dieser Prozess ist besonders intensiv in Situationen von sozialer Unsicherheit, politischer Instabilität oder wirtschaftlichen Krisen, wenn Gruppen auf der Suche nach Sündenböcken sind, um ihre eigenen Probleme zu erklären.

Der Prozess der Entmenschlichung
Die Entmenschlichung ist ein zentraler Mechanismus in der Konstruktion von Feindbildern. Sie bezeichnet den Prozess, durch den die Mitglieder einer anderen Gruppe als weniger menschlich wahrgenommen werden. Dies kann in unterschiedlichen Formen geschehen, von der „tierhaften" Entmenschlichung, bei der der Gegner als wild, primitiv oder animalisch dargestellt wird, bis zur „mechanischen" Entmenschlichung, bei der der Gegner als gefühllos, kalt und seelenlos beschrieben wird (Haslam, 2006).

David Livingstone Smith, ein bedeutender Forscher auf dem Gebiet der Entmenschlichung, erklärt, dass dieser Prozess tief in der menschlichen Psyche verankert ist: „Entmenschlichung erlaubt es uns, Menschen, die zu einer anderen Gruppe gehören, als Objekte zu behandeln – als Dinge, die manipuliert, zerstört und ausgebeutet werden können, ohne moralische Bedenken" (Smith, 2011). Durch die Entmenschlichung wird die moralische Hemmschwelle gesenkt, Gewalt gegen andere anzuwenden. Sie ermöglicht es, die Opfer als unwertes Leben zu betrachten, wodurch Grausamkeiten, wie sie in Kriegen und Genoziden geschehen, gerechtfertigt werden können.

Der Psychologe **Albert Bandura** hat in seiner Theorie der moralischen Entlastung (Moral Disengagement) erklärt, dass Menschen durch kognitive Strategien in der Lage sind, moralische Hemmungen gegenüber Gewalt zu überwinden. Durch Mechanismen wie die Diffusion von Verantwortung, das Verharmlosen von Schäden und die Entmenschlichung des Gegners können Individuen Grausamkeiten rechtfertigen, die sie unter normalen Umständen ablehnen würden (Bandura, 1999). Die Entmenschlichung ist ein zentraler Baustein in diesem Prozess, da sie es ermöglicht, Gewalt als gerechtfertigt oder notwendig anzusehen.

Historische Beispiele der Entmenschlichung
Die Geschichte bietet zahlreiche Beispiele, in denen Entmenschlichung als Mittel der Feindbildkonstruktion eingesetzt wurde, um Gewalt, Diskriminierung und Völkermord zu legitimieren. Ein herausragendes Beispiel ist der **Holocaust**, bei dem die nationalsozialistische Propaganda Juden systematisch entmenschlichte, um deren Verfolgung und Ermordung zu rechtfertigen. Die NS-Propaganda stellte Juden als „Ungeziefer" dar, das ausgerottet werden müsse. Der Historiker **Ian Kershaw** beschreibt, wie die Entmenschlichung der Juden es ermöglichte, die systematische Vernichtung von Millionen Menschen als notwendige Maßnahme zur „Reinhaltung der Rasse" darzustellen (Kershaw, 2008).

Auch der **Völkermord in Ruanda** im Jahr 1994, bei dem etwa 800.000 Tutsi und moderate Hutu ermordet wurden, ist ein erschreckendes Beispiel für die Macht der Entmenschlichung. Die Hutu-Extremisten, die den Genozid organisierten, stellten die Tutsi als „Kakerlaken" dar, die ausgerottet werden müssten. Die Verwendung dieser entmenschlichenden Sprache diente dazu, die Brutalität der Massaker zu rechtfertigen und die Hemmungen der Täter zu senken. Der Anthropologe **Mahmood Mamdani** erklärt, dass die Entmenschlichung der Tutsi tief in der ruandischen Gesellschaft verankert war und durch jahrzehntelange ethnische Spannungen gefördert wurde (Mamdani, 2001).

Psychologische Mechanismen hinter der Entmenschlichung

Die Entmenschlichung beruht auf mehreren psychologischen Mechanismen, die in der Sozialpsychologie gut dokumentiert sind:

Stereotypisierung und Abwertung: Feindbilder entstehen oft durch die Verstärkung negativer Stereotype. Diese Stereotype dienen dazu, komplexe soziale Realitäten zu vereinfachen und Unterschiede zwischen Gruppen zu betonen. Wenn Mitglieder einer Outgroup stereotyp als „faul", „kriminell" oder „gewalttätig" dargestellt werden, erleichtert dies die Abwertung und Entmenschlichung dieser Gruppe. Der Sozialpsychologe **Gordon Allport**beschrieb diesen Mechanismus bereits 1954 in seinem Werk *The Nature of Prejudice* und betonte, dass Vorurteile auf der Grundlage verzerrter und übergeneralisierten Stereotypen aufgebaut werden (Allport, 1954).

Gruppenhomogenität: Ein weiterer Mechanismus, der zur Entmenschlichung beiträgt, ist die Tendenz, die eigene Gruppe (Ingroup) als vielfältig und individuell wahrzunehmen, während die Mitglieder der gegnerischen Gruppe (Outgroup) als homogen und austauschbar angesehen werden. Diese sogenannte „Outgroup-Homogenität" erleichtert es, die Mitglieder der anderen Gruppe als „Masse" zu betrachten, was die Empathie gegenüber individuellen Schicksalen verringert (Brewer, 1979).

Moralische Distanzierung: Durch die Entmenschlichung wird eine moralische Distanz geschaffen, die es ermöglicht, Grausamkeiten zu begehen, ohne moralische Schuldgefühle zu empfinden. Der Psychologe **Philip Zimbardo**, bekannt durch das Stanford-Gefängnisexperiment, zeigte, dass die Entmenschlichung es Individuen ermöglicht, grausame Handlungen als moralisch akzeptabel zu rationalisieren, wenn sie glauben, dass die Opfer weniger menschlich oder minderwertig sind (Zimbardo, 2007).

Die Rolle der Medien bei der Konstruktion von Feindbildern
Medien spielen eine zentrale Rolle bei der Verbreitung von Feindbildern und der Entmenschlichung bestimmter Gruppen. Durch die wiederholte Darstellung von Gewalt, Bedrohung und negativen Stereotypen gegenüber bestimmten sozialen Gruppen können die Medien Feindbilder verstärken und zur Eskalation von Konflikten beitragen. Der Kommunikationswissenschaftler **George Gerbner** entwickelte in den 1970er Jahren die „Kultivierungstheorie", die besagt, dass Medienkonsum langfristig die Wahrnehmung der sozialen Realität beeinflusst. Laut Gerbner können Medien Feindbilder kultivieren, indem sie bestimmte Gruppen regelmäßig in einem negativen Licht darstellen (Gerbner, 1976).

Besonders in Krisenzeiten oder Kriegspropaganda werden Medien oft gezielt eingesetzt, um Feindbilder zu schaffen. Ein prominentes Beispiel ist die Kriegspropaganda während des Ersten und Zweiten Weltkriegs, bei der die feindlichen Nationen systematisch entmenschlicht wurden. In den USA wurden die Japaner während des Zweiten Weltkriegs oft als „gelbe Gefahr" und „Ratten" dargestellt, um die militärischen Angriffe zu rechtfertigen. Der Historiker **John Dower** erklärt, dass die Entmenschlichung der Japaner in der amerikanischen Kriegspropaganda eine Schlüsselrolle spielte, um die massive Gewalt gegen Zivilisten, einschließlich der Atombombenabwürfe, zu rechtfertigen (Dower, 1986).

Die Überwindung von Feindbildern und Entmenschlichung
Obwohl die Konstruktion von Feindbildern und die Entmenschlichung tiefe psychologische und soziale Wurzeln haben, gibt es auch Mechanismen zur Überwindung dieser Prozesse. Der Sozialpsychologe **Gordon Allport** argumentierte in seiner *Kontakthypothese*, dass der direkte Kontakt zwischen Mitgliedern verschiedener

Gruppen Vorurteile und Feindbilder abbauen kann, sofern dieser Kontakt unter gleichberechtigten und kooperativen Bedingungen stattfindet (Allport, 1954). Empirische Studien haben gezeigt, dass solche Kontakte dazu beitragen können, Stereotype zu reduzieren und die Wahrnehmung der Menschlichkeit des „Anderen" zu fördern.

Darüber hinaus können Medien eine positive Rolle bei der Überwindung von Feindbildern spielen, indem sie differenzierte und humane Darstellungen von Konflikten und gegnerischen Gruppen anbieten. Der Journalist **Howard Zinn** betonte, dass Medien nicht nur als Werkzeug der Propaganda, sondern auch als Plattform für Dialog und Verständnis dienen können: „Um Frieden zu schaffen, müssen wir Feindbilder abbauen und Brücken zwischen den Völkern bauen, die durch Hass und Vorurteile getrennt sind" (Zinn, 2003).

Die Konstruktion von Feindbildern und die Entmenschlichung sind zentrale psychologische Mechanismen, die Gewalt und Konflikte auf individueller und kollektiver Ebene ermöglichen. Feindbilder entstehen durch Prozesse der sozialen Kategorisierung, Stereotypisierung und moralischen Distanzierung, die tief in der menschlichen Psychologie verankert sind. Die Geschichte zeigt, dass Entmenschlichung oft als Werkzeug der politischen Propaganda genutzt wurde, um Grausamkeiten und Völkermorde zu rechtfertigen. Dennoch gibt es Möglichkeiten, diese Mechanismen zu überwinden, insbesondere durch interkulturellen Dialog, Kontakt zwischen Gruppen und die verantwortungsvolle Darstellung von Konflikten in den Medien. Der Abbau von Feindbildern und die Förderung der Menschlichkeit des „Anderen" sind entscheidende Schritte, um Gewalt zu verhindern und friedliche Koexistenz zu fördern.

Stereotypen und Vorurteile sind tief in der menschlichen Psyche verwurzelt und haben weitreichende gesellschaftliche Konsequenzen. Sie beeinflussen die Art und Weise, wie wir andere Menschen wahrnehmen, wie wir mit ihnen interagieren und wie soziale Ungleichheiten entstehen und aufrechterhalten werden. In diesem Kapitel werden die kognitiven Mechanismen untersucht, die zur Bildung und Aufrechterhaltung von Stereotypen und Vorurteilen führen. Darüber hinaus wird erörtert, wie diese Mechanismen in sozialen, kulturellen und institutionellen Strukturen reproduziert werden und zur Diskriminierung von Individuen und Gruppen beitragen.

Definitionen von Stereotypen und Vorurteilen
Stereotypen sind vereinfachte und oft verzerrte Überzeugungen über die Merkmale einer sozialen Gruppe. Sie können positiv oder negativ sein, sind aber in der Regel Verallgemeinerungen, die nicht der individuellen Realität gerecht werden. **Walter Lippmann** prägte den Begriff der „Stereotype" 1922 und bezeichnete sie als „Bilder in unseren Köpfen", die uns helfen, die soziale Welt zu vereinfachen und zu strukturieren (Lippmann, 1922). Stereotypen dienen somit als mentale Abkürzungen, um die Komplexität sozialer Informationen zu reduzieren.

Vorurteile hingegen beziehen sich auf negative emotionale Reaktionen oder Einstellungen gegenüber einer Gruppe, basierend auf den Stereotypen, die über diese Gruppe existieren. Der Sozialpsychologe **Gordon Allport** definierte Vorurteile als „eine feindliche oder abwertende Einstellung gegenüber einer Person, die zu einer bestimmten Gruppe gehört, einfach weil sie dieser Gruppe angehört" (Allport, 1954). Während Stereotypen kognitive Strukturen sind, die

Wissen und Überzeugungen organisieren, sind Vorurteile affektiv und beinhalten eine emotionale Komponente.

Kognitive Mechanismen hinter Stereotypen und Vorurteilen
Die Entstehung von Stereotypen und Vorurteilen wird durch eine Reihe von kognitiven Mechanismen gefördert, die es dem menschlichen Gehirn ermöglichen, Informationen effizient zu verarbeiten. Einige der zentralen Mechanismen sind:

Soziale Kategorisierung
Soziale Kategorisierung ist der Prozess, durch den Menschen andere in Gruppen einteilen, basierend auf bestimmten Merkmalen wie Ethnizität, Geschlecht oder Alter. Dieser Mechanismus ist grundlegend für die Entstehung von Stereotypen, da er dazu führt, dass Menschen über andere Gruppen generalisieren. Die Sozialpsychologen **Henri Tajfel** und **John Turner** entwickelten die Theorie der sozialen Identität, die erklärt, wie soziale Kategorisierung zu einer Bevorzugung der eigenen Gruppe (Ingroup) und zur Abwertung anderer Gruppen (Outgroup) führt (Tajfel & Turner, 1986). Durch soziale Kategorisierung wird die Komplexität der sozialen Welt reduziert, was allerdings zu Übervereinfachungen und Verzerrungen führt.

Durch diesen Prozess wird die soziale Welt in „wir" und „die anderen" unterteilt, wobei die „anderen" oft stereotypisiert und mit negativen Vorurteilen belegt werden. Dies stärkt das Selbstwertgefühl der Mitglieder der Ingroup, da sie sich im Vergleich zur Outgroup positiver wahrnehmen.

Kognitive Verzerrungen und Heuristiken
Stereotypen entstehen auch durch kognitive Verzerrungen und Heuristiken, die das menschliche Denken beeinflussen. Eine dieser Verzerrungen ist die **Verfügbarkeitsheuristik**, die beschreibt, wie

Menschen dazu neigen, Informationen zu überbewerten, die leicht zugänglich oder besonders auffällig sind. Wenn zum Beispiel in den Medien oft über kriminelle Handlungen bestimmter ethnischer Gruppen berichtet wird, kann dies dazu führen, dass Menschen die Kriminalitätsrate dieser Gruppe überschätzen und ein negatives Stereotyp entwickeln (Tversky & Kahneman, 1974).

Eine weitere kognitive Verzerrung ist der **Bestätigungsfehler**, der beschreibt, dass Menschen dazu neigen, Informationen zu suchen und zu interpretieren, die ihre bestehenden Überzeugungen und Stereotypen bestätigen, während sie widersprüchliche Informationen ignorieren. Dies trägt zur Aufrechterhaltung von Stereotypen bei, da Menschen selektiv auf Informationen achten, die ihre Vorurteile verstärken.

Der **Outgroup-Homogenitätseffekt** beschreibt die Tendenz, Mitglieder einer Outgroup als homogener und weniger differenziert wahrzunehmen als die Mitglieder der eigenen Ingroup. Dieses Phänomen führt dazu, dass Menschen dazu neigen, andere Gruppen in stark vereinfachten und stereotypen Begriffen wahrzunehmen, während sie die Vielfalt innerhalb der eigenen Gruppe stärker betonen (Quattrone & Jones, 1980). Diese kognitive Verzerrung trägt zur Verstärkung von Stereotypen bei, da individuelle Unterschiede innerhalb der Outgroup ignoriert werden und alle Mitglieder dieser Gruppe mit den gleichen Eigenschaften assoziiert werden.

Die soziale Reproduktion von Stereotypen und Vorurteilen
Stereotypen und Vorurteile werden nicht nur durch individuelle kognitive Mechanismen aufrechterhalten, sondern auch durch soziale und kulturelle Prozesse, die ihre Reproduktion fördern. Institutionen

wie Medien, Bildungssysteme und politische Strukturen tragen maßgeblich zur Weitergabe und Verstärkung von Stereotypen bei.

Medien und die Verbreitung von Stereotypen
Die Rolle der Medien bei der Verbreitung von Stereotypen kann nicht unterschätzt werden. **George Gerbner** entwickelte die **Kultivierungstheorie**, die besagt, dass Menschen, die viel Zeit vor dem Fernseher verbringen oder stark auf andere Massenmedien angewiesen sind, eher dazu neigen, die in den Medien dargestellten Bilder als Realität wahrzunehmen (Gerbner et al., 2002). Wenn bestimmte Gruppen in den Medien immer wieder in negativen oder stereotypen Rollen gezeigt werden – etwa als Kriminelle, Terroristen oder Opfer –, dann verstärkt dies die Stereotypen, die über diese Gruppen in der Gesellschaft existieren.

Ein bekanntes Beispiel dafür ist die mediale Darstellung von Afroamerikanern in den USA. Studien zeigen, dass Afroamerikaner in Nachrichtensendungen häufig mit Kriminalität in Verbindung gebracht werden, was dazu führt, dass diese Gruppe in der öffentlichen Wahrnehmung mit negativen Stereotypen belegt wird (Dixon & Linz, 2000). Dies wiederum trägt zur Aufrechterhaltung von Vorurteilen und diskriminierenden Praktiken bei.

Bildung und Erziehung
Bildungssysteme spielen ebenfalls eine zentrale Rolle bei der Reproduktion von Stereotypen. Der Soziologe **Pierre Bourdieu** prägte den Begriff des **kulturellen Kapitals** und argumentierte, dass Bildungseinrichtungen oft bestehende soziale Hierarchien und Ungleichheiten reproduzieren, indem sie bestimmte kulturelle Normen und Werte privilegieren (Bourdieu, 1986). In vielen Fällen werden in Schulbüchern und Lehrplänen Stereotypen und Vorurteile

weitergegeben, indem sie bestimmte Gruppen entweder nicht berücksichtigen oder in einer verzerrten Weise darstellen.

Die Forschung zeigt, dass Schüler, die mit stereotypen Darstellungen von Geschlecht, Ethnizität oder sozialer Klasse konfrontiert werden, diese Bilder verinnerlichen und später im Leben reproduzieren. Solche Bilder verstärken bestehende Machtstrukturen und soziale Hierarchien, indem sie bestimmte Gruppen als überlegen und andere als unterlegen darstellen.

Soziale Normen und Gruppendruck

Stereotypen und Vorurteile werden auch durch soziale Normen und Gruppendruck aufrechterhalten. In vielen sozialen Kontexten gibt es Erwartungen darüber, wie sich Menschen gegenüber bestimmten Gruppen verhalten sollen, und diese Erwartungen werden oft durch Gruppenkonformität verstärkt. Der Sozialpsychologe **Solomon Asch** zeigte in seinen Konformitätsexperimenten, dass Menschen dazu neigen, ihre Meinungen und Verhaltensweisen an die ihrer Gruppe anzupassen, auch wenn dies im Widerspruch zu ihren eigenen Überzeugungen steht (Asch, 1956). Gruppendruck kann daher dazu führen, dass Individuen Stereotypen und Vorurteile akzeptieren oder sogar verstärken, selbst wenn sie diese ursprünglich nicht geteilt haben.

Institutionelle Diskriminierung

Institutionelle Diskriminierung beschreibt strukturelle Ungleichheiten, die auf der Grundlage von Stereotypen und Vorurteilen aufrechterhalten werden. Der Soziologe **William Julius Wilson** argumentiert, dass soziale und wirtschaftliche Ungleichheiten oft durch institutionelle Praktiken verstärkt werden, die bestimmte Gruppen systematisch benachteiligen (Wilson, 1996). Diese Praktiken sind oft in Gesetzen, politischen Systemen und ökonomischen Strukturen verankert und reproduzieren bestehende Stereotypen und Vorurteile, indem sie den Zugang zu Ressourcen, Bildung und Beschäftigung ungleich verteilen.

Ein Beispiel dafür ist die **Rassentrennung** in den USA, die bis in die 1960er Jahre in vielen Bundesstaaten gesetzlich verankert war. Diese institutionalisierte Diskriminierung basierte auf rassistischen Stereotypen, die Schwarze als minderwertig und gefährlich darstellten. Auch heute noch existieren subtile Formen der institutionellen Diskriminierung, etwa bei der Vergabe von Krediten oder im Strafrechtssystem, die auf Stereotypen basieren und soziale Ungleichheiten weiter zementieren.

Stereotypen und Vorurteile sind tief in der menschlichen Kognition verankert und spielen eine zentrale Rolle bei der Strukturierung unserer sozialen Welt. Sie entstehen durch kognitive Mechanismen wie soziale Kategorisierung, kognitive Verzerrungen und den Outgroup-Homogenitätseffekt. Gleichzeitig werden sie durch soziale, kulturelle und institutionelle Prozesse verstärkt und reproduziert, was zu Ungleichheit und Diskriminierung führt. Die Überwindung dieser Mechanismen erfordert eine kritische Reflexion der eigenen Vorurteile sowie strukturelle Veränderungen in den Medien, im Bildungssystem und in sozialen Institutionen.

Das Lernen von Hass in Krisensituationen: Wirtschaftliche Unsicherheit und soziale Konflikte

Krisensituationen, insbesondere solche, die von wirtschaftlicher Unsicherheit und sozialen Konflikten geprägt sind, begünstigen das Entstehen und die Verstärkung von Hass in Gesellschaften. In Zeiten, in denen wirtschaftliche Not und Unsicherheit weit verbreitet sind, bieten einfache Erklärungen und Sündenböcke eine scheinbare Möglichkeit, komplexe Probleme zu verstehen und zu bewältigen. Diese Dynamik führt dazu, dass bestimmte soziale Gruppen für wirtschaftliche und politische Krisen verantwortlich gemacht werden und sich Feindbilder herausbilden. Dieser Text untersucht die psychologischen und soziologischen Mechanismen, die zum Lernen von Hass in Krisenzeiten führen, sowie die Rolle von politischen und medialen Akteuren bei der Verbreitung und Verstärkung von Feindseligkeit und Vorurteilen.

Krisen, sei es in Form wirtschaftlicher Zusammenbrüche, politischer Instabilität oder sozialer Konflikte, erzeugen oft kollektive Gefühle der Angst, Unsicherheit und Wut. Diese Emotionen können stark das Verhalten und die Wahrnehmung von Individuen beeinflussen. Der Sozialpsychologe Arie Kruglanski beschreibt, dass in solchen Zeiten die menschliche Neigung zu kognitiver Einfachheit zunimmt. Menschen sind bestrebt, komplexe Ereignisse zu verstehen, und neigen dazu, nach einfachen Erklärungen zu suchen. In diesen Momenten können Feindbilder und Stereotypen als kognitive Abkürzungen dienen, um eine chaotische und bedrohliche Realität zu ordnen (Kruglanski, 2004).

Wirtschaftliche Unsicherheit führt nicht nur zu einer individuellen Sorge um das Überleben und den Lebensstandard, sondern auch zu einem Gefühl des kollektiven Verlusts, bei dem das wirtschaftliche Wohlergehen der eigenen Gruppe bedroht scheint. Dies kann zu einer verstärkten Ingroup-Outgroup-Dynamik führen, bei der externe Gruppen oder Minderheiten als Ursache des Unglücks identifiziert werden. Diese kollektiven Emotionen verstärken Vorurteile und bieten fruchtbaren Boden für Hass und Feindseligkeit.

Die Sündenbocktheorie ist ein zentrales Konzept, das erklärt, wie Hass in Krisenzeiten gelernt und verstärkt wird. Der Psychologe John Dollard und seine Kollegen entwickelten die Frustrations-Aggressions-Theorie, die besagt, dass Frustration – etwa durch wirtschaftliche Not oder soziale Unsicherheit – zu Aggression führen kann, die oft auf eine bestimmte Gruppe gerichtet wird (Dollard et al., 1939). In Krisenzeiten suchen Menschen nach einem greifbaren Ziel für ihre Frustration, und Minderheiten oder politisch marginalisierte Gruppen werden häufig als „Sündenböcke" identifiziert.

Die Arbeit von René Girard vertieft diese Theorie, indem sie zeigt, dass das Sündenbock-Phänomen eine rituelle und kulturelle Funktion erfüllt: Es stabilisiert soziale Ordnungen, indem es Konflikte kanalisiert und die Schuld auf ein „Anderes" projiziert (Girard, 1986). In wirtschaftlichen Krisen können beispielsweise Migrantengruppen oder religiöse Minderheiten als Bedrohung für Arbeitsplätze und soziale Ressourcen wahrgenommen werden. Diese Gruppen werden dann kollektiv für die Missstände verantwortlich gemacht, was zu Ressentiments und Feindseligkeit führt.

Historische Beispiele verdeutlichen, wie die Suche nach Sündenböcken in wirtschaftlichen Krisenzeiten intensiviert wird. Die Weltwirtschaftskrise von 1929 und der darauf folgende Aufstieg des Nationalsozialismus in Deutschland sind hierfür emblematisch. Ian Kershaw zeigt in seiner Untersuchung der deutschen Gesellschaft in den 1930er Jahren, wie die wirtschaftliche Depression und die Angst vor dem Verlust sozialer Privilegien die Bereitschaft der Bevölkerung verstärkte, jüdische Menschen als Sündenböcke für die wirtschaftlichen Probleme des Landes zu betrachten (Kershaw, 1998). Dies trug entscheidend zur Eskalation des Antisemitismus und letztlich zur Gewalt gegen jüdische Menschen während des Holocaust bei.

Der Prozess, durch den Krisen Hass erzeugen, ist auch stark von kognitiven Mechanismen geprägt, insbesondere von der Tendenz zur sozialen Kategorisierung und der Entstehung von Ingroup-Outgroup-Konflikten. Die Realistic Group Conflict Theory von Muzafer Sherif legt nahe, dass der Wettbewerb um knappe Ressourcen – sei es wirtschaftlicher Natur oder in Form von sozialer Macht – Konflikte zwischen Gruppen verschärfen kann (Sherif, 1966). In wirtschaftlichen Krisen, in denen Arbeitsplätze oder Wohnraum knapp sind, entsteht ein Wettbewerb zwischen sozialen Gruppen, der Feindseligkeiten verstärkt und die Wahrnehmung der „Anderen" als Bedrohung intensiviert.

Dieser Effekt wird durch den Outgroup-Homogenitätseffekt verstärkt, bei dem Menschen dazu neigen, Mitglieder einer Outgroup als homogener und weniger differenziert wahrzunehmen, als sie tatsächlich sind. Krisen fördern diese Kategorisierung, da die Identifikation mit der eigenen Ingroup stärker wird und die „Anderen" als Stereotypen oder Bedrohungen wahrgenommen werden. Soziale Unsicherheiten und Bedrohungen tragen dazu bei, dass Gruppen Unterschiede hervorheben und Feindbilder entstehen, die durch Vorurteile und Misstrauen gegenüber der Outgroup charakterisiert sind (Tajfel & Turner, 1986).

Politische Akteure und die Medien spielen eine zentrale Rolle bei der Verstärkung von Hass in Krisenzeiten. In wirtschaftlichen und sozialen Krisen neigen politische Führer häufig dazu, Hass zu instrumentalisieren, um ihre Macht zu sichern oder zu erweitern. Populistische Politiker nutzen oft rhetorische Strategien, die die Ängste und Frustrationen der Bevölkerung ansprechen, indem sie einfache Lösungen und Sündenböcke präsentieren. Der Historiker Jan-Werner Müller beschreibt in seinem Buch *Was ist Populismus?*, dass populistische Bewegungen oft durch eine dualistische Rhetorik gekennzeichnet sind, die „das Volk" gegen „die Eliten" oder „die Fremden" aufstellt (Müller, 2016). Diese Rhetorik verstärkt Feindseligkeit gegenüber marginalisierten Gruppen und fördert den sozialen Hass.

Die Rolle der Medien bei der Verbreitung von Hass in Krisenzeiten ist ebenfalls entscheidend. Die Theorie der Medienkultivierung von George Gerbner erklärt, dass Menschen, die überproportional viele Nachrichten und Medien konsumieren, die die Bedrohung durch bestimmte Gruppen überbetonen, eher dazu neigen, Angst und Misstrauen gegenüber diesen Gruppen zu entwickeln (Gerbner, 1998). In wirtschaftlichen Krisen werden bestimmte Gruppen – wie Migranten oder ethnische Minderheiten – oft als Verursacher sozialer Probleme dargestellt, was die negativen Stereotypen über diese Gruppen verstärkt.

Ein besonders prägnantes Beispiel für diese Dynamik bietet die Flüchtlingskrise in Europa ab 2015. In vielen europäischen Ländern wurde die Angst vor der Zunahme von Flüchtlingen durch populistische Bewegungen und sensationelle Medienberichte geschürt. Ruth Wodak analysiert, dass populistische Rhetorik häufig eine „Politik der Angst" fördert, in der Migranten als Bedrohung für den sozialen Zusammenhalt und die kulturelle Identität dargestellt werden (Wodak, 2015). Diese Rhetorik verschärft Spannungen und fördert Fremdenfeindlichkeit, die in Krisenzeiten verstärkt wird.

Ein weiterer wichtiger Aspekt, wie Hass in Krisenzeiten gelernt und weitergegeben wird, ist die intergenerationale Übertragung von Feindbildern. Soziologische Studien zeigen, dass Vorurteile und Feindseligkeit oft durch soziale Lernprozesse von Generation zu Generation weitergegeben werden. Albert Banduras Theorie des sozialen Lernen betont, dass Menschen durch Beobachtung und Imitation lernen. In Krisenzeiten, in denen Hass gegen bestimmte Gruppen

stark ausgeprägt ist, beobachten Kinder und Jugendliche die Vorurteile und aggressiven Verhaltensweisen ihrer Eltern und übernehmen
diese (Bandura, 1977).

Ein Beispiel dafür ist der ethnische Konflikt im ehemaligen Jugoslawien in den 1990er Jahren. Historiker und Soziologen wie Michael Ignatieff zeigen, wie die nationalistische Rhetorik und der Hass zwischen ethnischen Gruppen über Generationen hinweg weitergegeben wurden. Diese Hass-Narrative, die während der Krise verstärkt
wurden, prägten das kollektive Gedächtnis und führten zur Fortset-
zung von Gewalt und Feindseligkeiten (Ignatieff, 1998).

Intergenerationale Übertragung von Hass: Familientraditionen und kulturelles Gedächtnis

Die intergenerationale Übertragung von Hass ist ein komplexes und
vielschichtiges Phänomen, das sich an der Schnittstelle von Psychologie, Soziologie, Anthropologie und Geschichtswissenschaft be-
wegt. Es beschreibt, wie negative Emotionen, insbesondere Hass,
von einer Generation auf die nächste übertragen werden und dabei
über familiäre und gesellschaftliche Strukturen hinweg fortbestehen.
Besonders relevant wird dieses Phänomen im Kontext von Familientraditionen und dem kulturellen Gedächtnis, die als wesentliche Träger und Verstärker solcher Übertragungsprozesse fungieren.

Der Prozess der intergenerationalen Übertragung
Die Übertragung von Hass innerhalb von Familien verläuft häufig implizit und nonverbal, was sie besonders schwer greifbar macht. Studien zeigen, dass Kinder durch soziale Lernprozesse und Modellver-
halten der Eltern negative Emotionen übernehmen können (Bandura,

106

1977). Die emotionale Atmosphäre, die durch den Umgang der Eltern mit der eigenen Vergangenheit geprägt ist, beeinflusst die kindliche Entwicklung entscheidend. Dies gilt insbesondere für den Umgang mit traumatischen Erfahrungen wie Krieg, Vertreibung oder systematische Gewalt, die häufig nicht vollständig verarbeitet werden und so eine Art „emotionales Erbe" bilden (Volkan, 2001). Volkan beschreibt dies als „chosen trauma", ein kollektives Trauma, das über Generationen hinweg weitergetragen wird und zur Konstitution der Gruppenidentität beiträgt. Diese Traumata prägen dabei oft nicht nur das individuelle, sondern auch das kollektive Gedächtnis und können Hassgefühle gegenüber bestimmten Gruppen verstärken oder reaktivieren.

Eine zentrale Rolle spielt hier das Konzept der „transgenerationalen Weitergabe" von Traumata, wie es erstmals von Abraham und Torok (1978) formuliert wurde. Sie wiesen darauf hin, dass unausgesprochene Traumata „in das Unbewusste der Nachkommen sickern" können, selbst wenn diese die traumatischen Ereignisse selbst nicht erlebt haben. Dabei übernehmen Kinder nicht nur traumatische Erfahrungen ihrer Vorfahren, sondern auch die dazugehörigen Emotionen wie Angst, Wut und Hass. Dies geschieht häufig durch „Familienmythen", also durch narrative Strukturen, die innerhalb der Familie weitergegeben werden und die eigene Identität sowie die Wahrnehmung der Welt und der anderen prägen.

Familientraditionen und Hass
Familientraditionen spielen eine wesentliche Rolle bei der Weitergabe von Hass. Hierzu gehören nicht nur explizit vermittelte Rituale, sondern auch subtile Verhaltensweisen und Werte, die innerhalb der Familie über Generationen hinweg tradiert werden. Eine Vielzahl von Studien hat gezeigt, dass Kinder und Jugendliche, die in Umgebungen aufwachsen, in denen feindselige Einstellungen gegenüber

bestimmten Gruppen sozial akzeptiert sind, mit hoher Wahrscheinlichkeit ähnliche Überzeugungen entwickeln (Allport, 1954; Staub,
1989). Diese Überzeugungen sind tief in die familiären Erzählungen
eingebettet und manifestieren sich in Form von Verhaltensweisen,
Weltbildern und kollektiven Erinnerungen. Sie werden häufig nicht in
Frage gestellt, sondern als Teil der familiären oder kulturellen Identität verinnerlicht.

Ein prominentes Beispiel für die intergenerationale Weitergabe von
Hass lässt sich in post-konfliktären Gesellschaften beobachten, in
denen ehemalige Konfliktparteien weiterhin in einer „kulturellen
Feindschaft" zueinander stehen. In diesen Fällen wird der Hass auf
„die Anderen" als Teil der kollektiven Identität der Gruppe über Generationen hinweg fortgeschrieben und in familiären Erzählungen immer wieder neu aktualisiert. Soziale und psychologische Mechanismen wie das „Wir gegen die Anderen"-Narrativ spielen hierbei eine
zentrale Rolle. Sie stärken die interne Kohäsion der Gruppe, während
sie gleichzeitig den Hass auf die externe Gruppe legitimieren und perpetuieren (Bar-Tal, 2007). Diese Erzählungen werden häufig durch Familientraditionen wie Gedenktage, Erzählungen über frühere Generationen oder durch die Pflege eines bestimmten historischen Gedächtnisses aufrechterhalten.

Kulturelles Gedächtnis und kollektiver Hass
Das Konzept des kulturellen Gedächtnisses nach Jan und Aleida Assmann (1999) ist für das Verständnis der intergenerationalen Weitergabe von Hass von großer Bedeutung. Kulturelles Gedächtnis beschreibt die Art und Weise, wie gesellschaftliche Gruppen, einschließlich Familien, ihr kollektives Wissen über die Vergangenheit
bewahren und weitergeben. Während das kommunikative Gedächtnis eher kurzfristig und von persönlichen Erlebnissen geprägt ist, bezieht sich das kulturelle Gedächtnis auf langfristig verankerte

Traditionen, die durch Medien, Erzählungen und Rituale über Jahrhunderte hinweg tradiert werden.

In Gesellschaften, die von historischen Konflikten und Traumata geprägt sind, kann das kulturelle Gedächtnis dazu beitragen, den Hass auf frühere Feinde über Generationen hinweg aufrechtzuerhalten. Der israelische Sozialpsychologe Daniel Bar-Tal (2007) betont, dass kollektive Erinnerungen an vergangene Gewalt oder Ungerechtigkeiten oft zur Identitätsbildung von Gruppen beitragen. Diese Erinnerungen werden häufig bewusst instrumentalisiert, um politische Ziele zu legitimieren und den Zusammenhalt der eigenen Gruppe zu fördern. Auf diese Weise wird der Hass auf „die Anderen" nicht nur aufrechterhalten, sondern auch in neuen Kontexten aktualisiert und angepasst.

Insbesondere in Gesellschaften, die von ethnischen, religiösen oder nationalen Konflikten geprägt sind, spielt das kulturelle Gedächtnis eine zentrale Rolle bei der Weitergabe von Hass. Es bietet eine „Erinnerungsrahmung" (Assmann, 1999), die es den nachfolgenden Generationen ermöglicht, sich mit den Erfahrungen ihrer Vorfahren zu identifizieren und den Hass auf die früheren Feinde zu internalisieren. Dies ist besonders evident in Gemeinschaften, in denen das Trauma von Generation zu Generation weitergegeben wird, wie etwa im Nahostkonflikt, auf dem Balkan oder in Nordirland.

Perspektiven zur Überwindung der intergenerationalen Hassübertragung
Die Forschung hat gezeigt, dass die intergenerationale Weitergabe von Hass nicht unvermeidlich ist. Ansätze, die auf die Aufarbeitung der Vergangenheit und die Transformation von Konflikten abzielen, können den Kreislauf der Hassübertragung unterbrechen. Die Psychoanalytikerin Vamik Volkan (2001) betont die Bedeutung von

„Healing of large group identity wounds", also der Heilung kollektiver Identitätsverletzungen, um den intergenerationalen Hass zu überwinden. Hierzu gehören sowohl kollektive Trauerarbeit als auch die aktive Auseinandersetzung mit der eigenen Vergangenheit.

Auch Bildungsprogramme, die auf interkulturelle Verständigung und Geschichtsaufarbeitung abzielen, spielen eine wesentliche Rolle. Es hat sich gezeigt, dass die Förderung von Empathie und die Dekonstruktion von Feindbildern die Übertragung von Hass entscheidend reduzieren können (Staub, 1989). Besonders in post-konfliktären Gesellschaften sind Prozesse der Wahrheitsfindung und Versöhnung entscheidend, um das kulturelle Gedächtnis zu verändern und zukünftige Generationen von den Lasten des Hasses zu befreien.

Die intergenerationale Übertragung von Hass ist ein komplexes Phänomen, das durch familiäre Strukturen und das kulturelle Gedächtnis nachhaltig beeinflusst wird. Die emotionalen und narrativen Traditionen, die in Familien und Gesellschaften über Generationen hinweg weitergegeben werden, spielen eine zentrale Rolle bei der Weitergabe von Hass. Die Forschung zeigt jedoch auch, dass durch gezielte Interventionen, wie die Aufarbeitung der Vergangenheit und die Förderung interkultureller Dialoge, dieser Prozess durchbrochen werden kann. Dies erfordert jedoch eine tiefgreifende Auseinandersetzung mit den historischen Wurzeln des Hasses und eine kollektive Anstrengung, um das kulturelle Gedächtnis zu transformieren.

Linguistik des Hasses: Sprache, Rhetorik und Diskursanalyse

Die Linguistik des Hasses ist ein interdisziplinäres Forschungsfeld, das sich mit der Analyse der sprachlichen Mittel beschäftigt, durch die Hass ausgedrückt, vermittelt und verstärkt wird. Sprache spielt in

110

der Konstruktion und Verbreitung von Hass eine zentrale Rolle, da sie nicht nur individuelle Einstellungen und Emotionen widerspiegelt, sondern auch gesellschaftliche Diskurse und Machtverhältnisse prägt. In diesem Zusammenhang sind die Rhetorik des Hasses, die diskursive Konstruktion von Feindbildern sowie die Bedeutung von Sprache in der Verfestigung und Weitergabe von Hass zentrale Untersuchungsthemen. Die Diskursanalyse bietet dabei ein methodisches Instrumentarium, um die Mechanismen und Funktionen von hasserfüllter Sprache im gesellschaftlichen Kontext zu entschlüsseln.

Sprache und Hass: Ein systemischer Zusammenhang

Die Beziehung zwischen Sprache und Emotionen, insbesondere Hass, ist vielschichtig und tiefgreifend. Sprache dient nicht nur der reinen Kommunikation von Emotionen, sondern formt und strukturiert diese auch. Wie der Linguist George Lakoff (1987) betont, ist Sprache nicht neutral; sie trägt zur Konstruktion der Realität bei und kann so auch zur Normalisierung von Hass beitragen. In diesem Sinne ist hasserfüllte Sprache ein performativer Akt (Austin, 1962), der reale soziale Konsequenzen hat. Wenn Hass sprachlich artikuliert wird, geschieht dies nicht nur zur Repräsentation einer Emotion, sondern häufig mit dem Ziel, soziale Beziehungen zu verändern und bestehende Machtverhältnisse zu verfestigen oder herauszufordern.

Der Begriff des „Hate Speech", der aus dem angloamerikanischen Sprachraum stammt, bezeichnet eine Form der Kommunikation, die darauf abzielt, Einzelpersonen oder Gruppen aufgrund ihrer Zugehörigkeit zu bestimmten Kategorien wie Rasse, Religion, Geschlecht oder sexueller Orientierung zu diskriminieren und zu marginalisieren (Butler, 1997). Hate Speech ist dabei mehr als nur eine Ansammlung beleidigender Worte: Sie ist ein strategisches Mittel zur Reproduktion von Ungleichheiten und der sozialen Exklusion von Minderheiten. Judith Butler beschreibt dies als „verletzende Rede" (*injurious speech*), die das Potenzial besitzt, soziale Realität zu formen und zu verändern. Sprache schafft also nicht nur Bedeutung, sondern kann auch die Machtverhältnisse innerhalb einer Gesellschaft stabilisieren oder destabilisieren.

Die Rhetorik des Hasses: Mechanismen und Muster
Die Rhetorik des Hasses folgt bestimmten Mustern, die dazu dienen, negative Emotionen wie Angst, Wut und Abscheu zu verstärken. Eine zentrale Strategie ist dabei die Dehumanisierung des Gegners, die häufig durch Metaphern und Vergleiche erreicht wird. In zahlreichen historischen und aktuellen Beispielen wird die gegnerische Gruppe als „Ungeziefer", „Ratten" oder „Parasiten" bezeichnet, um sie als weniger menschlich darzustellen und damit indirekt Gewalt gegen sie zu rechtfertigen (Musolff, 2010). Diese sprachlichen Konstrukte entziehen den betroffenen Gruppen ihre Menschlichkeit und erleichtern es, Gewalt gegen sie als legitim oder sogar notwendig darzustellen.

Ein weiteres zentrales Merkmal der Rhetorik des Hasses ist die Polarisierung. Durch den Gebrauch binärer Oppositionen wie „wir" versus „sie" wird eine klare Trennung zwischen der In-Group und der Out-Group gezogen (Wodak et al., 2009). Diese dichotome Darstellung von Gruppen verstärkt bestehende Vorurteile und fördert den Aufbau von Feindbildern. Der diskursive Ausschluss der Out-Group geht oft mit der Konstruktion einer bedrohten Identität der In-Group einher, die als unschuldig, moralisch überlegen und zugleich gefährdet dargestellt wird. So wird der Hass auf die „Anderen" als Reaktion auf eine vermeintliche Bedrohung rationalisiert und emotional aufgeladen.

Besonders in politischen Reden und Medienberichten spielt die Dramatisierung von Bedrohungsszenarien eine zentrale Rolle. Die

Soziologin Ruth Wodak (2015) untersucht in ihrer „Diskurs-Historischen Methode", wie politische Akteure im öffentlichen Diskurs Krisen und Bedrohungen konstruiert und instrumentalisieren, um Feindbilder zu schaffen. Diese Konstruktionen beinhalten oft Übertreibungen und Verzerrungen, die dazu dienen, die eigene Gruppe als Opfer und die „Anderen" als Täter zu inszenieren. Ein bekanntes Beispiel für diese Rhetorik findet sich in der politischen Kommunikation während nationaler oder ethnischer Konflikte, bei der Migrantengruppen häufig als Bedrohung für die nationale Sicherheit und den gesellschaftlichen Zusammenhalt dargestellt werden.

Diskursanalyse des Hasses: Ein methodischer Ansatz

Die Diskursanalyse bietet ein leistungsfähiges Instrumentarium, um die sprachlichen Mechanismen des Hasses zu untersuchen. Der französische Philosoph Michel Foucault (1972) definierte Diskurse als Systeme von Aussagen, die Wissen und Macht strukturieren. Diskurse sind dabei nicht neutral, sondern immer in Machtverhältnisse eingebunden und tragen zur Konstruktion sozialer Wirklichkeit bei. Im Kontext der Linguistik des Hasses ermöglicht die Diskursanalyse, die Produktion und Reproduktion von Feindbildern sowie die diskursive Legitimation von Gewalt und Ausgrenzung zu untersuchen.

Ein besonders relevantes Anwendungsfeld der Diskursanalyse des Hasses ist die Untersuchung von politischen und medialen Diskursen, in denen bestimmte Gruppen systematisch negativ dargestellt werden. Der Linguist Teun A. van Dijk (1993) hat in seiner kritischen Diskursanalyse gezeigt, wie durch die strukturelle und semantische Organisation von Texten Vorurteile und rassistische Stereotype reproduziert werden. In der Untersuchung von Zeitungsartikeln, politischen Reden oder Online-Kommentaren wird deutlich, dass negative Darstellungen oft nicht explizit als Hass geäußert werden, sondern subtil in der Art und Weise eingebettet sind, wie bestimmte Gruppen dargestellt und über sie gesprochen wird. Van Dijk zeigt, dass insbesondere die Art, wie Machtgruppen über marginalisierte Gruppen sprechen, diese als „Andere" konstruiert und dadurch ihre soziale Marginalisierung verstärkt.

Ein weiterer bedeutender Forschungsansatz innerhalb der Diskursanalyse ist der von Norman Fairclough entwickelte Ansatz der „kritischen Diskursanalyse" (Fairclough, 1995), der den Zusammenhang zwischen Sprache, Macht und Ideologie untersucht. Fairclough betont, dass Sprache nicht nur ein Mittel der Kommunikation, sondern auch ein Instrument der Herrschaft und Kontrolle ist. In politischen Diskursen wird durch die gezielte Verwendung von Sprache nicht nur Hass gefördert, sondern auch die soziale Ordnung stabilisiert, indem ungleiche Machtverhältnisse reproduziert werden. Die kritische Diskursanalyse beleuchtet dabei die ideologischen Mechanismen, durch die Hass legitimiert und normalisiert wird.

Die Rolle der digitalen Medien in der Verbreitung von Hass
Mit dem Aufkommen des Internets und der sozialen Medien hat sich die Dynamik der Verbreitung von hasserfüllter Sprache grundlegend verändert. Die Anonymität und die hohe Reichweite, die soziale Netzwerke bieten, haben dazu geführt, dass Hassbotschaften schneller und breiter verbreitet werden können. Studien zeigen, dass Online-Plattformen wie Facebook, Twitter und YouTube häufig als Plattformen für Hate Speech genutzt werden, insbesondere in Form von rassistischen, sexistischen oder homophoben Kommentaren (Bleich et al., 2018). Diese Plattformen ermöglichen es den Nutzern, in Echokammern und Filterblasen Gleichgesinnte zu finden und ihre Vorurteile zu verstärken, ohne auf Widerspruch zu stoßen.

Der Linguist Noam Chomsky (2011) weist darauf hin, dass die Art und Weise, wie Informationen in digitalen Medien vermittelt werden, die Meinungsbildung entscheidend beeinflusst. Die algorithmische

Selektion von Inhalten verstärkt oft extreme Positionen und kann zu einer Radikalisierung der Nutzer beitragen. Dies hat dazu geführt, dass Online-Diskurse immer polarisierten und hasserfüllter werden. Besonders problematisch ist die Rolle von sogenannten „Trollen" und „Bots", die gezielt Hassbotschaften verbreiten und gesellschaftliche Spaltungen vertiefen.

Maßnahmen zur Bekämpfung von Hate Speech
Die Bekämpfung von Hate Speech erfordert einen multidisziplinären Ansatz, der linguistische, rechtliche und gesellschaftliche Maßnahmen integriert. In vielen Ländern gibt es bereits Gesetze gegen Hate Speech, doch die Umsetzung dieser Gesetze ist oft schwierig, besonders in digitalen Kontexten. Linguisten wie Susan Benesch (2013) haben Ansätze zur „gefährlichen Rede" (*dangerous speech*) entwickelt, die darauf abzielen, frühzeitig sprachliche Muster zu identifizieren, die zu Gewalt führen können. Die Analyse dieser Muster kann dazu beitragen, präventive Maßnahmen zu entwickeln, die die Verbreitung von Hass im öffentlichen Diskurs eindämmen.

Die Linguistik des Hasses untersucht die Mechanismen und Funktionen hasserfüllter Sprache und zeigt, wie Sprache zur Konstruktion und Reproduktion von Feindbildern und Gewalt beiträgt. Durch die Analyse der Rhetorik des Hasses und die Anwendung der Diskursanalyse wird deutlich, dass Hass nicht nur ein individuelles Gefühl, sondern ein strukturelles und gesellschaftliches Phänomen ist, das tief in soziale und politische Machtverhältnisse eingebettet ist. Die Verbreitung von Hate Speech in digitalen Medien stellt dabei eine besondere Herausforderung dar, die neue Ansätze zur Analyse und Bekämpfung erfordert.

Der emotionale Nutzen von Hass ist ein Thema, das sowohl in der Psychologie als auch in der Soziologie und Anthropologie zunehmend Beachtung findet. Hass ist eine starke, destruktive Emotion, die in vielen historischen und aktuellen Kontexten eine zentrale Rolle spielt. Doch warum hassen Menschen? Welche emotionalen Funktionen erfüllt Hass in psychischen, sozialen und kulturellen Kontexten? Insbesondere die Emotionen Angst und Wut scheinen hierbei von zentraler Bedeutung zu sein, da sie häufig als zentrale Triebkräfte fungieren, die den Hass nähren und verstärken. Der folgende Beitrag untersucht, wie Hass entsteht, welche psychologischen und sozialen Bedürfnisse er befriedigt und welche Rolle Angst und Wut in diesem Prozess spielen.

Der Hass als emotionale Reaktion auf Bedrohung
Hass entsteht häufig als emotionale Reaktion auf wahrgenommene Bedrohungen. Diese Bedrohungen können sowohl real als auch symbolisch sein und betreffen meist das Individuum, die Gruppe oder die eigene Identität. Der Psychologe Richard Lazarus (1991) betonte in seiner „Theorie der kognitiven Bewertung", dass Emotionen – einschließlich Hass – aus einer Bewertung der Umwelt hervorgehen. Diese Bewertung umfasst eine Analyse dessen, was als bedrohlich oder schädlich für das Selbst empfunden wird. Hass entsteht demnach oft aus der Wahrnehmung, dass eine andere Person oder Gruppe eine Bedrohung für die eigene Existenz oder die eigene Werteordnung darstellt.

In diesem Zusammenhang spielen Angst und Wut eine entscheidende Rolle. Angst tritt auf, wenn ein Individuum oder eine Gruppe sich bedroht fühlt, sei es physisch, emotional oder sozial. Wut entsteht, wenn diese Bedrohung als ungerecht oder unbegründet wahrgenommen wird. Wenn diese Emotionen intensiv sind und über längere Zeit andauern, können sie in Hass umschlagen, der eine stabilere und destruktivere emotionale Haltung darstellt. Hass erlaubt es dem Individuum oder der Gruppe, die Bedrohung nicht nur abzuwehren, sondern aktiv gegen sie vorzugehen und sie zu zerstören (Sternberg, 2003).

Die Funktion des Hasses: Emotionale Befriedigung und psychologische Stabilität

Obwohl Hass destruktiv ist, erfüllt er für viele Menschen eine emotionale Funktion, die psychologisch stabilisierend wirken kann. Er schafft ein Gefühl von Klarheit und Zielgerichtetheit, das in Momenten der Verunsicherung und Angst eine scheinbare Ordnung und Struktur verleiht. Die Psychologin Melanie Klein (1957) vertrat die Auffassung, dass Hass eine Abwehrstrategie gegen innere Konflikte ist, insbesondere gegen Gefühle der Ohnmacht und Unsicherheit. Indem man den „Anderen" hasst, kann man sich von eigenen Ängsten distanzieren und die Welt in klaren Kategorien von „Gut" und „Böse" aufteilen.

Hass bietet also emotionale Befriedigung, indem er das Selbst stärkt und vor inneren Spannungen schützt. Er erlaubt es dem Individuum, sich als moralisch überlegen zu fühlen, da die Verantwortlichkeit für Konflikte auf externe Feinde projiziert wird. Diese Mechanismen der Projektion und Externalisierung werden von Psychoanalytikern wie Sigmund Freud (1923) als grundlegende Abwehrmechanismen beschrieben, durch die unerwünschte Gefühle wie Angst oder Schuld auf andere übertragen werden. In diesem Sinne dient Hass auch der Reduktion von Angst, indem er es ermöglicht, die Welt in einfache und handhabbare Kategorien zu unterteilen.

Hass als kollektive Emotion: Die Rolle von Gruppenidentität

Hass ist nicht nur eine individuelle, sondern auch eine kollektive Emotion. In vielen Fällen tritt er als Teil eines kollektiven emotionalen Klimas auf, das durch soziale und kulturelle Mechanismen verstärkt wird. Besonders relevant ist hierbei die Rolle der Gruppenidentität. Sozialpsychologische Theorien, wie die „Theorie der sozialen Identität" von Henri Tajfel und John Turner (1979), zeigen, dass Individuen dazu neigen, sich mit Gruppen zu identifizieren, um Selbstwert und Zugehörigkeit zu erfahren. Wenn die eigene Gruppe als bedroht wahrgenommen wird – sei es durch politische, ethnische oder religiöse Gegensätze – kann dies kollektive Emotionen von Angst und Wut auslösen, die wiederum in kollektiven Hass übergehen.

Dieser Prozess wird durch das „Wir gegen Sie"-Narrativ verstärkt, das die eigene Gruppe als moralisch überlegen und die gegnerische Gruppe als Bedrohung darstellt. Der Hass auf die „Anderen" dient hier der Verstärkung der eigenen Identität und des kollektiven Zusammenhalts. Studien zu ethnischen Konflikten und Kriegen zeigen, dass kollektiver Hass oft gezielt von politischen Führern oder Medien geschürt wird, um soziale Spannungen zu verstärken und politische Agenden durchzusetzen (Bar-Tal, 2007). In solchen Kontexten erfüllen Angst und Wut eine wichtige Rolle, indem sie die Wahrnehmung von Bedrohungen schärfen und die Bereitschaft zur Aggression erhöhen.

Die Rolle der Angst im Entstehungsprozess von Hass
Angst ist eine der primären Triebkräfte, die den Übergang zu Hass erleichtern. Sie entsteht häufig aus der Vorstellung, dass das eigene Überleben – sei es physisch, kulturell oder symbolisch – bedroht ist. Evolutionspsychologisch betrachtet, hat Angst eine schützende Funktion, indem sie das Individuum vor potenziellen Gefahren warnt. Doch in komplexen sozialen Kontexten kann diese Angst übermäßige

Dimensionen annehmen und sich auf Gruppen oder Ideologien projizieren, die als „Feind" wahrgenommen werden.

Der Soziologe Zygmunt Bauman (2006) argumentierte, dass Angst in der modernen Gesellschaft häufig diffuse und schwer greifbare Formen annimmt. Diese diffuse Angst, die oft mit sozialen und ökonomischen Unsicherheiten verbunden ist, kann leicht in kollektiven Hass umschlagen, wenn politische Akteure oder Medien klare Schuldige präsentieren, auf die diese Ängste projiziert werden können. In diesem Zusammenhang ist Angst nicht nur ein persönliches Gefühl, sondern eine sozial konstruierte Emotion, die in bestimmten historischen und politischen Kontexten gezielt mobilisiert wird, um soziale Spaltungen zu vertiefen und Feindbilder zu schaffen.

Wut als Katalysator von Hass
Wut unterscheidet sich von Angst insofern, als sie eine aktivere und auf Gegenwehr ausgerichtete Emotion ist. Während Angst eher passiv macht und lähmt, treibt Wut das Individuum zur Handlung an, indem sie es dazu motiviert, die Ursache der Bedrohung zu bekämpfen. In diesem Sinne kann Wut als Katalysator für Hass wirken, indem sie den Wunsch nach Vergeltung und Bestrafung verstärkt.

Der Philosoph Peter Sloterdijk (2006) beschreibt in seiner „Zorn- und Zeit"-Theorie, dass Wut eine historische Triebkraft politischer Bewegungen ist und in vielen Kontexten als legitime Reaktion auf wahrgenommene Ungerechtigkeiten gilt. Doch wenn diese Wut nicht angemessen kanalisiert wird, kann sie in destruktiven Hass umschlagen. Besonders in sozialen und politischen Konflikten, in denen das Gefühl der Ungerechtigkeit dominiert, wird Wut oft zur treibenden Kraft hinter kollektiven Hassgefühlen, die schließlich in Gewalt münden können.
Der „emotionaler Nutzen" von Hass in politischen Kontexten

Hass kann auch in politischen Kontexten als „nützliche" Emotion betrachtet werden, die bestimmte soziale und politische Funktionen erfüllt. In autoritären und populistischen Regimen wird Hass oft gezielt
mobilisiert, um politische Ziele zu erreichen und Macht zu festigen.
Indem Feindbilder geschaffen und Ängste geschürt werden, gelingt
es politischen Führern, die eigene Anhängerschaft zu mobilisieren
und soziale Solidarität innerhalb der In-Group zu stärken. Diese Dynamik wird durch das Schüren von Wut auf externe Feinde und die
Inszenierung einer ständigen Bedrohungslage aufrechterhalten.

Der Politikwissenschaftler Roger Griffin (1993) spricht in diesem Zusammenhang von „palingenetischer Ultranationalismus", bei dem
politische Bewegungen den Hass auf „Fremde" oder „Feinde der Nation" dazu nutzen, eine mythische Wiedergeburt der eigenen Gemeinschaft zu propagieren. In solchen Kontexten dienen Angst und
Wut als emotionale Antriebskräfte, die den Hass nicht nur legitimieren, sondern auch aufrechterhalten.

Wege zur Überwindung des Hasses
Die Überwindung des Hasses erfordert eine differenzierte Auseinandersetzung mit den zugrunde liegenden Emotionen, insbesondere
Angst und Wut. Psychologische Ansätze wie die emotionale Regulierung und kognitive Umstrukturierung können helfen, die Intensität
dieser Emotionen zu reduzieren und alternative Bewältigungsstrategien zu entwickeln (Gross, 2002). Besonders die Förderung von Empathie und die Schaffung von Gelegenheiten zum interkulturellen Dialog spielen eine wichtige Rolle bei der Reduktion von Hass (Staub,
2005). Kollektive Trauerarbeit und die Auseinandersetzung mit den
historischen Ursachen von Hass sind ebenfalls notwendig, um langfristig zu einer emotionalen Transformation zu gelangen.

Der Hass erfüllt, so destruktiv er auch sein mag, für viele Menschen einen emotionalen Nutzen, indem er dazu beiträgt, mit Ängsten und Unsicherheiten umzugehen und ein Gefühl von Kontrolle und Identität zu bewahren. Angst und Wut sind zentrale Triebkräfte dieses Prozesses, da sie den Hass nähren und verstärken. Während Angst häufig die Grundlage für den Aufbau von Feindbildern und Bedrohungsszenarien bildet, fungiert Wut als aktiver Katalysator, der den Übergang von reiner Angst zu aggressivem Hass erleichtert. Die politische Mobilisierung von Hass zeigt, wie tiefgreifend diese Emotionen in sozialen und kulturellen Kontexten verwurzelt sind. Doch trotz seines emotionalen Nutzens bleibt Hass eine zerstörerische Kraft, die individuelle und kollektive Identitäten bedroht und gesellschaftliche Spaltungen vertieft.

Belohnungssysteme: Warum Hass attraktiv sein kann

Die Attraktivität von Hass und die Rolle, die das Belohnungssystem des Gehirns dabei spielt, sind Themen, die in der psychologischen und neurowissenschaftlichen Forschung zunehmend an Bedeutung gewinnen. Hass, oft als destruktive und abwertende Emotion betrachtet, kann unter bestimmten Umständen positive emotionale und sogar physiologische Belohnungen hervorrufen. Diese paradoxe Natur von Hass, der sowohl emotionalen Schmerz verursacht als auch Lust oder Befriedigung bringen kann, wirft zentrale Fragen über die Funktion von Belohnungssystemen im Gehirn auf. Wie können so negative Emotionen wie Hass Teil der neuronalen Mechanismen der Belohnung sein? Und warum kann Hass für Individuen und Gruppen attraktiv sein?

Das neuronale Belohnungssystem: Eine Einführung

Das Belohnungssystem im Gehirn umfasst eine Reihe von neuronalen Schaltkreisen, die an der Verarbeitung von Belohnungen beteiligt sind und das Verhalten motivieren. Die Kernregionen dieses Systems sind das ventrale Striatum, insbesondere der Nucleus accumbens, sowie das ventrale segmentale Areal (VTA), die Amygdala und der präfrontale Kortex. Diese Hirnareale sind entscheidend an der Freisetzung von Neurotransmittern wie Dopamin beteiligt, die eine zentrale Rolle bei der Verarbeitung von Belohnungen und der Motivation spielen (Schultz, 2015).

In der Regel wird das Belohnungssystem durch positive Reize wie Essen, soziale Anerkennung oder sexuelle Aktivität aktiviert. Doch auch negative Emotionen wie Hass können durch komplexe psychologische und soziale Mechanismen eine ähnliche Reaktion im Belohnungssystem auslösen. Diese Aktivierung des Belohnungssystems kann dazu führen, dass Hass als angenehm oder zumindest befriedigend empfunden wird, insbesondere wenn er mit der Aufrechterhaltung oder Stärkung der eigenen Identität oder der Bestätigung von Vorurteilen verbunden ist (Zeki & Romaya, 2008).

Neurobiologische Grundlagen von Hass

Eine der ersten neurowissenschaftlichen Studien, die sich mit den Gehirnprozessen bei Hass befassten, wurde von Semir Zeki und John Romaya (2008) durchgeführt. Sie verwendeten funktionelle Magnetresonanztomographie (fMRI), um die Gehirnaktivität von Personen zu messen, während diese Bilder von Menschen betrachteten, die sie hassten. Die Ergebnisse zeigten, dass Hass spezifische Gehirnregionen aktiviert, darunter die Inselrinde, der präfrontale Kortex und das Striatum – Regionen, die sowohl mit Emotionen als auch mit Entscheidungsfindung und Belohnung in Verbindung stehen.

Interessanterweise überlappen einige dieser Regionen mit denen, die auch bei der Liebe aktiv sind, was auf eine enge Beziehung zwischen starken positiven und negativen Emotionen hinweist. Diese Forschung legt nahe, dass Hass nicht nur als aversive Emotion betrachtet werden kann, sondern auch Elemente der Motivation und des Antriebs enthält, die eng mit dem Belohnungssystem verknüpft sind. Diese neuronale Aktivierung kann erklären, warum Menschen Hass als attraktiv oder sogar befriedigend empfinden können – besonders dann, wenn er in einem sozialen oder kulturellen Kontext bestätigt wird.

Hass als soziale Belohnung: Der Wert von Gruppenidentität
Eine wichtige Komponente des emotionalen und psychologischen Nutzens von Hass ist seine Rolle im sozialen Kontext, insbesondere in Bezug auf Gruppenidentität. Sozialpsychologische Theorien, wie die „Theorie der sozialen Identität" (Tajfel & Turner, 1979), zeigen, dass Menschen ein starkes Bedürfnis nach Zugehörigkeit zu sozialen Gruppen haben. Diese Zugehörigkeit dient nicht nur dem individuellen Selbstwertgefühl, sondern auch der Definition von Freund-Feind-Dichotomien. Wenn Gruppen ihre Identität auf den Gegensatz zu anderen Gruppen aufbauen, kann Hass eine wichtige Rolle spielen, um den Zusammenhalt innerhalb der eigenen Gruppe zu stärken und das Gefühl der Überlegenheit gegenüber der „feindlichen" Gruppe zu bewahren.

Der Psychologe Henri Tajfel argumentiert, dass die Differenzierung zwischen „wir" und „sie" einen psychologischen Nutzen hat, da sie das Selbstwertgefühl steigern und das Gefühl von Sicherheit und Kontrolle fördern kann. Hass gegen die „fremde" Gruppe ermöglicht es der eigenen Gruppe, ihre Identität zu stärken und sich moralisch überlegen zu fühlen. In solchen sozialen Kontexten wird Hass oft belohnt, da er die eigene Gruppe vereint und stärkt (Bar-Tal, 2007). Diese sozialen Belohnungen, wie Anerkennung und

Zusammengehörigkeit, verstärken den emotionalen Wert von Hass und machen ihn attraktiv.

Hass und kognitive Dissonanz: Auflösung innerer Konflikte
Ein weiterer Grund, warum Hass attraktiv sein kann, liegt in seiner Fähigkeit, kognitive Dissonanz zu reduzieren. Der Begriff „kognitive Dissonanz" bezieht sich auf das unangenehme Gefühl, das entsteht, wenn ein Individuum widersprüchliche Gedanken, Überzeugungen oder Werte hat (Festinger, 1957). Hass kann als ein Mittel dienen, um solche Spannungen aufzulösen, indem er es ermöglicht, Ambivalenzen oder Unsicherheiten zu bewältigen.

Wenn Menschen mit widersprüchlichen Informationen oder Erfahrungen konfrontiert werden, die ihre Sichtweise der Welt infrage stellen, kann Hass auf eine gegnerische Gruppe oder Person dazu beitragen, diese inneren Spannungen zu beseitigen. Durch Hass kann eine klare und vereinfachte Weltanschauung aufrechterhalten werden, die es ermöglicht, die eigenen Werte zu bestätigen und unangenehme Zweifel oder Unsicherheiten zu vermeiden. Diese kognitive „Ordnung" wird als belohnend empfunden, da sie den mentalen Stress reduziert, der durch die Dissonanz entsteht (Harmon-Jones & Mills, 1999).

Die Rolle von Macht und Kontrolle im Belohnungssystem
Ein weiterer Aspekt des Belohnungssystems, der Hass attraktiv macht, ist das Gefühl von Macht und Kontrolle, das er vermitteln kann. Hass ermöglicht es den Menschen, das Gefühl zu haben, die Situation oder den Gegner zu dominieren. Das Gefühl der Überlegenheit, das mit Hass einhergeht, kann das Belohnungssystem aktivieren, indem es dem Individuum das Gefühl gibt, Kontrolle über die Bedrohung oder den Gegner zu erlangen. Dies steht im Einklang mit der Forschung, die zeigt, dass Macht und Dominanz eine wichtige Quelle

für das Gefühl von Belohnung sind (Keltner, Gruenfeld & Anderson, 2003).

In politischen oder sozialen Konflikten wird Hass oft von autoritären Führern mobilisiert, um die Unterstützung ihrer Anhänger zu festigen. Indem sie Feindbilder aufbauen und Hass schüren, können sie das Gefühl von Macht und Kontrolle innerhalb ihrer eigenen Gruppe verstärken. Die Anhänger erfahren durch diesen Prozess eine emotionale Belohnung, da sie sich als Teil einer mächtigen, dominanten Gruppe erleben und zugleich das Gefühl haben, die Bedrohung durch die „Anderen" zu kontrollieren.

Hass als Bewältigungsmechanismus für Angst und Unsicherheit
Hass kann auch attraktiv sein, weil er als Bewältigungsmechanismus für Angst und Unsicherheit dient. In einer von Unsicherheiten geprägten Welt – sei es durch wirtschaftliche Instabilität, soziale Konflikte oder persönliche Krisen – bietet Hass eine Möglichkeit, diese Ängste zu kanalisieren und zu bewältigen. In solchen Situationen ist Hass nicht nur eine destruktive Emotion, sondern auch ein Mittel, um mit den eigenen Ängsten umzugehen, indem eine äußere Ursache für das innere Unwohlsein geschaffen wird.
Der Psychologe Erich Fromm (1973) beschrieb Hass als eine Form der „Flucht vor der Freiheit", bei der Menschen in Zeiten von Angst und Unsicherheit nach einfachen Lösungen suchen, um ihre psychische Belastung zu reduzieren. Hass bietet eine scheinbare Lösung, indem er klare Feindbilder schafft und die Komplexität der Welt vereinfacht. Diese Reduktion von Angst und Unsicherheit wird als belohnend empfunden, da sie dem Individuum das Gefühl von Stabilität und Kontrolle zurückgibt.

Das Zusammenspiel von Hass und sozialer Bestätigung

Soziale Bestätigung ist ein weiterer wichtiger Faktor, der den Hass attraktiv macht. Menschen neigen dazu, sich in Gruppen mit ähnlichen Überzeugungen und Werten zu integrieren, da dies soziale Bestätigung und Anerkennung bietet. In solchen sozialen Kontexten kann Hass als eine „normative" Emotion fungieren, die belohnt wird, weil sie den Status innerhalb der Gruppe stärkt.

Sozialpsychologische Untersuchungen zeigen, dass Hass in bestimmten Gruppen als moralisch gerechtfertigt angesehen wird, besonders wenn er gegen eine gegnerische Gruppe gerichtet ist, die als Bedrohung wahrgenommen wird (Mackie, Devos & Smith, 2000). In solchen Fällen werden Hassgefühle von der eigenen Gruppe nicht nur akzeptiert, sondern oft als Ausdruck von Loyalität und moralischer Überlegenheit belohnt. Diese soziale Belohnung verstärkt den Hass weiter und macht ihn für das Individuum emotional lohnend.

Die Attraktivität von Hass kann nur im Kontext des neuronalen Belohnungssystems und der sozialen Dynamiken vollständig verstanden werden. Hass aktiviert nicht nur Teile des Belohnungssystems im Gehirn, sondern erfüllt auch wichtige psychologische und soziale Funktionen, die als belohnend empfunden werden. Er bietet eine scheinbare Lösung für innere Konflikte und kognitive Dissonanzen, stärkt die Gruppenidentität und vermittelt ein Gefühl von Macht und Kontrolle. Gleichzeitig reduziert er Angst und Unsicherheit, was zu einer emotionalen Erleichterung führt. Diese komplexen Mechanismen machen Hass unter bestimmten Umständen zu einer attraktiven Emotion, die jedoch letztlich destruktiv ist und tiefgreifende negative soziale und psychologische Folgen haben kann.

Hass spielt in autoritären Gesellschaften eine zentrale Rolle, insbesondere durch die Instrumentalisierung dieser Emotion zur Kontrolle und Manipulation der Bevölkerung. Indoktrination und Gehorsam sind zwei Schlüsselmechanismen, die autoritäre Regime nutzen, um Hass als politisches Werkzeug einzusetzen. In solchen Systemen wird Hass oft gezielt geschürt, um Feindbilder zu erzeugen, den inneren Zusammenhalt zu stärken und Gehorsam gegenüber der staatlichen Autorität zu fördern. Diese Techniken sind nicht nur durch direkte Gewalt, sondern auch durch subtile soziale, kulturelle und ideologische Manipulationen gekennzeichnet, die langfristige emotionale und psychologische Auswirkungen auf die Bevölkerung haben.

Die Rolle des Hasses in autoritären Gesellschaften
In autoritären Regimen ist Hass häufig ein zentraler Bestandteil der politischen Strategie. Regierungen und politische Eliten nutzen Hass, um ihre Macht zu konsolidieren, politische Gegner zu delegitimieren und die Bevölkerung zu kontrollieren. Hass fungiert dabei als ein Mittel, um klare Trennlinien zwischen „Wir" und „Sie" zu ziehen. Indem autoritäre Regime Feindbilder schaffen – oft in Form von ethnischen, religiösen oder politischen Minderheiten –, werden Bedrohungen inszeniert, die dazu dienen, den Zusammenhalt der Bevölkerung zu stärken und sie hinter den Machthabern zu vereinen.

Der Politikwissenschaftler Roger Griffin (1993) beschreibt diesen Prozess als „palingenetischen Ultranationalismus", bei dem autoritäre Regime eine mythische Wiedergeburt der Nation propagieren, die durch das Beseitigen von internen und externen Feinden ermöglicht wird. In diesem Kontext wird Hass als legitime emotionale Reaktion auf wahrgenommene Bedrohungen präsentiert und als Instrument zur Mobilisierung der Massen verwendet. Solche

Mechanismen waren in totalitären Regimen des 20. Jahrhunderts, wie dem Nationalsozialismus oder dem Stalinismus, besonders stark ausgeprägt, wo Hass systematisch gegen politische Gegner, ethnische Minderheiten und „Feinde des Staates" eingesetzt wurde.

Indoktrination als Grundlage des Hasses

Ein zentraler Mechanismus, durch den Hass in autoritären Gesellschaften gefördert wird, ist die Indoktrination. Diese beschreibt den gezielten Einsatz von Bildung, Propaganda und sozialer Kontrolle, um bestimmte Überzeugungen und Haltungen zu verankern. Durch die systematische Manipulation der Medien, des Bildungssystems und der öffentlichen Diskurse wird die Bevölkerung dazu gebracht, die ideologischen Ziele des Regimes zu übernehmen und Feindbilder als selbstverständlich zu akzeptieren.

Indoktrination beginnt oft schon im Kindesalter, wo Kinder in autoritären Regimen in Schulen und Jugendorganisationen systematisch mit der Ideologie des Hasses konfrontiert werden. Der Sozialpsychologe Ervin Staub (1989) hat gezeigt, dass diese Form der Erziehung tiefgreifende Auswirkungen auf die kognitive und emotionale Entwicklung von Individuen hat. Kinder, die von früh auf lernen, bestimmte Gruppen zu hassen, entwickeln starke Vorurteile und Aggressionen, die tief in ihrer Identität verankert sind. Diese Feindbilder werden dann durch das Bildungssystem, Medien und soziale Normen weiter verstärkt, sodass der Hass als natürliche und gerechtfertigte Reaktion auf „Bedrohungen" wahrgenommen wird.

Ein Beispiel hierfür ist die antisemitische Propaganda im nationalsozialistischen Deutschland, die systematisch durch das Schulsystem, die Jugendorganisationen wie die Hitlerjugend, und durch die Medien verbreitet wurde. Juden wurden als „Untermenschen" dargestellt, die eine Bedrohung für die „arische Rasse" darstellten, und dieser Hass wurde als moralisch gerechtfertigt propagiert. Durch diese Form der Indoktrination wurde die Bevölkerung auf eine Weise manipuliert, dass sie die radikalen Ziele des Regimes unterstützte und extreme Gewalt gegen vermeintliche Feinde legitimierte.

Propaganda als Werkzeug der Feindbildkonstruktion
Propaganda spielt eine entscheidende Rolle bei der Erzeugung und Verstärkung von Hass in autoritären Gesellschaften. Joseph Goebbels, der Propagandaminister im nationalsozialistischen Deutschland, betonte, dass „Propaganda nicht der Wahrheit verpflichtet ist, sondern dem Sieg" (Reuth, 1990). In autoritären Regimen wird die Propaganda als Mittel eingesetzt, um das Volk emotional zu mobilisieren und gleichzeitig die Wahrnehmung von Realität so zu verzerren, dass Hass gegen bestimmte Gruppen als unausweichlich erscheint.

Diese Propaganda funktioniert oft über simple und wiederholte Botschaften, die Feindbilder vereinfachen und extreme Stereotype verbreiten. Sie stützt sich auf Angstmache, indem sie Bedrohungsszenarien zeichnet, die die Existenz der Nation oder des Regimes gefährden könnten. Soziale und politische Probleme werden auf äußere oder innere Feinde projiziert, was das „Wir"-Gefühl stärkt und den Hass auf die „Anderen" intensiviert.

Besonders effektiv ist Propaganda, wenn sie emotional aufgeladen ist und Angst, Wut und Verzweiflung anspricht. Wie der Kommunikationswissenschaftler George Orwell in seiner Analyse totalitärer Propaganda in *1984* beschreibt, arbeitet diese Form der Manipulation mit der ständigen Schaffung von Feindbildern und der Verbreitung von Lügen, um die Massen emotional zu mobilisieren. In autoritären Gesellschaften wird diese Strategie oft genutzt, um die Bevölkerung in einen Zustand permanenter Mobilisierung zu versetzen, in dem

Gehorsam und Loyalität gegenüber dem Regime als moralische Pflicht empfunden werden.

Gehorsam und Konformität: Die psychologischen Mechanismen
Neben der Indoktrination spielt der psychologische Mechanismus des Gehorsams eine entscheidende Rolle bei der Aufrechterhaltung von Hass in autoritären Gesellschaften. Der berühmte Sozialpsychologe Stanley Milgram (1974) führte Experimente durch, die zeigten, wie leicht Menschen bereit sind, autoritären Befehlen zu folgen, selbst wenn diese zu unmoralischem oder destruktivem Verhalten führen. Milgram stellte fest, dass Menschen in autoritären Kontexten dazu neigen, persönliche Verantwortung abzugeben und sich blindlings den Befehlen von Autoritäten zu unterwerfen.

In autoritären Regimen wird dieser Mechanismus durch soziale und institutionelle Strukturen verstärkt, die Gehorsam belohnen und Abweichungen bestrafen. Menschen, die die vorgegebenen Feindbilder akzeptieren und den Hass auf die „Anderen" internalisieren, erfahren soziale Anerkennung und Bestätigung. In Konformitätstheorien (Asch, 1951) wird gezeigt, dass Menschen eine starke Neigung haben, sich der Mehrheitsmeinung anzuschließen, insbesondere wenn Abweichungen von dieser Meinung zu sozialer Isolation oder Bestrafung führen können.

Autoritäre Regime nutzen diese Neigung zur Konformität aus, indem sie eine Atmosphäre schaffen, in der Kritik und Abweichung als Bedrohung für die nationale Einheit und Sicherheit gelten. Dies führt zu einer allgemeinen Akzeptanz von Hass als Norm, da die Bevölkerung durch soziale und institutionelle Mechanismen gezwungen wird, die ideologischen Vorgaben des Regimes zu übernehmen. Diese Form des erzwungenen Gehorsams und der Konformität führt oft zu einer Eskalation von Hass, da das System diejenigen belohnt, die den ideologischen Hass am stärksten vertreten, und diejenigen bestraft, die abweichende Meinungen äußern.

Hass und die Dynamik der „Sündenbock"-Mechanismen
In autoritären Gesellschaften wird Hass häufig durch sogenannte „Sündenbock"-Mechanismen aufrechterhalten. Diese Mechanismen beruhen darauf, dass soziale, wirtschaftliche oder politische Probleme auf bestimmte Gruppen projiziert werden, die als Ursache der Misere dargestellt werden. Durch diese Projektion wird die Komplexität gesellschaftlicher Probleme vereinfacht, und der Hass auf die Sündenböcke wird als Lösung präsentiert.

Der Anthropologe René Girard (1977) hat in seiner Theorie der „mimetischen Rivalität" gezeigt, wie in Zeiten der Krise bestimmte Gruppen als Sündenböcke ausgewählt und kollektiv gehasst werden, um die Spannungen innerhalb der Gesellschaft zu entschärfen. Indem der Hass auf eine bestimmte Gruppe kanalisiert wird, kann das Regime von seinen eigenen Misserfolgen ablenken und den sozialen Zusammenhalt innerhalb der dominanten Gruppe stärken.

Ein klassisches Beispiel ist die Verfolgung der jüdischen Bevölkerung im Dritten Reich. Die Juden wurden als Sündenböcke für die wirtschaftlichen und sozialen Probleme Deutschlands nach dem Ersten Weltkrieg dargestellt, und der Hass auf sie wurde durch staatliche Propaganda und Gewalt systematisch gefördert. Dieser Mechanismus war äußerst effektiv, um den gesellschaftlichen Unmut über die wirtschaftliche Krise auf eine bestimmte Minderheit zu lenken und den Zusammenhalt der „arischen" Mehrheitsbevölkerung zu stärken.

Die langfristigen Auswirkungen von Hass in autoritären Regimen

Die langfristigen psychologischen und gesellschaftlichen Auswirkungen von Hass in autoritären Gesellschaften sind tiefgreifend. Da der Hass systematisch in die sozialen Strukturen und Institutionen eingebettet ist, wird er oft über Generationen hinweg weitergegeben. Die ständige Präsenz von Feindbildern und die Ideologie des Hasses erzeugen ein emotionales Klima, in dem Misstrauen, Angst und Aggression dominieren. Dieser Zustand führt nicht nur zu Gewalt und sozialer Spaltung, sondern verhindert auch die Entwicklung von Empathie und Kooperation zwischen verschiedenen gesellschaftlichen Gruppen.

Autoritäre Regime hinterlassen oft tiefe psychologische Narben in der Bevölkerung, da die systematische Förderung von Hass langfristig zur Entmenschlichung bestimmter Gruppen führt. Diese Entmenschlichung erleichtert die Anwendung von Gewalt und Unterdrückung und führt zu einer Verhärtung der sozialen Konflikte. Nach dem Zusammenbruch eines autoritären Regimes hinterlässt dieser Hass häufig eine Gesellschaft, die tief gespalten und traumatisiert ist, wie es nach den Regimen von Hitler, Stalin oder Mao deutlich wurde (Arendt, 1951).

Hass ist in autoritären Gesellschaften kein zufälliges Phänomen, sondern ein gezielt eingesetztes politisches Instrument, das durch Indoktrination, Propaganda und soziale Kontrolle gefördert wird. Indem autoritäre Regime Feindbilder schaffen und Hass auf bestimmte Gruppen schüren, stabilisieren sie ihre Macht und fördern Gehorsam und Konformität. Diese Mechanismen haben tiefgreifende Auswirkungen auf die Gesellschaft und hinterlassen dauerhafte psychologische und soziale Schäden. Autoritäre Regime zeigen, wie gefährlich und zerstörerisch die systematische Mobilisierung von Hass sein kann und wie schwer es ist, die langfristigen Auswirkungen dieser Praktiken zu überwinden.

Die Psychopathologie des Hasses bietet ein tiefes Verständnis darüber, wie psychische Störungen und pathologische Persönlichkeitsmerkmale die Entstehung und Aufrechterhaltung von Hass fördern können. Insbesondere Narzissmus, Paranoia und Projektion sind zentrale Mechanismen, die in verschiedenen klinischen und sozialen Kontexten das emotionale Fundament für Hass bilden. Diese psychologischen Prozesse sind eng miteinander verwoben und tragen dazu bei, dass Individuen oder Gruppen Feindbilder entwickeln, Aggressionen ausleben und zwischenmenschliche Beziehungen durch Konflikt und Gewalt geprägt werden.

Narzissmus: Die Selbstüberhöhung als Wurzel des Hasses
Narzissmus, gekennzeichnet durch ein übertriebenes Gefühl von Großartigkeit und Überlegenheit, spielt eine zentrale Rolle bei der Entwicklung von Hass. Narzisstische Persönlichkeiten weisen oft ein fragiles Selbstwertgefühl auf, das stark von äußerer Bestätigung abhängt. Sobald diese Bestätigung fehlt oder das narzisstische Selbstbild bedroht wird, kann dies zu intensiven negativen Emotionen führen, darunter Wut, Aggression und Hass.

Der Psychoanalytiker Heinz Kohut (1971), ein bedeutender Vertreter der Selbstpsychologie, beschrieb Narzissmus als eine Störung des Selbst, bei der Menschen aufgrund eines verletzlichen Selbstgefühls ständig nach Bestätigung suchen. Narzisstischer Hass kann als Reaktion auf Kränkungen des Selbstwertgefühls verstanden werden, da das verletzte Selbst Schutzmechanismen aktiviert, um die eigene Überlegenheit wiederherzustellen. Dies geschieht oft durch die Entwertung und Dämonisierung von anderen.

133

Eine narzisstische Persönlichkeit ist nicht in der Lage, Schwächen oder Misserfolge zu akzeptieren, und projiziert diese Gefühle der Minderwertigkeit auf andere. Diese Projektion führt dazu, dass die „anderen" als Bedrohung für das eigene grandiose Selbstbild wahrgenommen werden, was wiederum Hass schürt. Studien zeigen, dass Menschen mit narzisstischen Zügen eine erhöhte Neigung zu aggressivem Verhalten und Feindseligkeit gegenüber Personen oder Gruppen aufweisen, die ihre Selbstwahrnehmung infrage stellen (Bushman & Baumeister, 1998).

Paranoia: Die Angst vor Verfolgung und Bedrohung
Paranoia, definiert als ein übersteigerter Misstrauen und das Gefühl, verfolgt oder bedroht zu werden, ist ein weiterer zentraler psychologischer Mechanismus, der zur Entstehung von Hass beiträgt. Paranoide Persönlichkeiten neigen dazu, in ihrer Umgebung feindselige Absichten wahrzunehmen, selbst wenn keine objektiven Beweise dafür vorliegen. Diese verzerrte Wahrnehmung von Bedrohung verstärkt die emotionale Reaktion auf andere und führt häufig zu Hass.

Sigmund Freud (1922) betrachtete Paranoia als einen Abwehrmechanismus, der darauf abzielt, innere Konflikte und Ängste nach außen zu projizieren. In seiner Arbeit zu paranoiden Störungen argumentierte er, dass Menschen, die unter paranoiden Gedanken leiden, ihre eigenen aggressiven Impulse und Wünsche auf andere projizieren, wodurch diese als „Verfolger" oder „Feinde" erscheinen. Diese Projektion dient dem Schutz des Selbst, indem sie unangenehme innere Gefühle nach außen verschiebt.

Eine paranoide Persönlichkeit entwickelt oft ein starres Schwarz-Weiß-Denken, bei dem die Welt in „gut" und „böse" unterteilt wird. Dieses dichotome Denken führt dazu, dass andere Menschen als potenzielle Bedrohung oder Feind wahrgenommen werden, was den Nährboden für Hass schafft. In der klinischen Praxis ist bekannt, dass paranoide Patienten besonders anfällig für Feindseligkeit und Aggression sind, da ihre verzerrte Wahrnehmung sie in einen ständigen Zustand der Abwehr versetzt (Meissner, 1978).

Projektion: Der zentrale Abwehrmechanismus des Hasses
Projektion ist ein psychodynamischer Abwehrmechanismus, bei dem Menschen ihre eigenen unerwünschten Gedanken, Gefühle oder Wünsche auf andere übertragen, um inneren Konflikten zu entgehen. Dieser Mechanismus spielt eine entscheidende Rolle in der Psychopathologie des Hasses, da er es dem Individuum ermöglicht, die Verantwortung für seine negativen Gefühle abzuwehren und sie auf externe Quellen zu lenken.

Freud (1920) betonte, dass Projektion ein häufiges Phänomen bei der Entstehung von Feindseligkeit sei. Indem Menschen ihre eigenen aggressiven Impulse auf andere projizieren, schaffen sie eine Welt voller vermeintlicher Feinde und Bedrohungen. Dies entlastet das Individuum von der inneren Schuld oder Angst, da die negative Emotion nun auf einen externen „Sündenbock" gerichtet ist.

Der Sozialpsychologe Erich Fromm (1941) erweiterte diese Analyse und argumentierte, dass Hass häufig aus Projektion resultiert, insbesondere in autoritären Persönlichkeiten. In seinem Werk *Escape from Freedom* analysierte Fromm, wie Menschen in Gesellschaften, die durch Unterdrückung und soziale Isolation geprägt sind, ihre eigenen Ängste und Ohnmachtsgefühle auf äußere Gruppen projizieren, die dann als Feinde angesehen werden. Diese Projektion führt zur Bildung von Vorurteilen und kollektiven Feindbildern, die soziale Konflikte und Gewalt verschärfen.

Die Wechselwirkungen zwischen Narzissmus, Paranoia und Projektion

Die Psychopathologie des Hasses lässt sich nicht auf einzelne Faktoren reduzieren, sondern basiert auf komplexen Wechselwirkungen zwischen Narzissmus, Paranoia und Projektion. Narzisstische Persönlichkeiten tendieren dazu, paranoide Gedanken zu entwickeln, da sie ständige Bedrohungen für ihr fragiles Selbst wahrnehmen. Diese Bedrohungen führen dann zur Projektion negativer Gefühle auf andere, was den Kreislauf des Hasses weiter antreibt.

Paranoide Personen hingegen verwenden Projektion, um ihre tief verwurzelten Ängste und Misstrauen auf andere zu verschieben. Diese Projektion verstärkt den Hass, da die äußeren „Feinde" als Bestätigung für die paranoiden Überzeugungen dienen. Somit verstärken sich Narzissmus, Paranoia und Projektion gegenseitig und schaffen ein pathologisches emotionales Klima, in dem Hass zur dominierenden Reaktion wird.

Die Forschung von Otto Kernberg (1975) zur „malignen narzisstischen Persönlichkeit" verdeutlicht, wie eng diese Prozesse miteinander verknüpft sind. Kernberg argumentiert, dass Menschen mit schweren narzisstischen Störungen häufig paranoide Tendenzen entwickeln, da sie in einem ständigen Zustand der Verteidigung gegen wahrgenommene Kränkungen leben. Diese Kränkungen werden dann projiziert und verstärken den Hass auf andere. Kernbergs Arbeit zeigt, dass diese pathologischen Muster oft zu aggressiven und destruktiven Verhaltensweisen führen, die nicht nur für das Individuum, sondern auch für die Gesellschaft gefährlich sind.

Die sozialen Implikationen von Hass durch Narzissmus, Paranoia und Projektion

Die psychologischen Mechanismen von Narzissmus, Paranoia und Projektion haben nicht nur individuelle, sondern auch weitreichende soziale Implikationen. In autoritären oder extrem polarisierten Gesellschaften werden diese psychischen Dynamiken häufig auf kollektiver Ebene verstärkt. Soziale Gruppen, die sich bedroht fühlen oder deren Identität infrage gestellt wird, neigen dazu, ihre Ängste und Unsicherheiten auf andere Gruppen zu projizieren, was zu kollektiven Feindbildern und Hass führt.

Diese Dynamik wird besonders in Zeiten sozialer und politischer Krisen sichtbar, in denen das Bedürfnis nach einem „Sündenbock" zunimmt. Der Soziologe René Girard (1977) beschrieb diesen Mechanismus als „Sündenbocktheorie", bei der soziale Spannungen durch die kollektive Projektion von Hass auf eine einzelne Person oder Gruppe abgeleitet werden. Dies ermöglicht es der Gesellschaft, interne Konflikte zu externalisieren und zu bewältigen, allerdings auf Kosten von Gewalt und sozialer Spaltung.

Die Psychopathologie des Hasses ist ein vielschichtiges Phänomen, das tief in den psychischen Mechanismen von Narzissmus, Paranoia und Projektion verwurzelt ist. Diese Prozesse tragen dazu bei, dass Individuen und Gruppen Feindbilder entwickeln und sich aggressiv verhalten, um ihre eigenen inneren Konflikte zu bewältigen. Die Wechselwirkungen zwischen diesen Mechanismen schaffen ein emotionales Klima, in dem Hass nicht nur gerechtfertigt, sondern auch als notwendige Abwehr gegen vermeintliche Bedrohungen empfunden wird. Dieses Verständnis der Psychopathologie des Hasses ist nicht nur für die klinische Praxis relevant, sondern auch für das Verständnis von gesellschaftlichen Phänomenen wie Vorurteilen, Gewalt und sozialer Spaltung.

Hass ist ein starkes, oft destruktives Gefühl, das tief in sozialen und kulturellen Kontexten verwurzelt ist. Während Hass in vielen Fällen als individuelle Emotion betrachtet wird, hat er auch eine bedeutende soziale Dimension. Als soziale Identität fungiert Hass häufig als Mittel der Zugehörigkeit, Loyalität und Abgrenzung innerhalb und zwischen Gruppen. Dieser Text untersucht die Rolle von Hass in sozialen Identitäten und beleuchtet, wie er Gemeinschaften zusammenhält, Loyalitäten formt und als Mittel der Abgrenzung gegenüber anderen Gruppen dient.

Hass als Mittel der Zugehörigkeit
Hass kann eine starke Kohäsionskraft innerhalb von Gruppen darstellen. Durch ein gemeinsames Feindbild oder geteilte negative Emotionen gegenüber einer anderen Gruppe können Mitglieder einer Gemeinschaft ein verstärktes Gefühl der Zugehörigkeit erfahren. Tajfel und Turners Theorie der sozialen Identität betont, dass die Identifikation mit einer Gruppe und das Bedürfnis nach positiver Selbstbewertung zu einem Wettbewerb zwischen Gruppen führen können. Diese Dynamik wird oft durch kollektiven Hass verstärkt, da er ein starkes Wir-Gefühl gegenüber einem gemeinsamen Feind erzeugt spiel hierfür ist der interethnische Hass, der in vielen Konflikten weltweit zu beobachten ist. In Rwanda diente der Hass zwischen den Hutu und Tutsi als Mittel, die eigene Gruppe zu stärken und sich klar von der anderen abzugrenzen. Der gemeinsame Hass schweißte die Hutu-Gemeinschaft zusammen und führte zu einer verstärkten Loyalität innerhalb der Gruppe, was letztlich in einem Genozid gipfelte .

Loyalität innerhalb von Gruppen kann durch Hass gegenüber äußeren Gruppen gefestigt werden. Diese Form der Loyalität ist oft bedingungslos und kann extremen Formen von Gehorsam und Solidarität führen. Der Soziologe Norbert Elias beschreibt, wie Feindbilder und kollektiver Hass innerhalb von Nationen zur Mobilisierung und Aufrechterhaltung der sozialen Ordnung beitragen können. Er argumentiert, dass Hass als Instrument der sozialen Kontrolle dient, indem er die Loyalität der Mitglieder einer Gruppe gegenüber ihren Führern und Idealen stärkt.

Im Kontext externer Gruppen zeigt sich dies deutlich. Terroristische Organisationen wie der IS nutzen Hasspropaganda, um die Loyalität ihrer Mitglieder zu sichern und neue Rekruten zu gewinnen. Indem sie Feindbilder schaffen und Hass gegen „Ungläubige" propagieren, schaffen sie ein geschlossenes und loyal verbundenes Gemeinschaftsgefühl, das durch das Versprechen von Zugehörigkeit und Schutz verstärkt wird .

Abgrenzung durch Hdient auch als starkes Mittel der Abgrenzung gegenüber anderen Gruppen. Durch die Konstruktion eines „Anderen" und die damit verbundene Abwertung dieser Gruppe, können sich Gemeinschaften klarer definieren und ihre eigene Identität stärken. Die Theorie der symbolischen Interaktion von Herbert Blumer betont, dass soziale Gruppen ihre Identitäten durch Interaktionen und symbolische Bedeutungen formen. Hass spielt hierbei eine entscheidende Rolle, indem er klare Grenzen zwischen „Wir" und „Sie" zieht und die eigene Gruppe als überlegen darstellt .

Ein historisches Beispiel für ding durch Hass ist die Rassentrennung in den USA. Weiße rassistische Gruppen wie der Ku-Klux-Klan nutzten Hass, um sich klar von afroamerikanischen Gemeinschaften abzugrenzen und ihre eigene Überlegenheit zu behaupten. Diese Form der Abgrenzung diente nicht nur der Identitätsbildung, sondern auch der sozialen und politischen Kontrolle .

Hass als soziale Ist ein komplexes Phänomen, das tief in den Dynamiken der Zugehörigkeit, Loyalität und Abgrenzung verwurzelt ist.

Durch die Untersuchung dieser Dimensionen wird deutlich, dass Hass weit mehr ist als eine individuelle Emotion; er ist ein kollektives Werkzeug, das Gemeinschaften formt, Loyalitäten stärkt und klare Grenzen zwischen Gruppen zieht. Die Erkenntnis dieser sozialen Funktion von Hass ist entscheidend für das Verständnis von Konflikten und der Dynamik sozialer Gruppen in unserer globalisierten Welt.

Ökonomische Interessen und Hass: Konkurrenz, Ressourcenkonflikte und soziale Ungleichheit

Hass ist eine intensive Emotion, die tiefgreifende Auswirkungen auf das soziale Gefüge und zwischenmenschliche Beziehungen haben kann. Während Hass oft als rein emotionale oder psychologische Reaktion verstanden wird, gibt es starke Belege dafür, dass ökonomische Interessen und Strukturen eine bedeutende Rolle bei der Entstehung und Intensivierung von Hass spielen. Konkurrenz um Ressourcen, wirtschaftliche Unsicherheit und soziale Ungleichheit sind zentrale Faktoren, die zu Spannungen und Feindseligkeiten führen können. Dieser Text untersucht die vielschichtigen Verbindungen zwischen ökonomischen Interessen und Hass, wobei der Fokus auf den Bereichen Konkurrenz, Ressourcenkonflikte und soziale Ungleichheit liegt.

Konkurrenz um begrenzte ökonomische Ressourcen ist eine der Hauptquellen von Konflikten und Hass. In Marktwirtschaften ist Konkurrenz ein grundlegendes Prinzip, das den Zugang zu Jobs, Wohnraum und anderen wirtschaftlichen Gütern reguliert. Diese Konkurrenz kann jedoch zu intensiven Feindseligkeiten führen, insbesondere wenn Ressourcen knapp sind.

Arbeitsmarkt und Fremdenfeindlichkeit

Ein anschauliches Beispiel für die Verbindung zwischen ökonomischer Konkurrenz und Hass findet sich auf dem Arbeitsmarkt. In Zeiten wirtschaftlicher Unsicherheit, wie während einer Rezession, steigt die Konkurrenz um Arbeitsplätze. Diese Konkurrenz kann Fremdenfeindlichkeit und Hass gegenüber Migranten verstärken, die als Bedrohung für die Arbeitsplatzsicherheit wahrgenommen werden. Der Wirtschaftshistoriker Timothy Hatton und der Ökonom Jeffrey Williamson zeigen in ihrer Untersuchung zur Migrationsgeschichte, dass wirtschaftliche Unsicherheit oft zu einem Anstieg von Fremdenfeindlichkeit führt, da Einwanderer als Konkurrenten um knappe ökonomische Ressourcen betrachtet werden.

Migration und wirtschaftlicher Druck

Dieser Zusammenhang ist auch in der aktuellen politischen Debatte in vielen westlichen Ländern sichtbar. Studien haben gezeigt, dass in Regionen mit hoher Arbeitslosigkeit und wirtschaftlichem Druck die Zustimmung zu populistischen und fremdenfeindlichen Parteien steigt. Diese Parteien nutzen die ökonomischen Ängste der Bevölkerung, um Hass gegen Migranten und Minderheiten zu schüren, indem sie diese als Hauptursache für wirtschaftliche Probleme darstellen.

Ressourcenkonflikte und Hass

Ressourcenkonflikte sind ein weiterer zentraler Faktor, der Hass erzeugen kann. Wenn Gruppen um begrenzte und lebenswichtige Ressourcen wie Wasser, Land oder Energie konkurrieren, entstehen oft Feindseligkeiten, die in Hass und Gewalt münden können.

Umweltknappheit und soziale Konflikte

Der Politikwissenschaftler Thomas Homer-Dixon untersucht in seinem Werk "Environment, Scarcity, and Violence", wie Umweltknappheit zu sozialen Konflikten und Gewalt führen kann. Er argumentiert, dass Knappheit und Ungleichheit in der Ressourcennutzung oft Hass und Feindseligkeit zwischen verschiedenen Gruppen verstärken. Ein prominentes Beispiel hierfür sind die Konflikte im Nahen Osten, die häufig durch Wasserknappheit verschärft werden. Staaten wie Israel, Jordanien und Palästina stehen in einem ständigen Wettbewerb um die begrenzten Wasserressourcen des Jordans und des Toten Meeres. Diese Ressourcenkonflikte haben im Laufe der Jahre zu erheblichen Spannungen und Hass zwischen den beteiligten Gruppen geführt.

Landwirtschaftliche Konflikte in Afrika

Ein weiteres Beispiel sind die landwirtschaftlichen Ressourcenkonflikte in Afrika. In vielen Teilen des Kontinents führen klimatische Veränderungen und die daraus resultierende Knappheit an fruchtbarem Land zu Konflikten zwischen verschiedenen ethnischen und sozialen Gruppen. Diese Konflikte, die oft als "ethnische" Kriege bezeichnet werden, haben tiefe ökonomische Wurzeln und zeigen, wie Ressourcenkonflikte Hass und Gewalt fördern können. Studien der International Crisis Group und anderer Organisationen haben gezeigt, dass der Kampf um knappe Ressourcen in Regionen wie Darfur oder den Konflikten in Kenia maßgeblich zur Entstehung von Hass und Gewalt beiträgt.

Soziale Ungleichheit und Hass

Soziale Ungleichheit ist ein weiterer wesentlicher Faktor, der Hass fördern kann. Wenn bestimmte Gruppen systematisch benachteiligt werden und keinen Zugang zu denselben ökonomischen Möglichkeiten haben wie andere, kann dies zu tief verwurzeltem Hass führen.

Ökonomische Ungleichheit und soziale Spannungen

Der Soziologe Pierre Bourdieu hat in seinem Werk "Die feinen Unterschiede" aufgezeigt, wie ökonomische Ungleichheit und soziale

Klassenunterschiede zu Ressentiments und Hass zwischen verschiedenen sozialen Gruppen führen können. Soziale Ungleichheit schafft eine Hierarchie der Macht und des Zugangs zu Ressourcen, die oft als ungerecht empfunden wird und Hass zwischen den sozialen Klassen schürt. Dieses Phänomen zeigt sich deutlich in städtischen Umgebungen, wo wohlhabende und arme Viertel oft eng beieinander liegen, und die Kluft zwischen Arm und Reich sichtbarer und spürbarer ist.

Protestbewegungen und Klassenhass

Ein aktuelles Beispiel für diesen Zusammenhang ist die Bewegung der "Gelbwesten" in Frankreich. Diese Bewegung entstand als Reaktion auf die wachsende soziale und ökonomische Ungleichheit im Land. Viele Teilnehmer der Bewegung äußerten ihren Hass und ihre Wut auf die Elite und die Regierung, die sie für ihre ökonomischen Schwierigkeiten verantwortlich machten. Studien des französischen Soziologen Didier Eribon zeigen, dass diese Form des Klassenhasses tief in den Erfahrungen von Marginalisierung und Ungerechtigkeit verwurzelt ist. Die "Gelbwesten"-Bewegung verdeutlicht, wie ökonomische Benachteiligung und soziale Ungleichheit Hass und Feindseligkeiten schüren können.

Die Untersuchung der ökonomischen Interessen hinter dem Phänomen des Hasses zeigt, dass ökonomische Konkurrenz, Ressourcenkonflikte und soziale Ungleichheit zentrale Treiber dieses destruktiven Gefühls sind. Durch das Verständnis dieser ökonomischen Dimensionen können wir die Ursachen von Hass besser begreifen und möglicherweise Strategien entwickeln, um diese Dynamiken zu entschärfen. Die Erkenntnis, dass Hass oft tief in ökonomischen Strukturen und Ungleichheiten verwurzelt ist, bietet wichtige Einsichten für die Gestaltung gerechterer und friedlicherer Gesellschaften. Ein ganzheitlicher Ansatz, der ökonomische und soziale Faktoren berücksichtigt, ist unerlässlich, um die Wurzeln von Hass zu adressieren und nachhaltigen Frieden zu fördern.

Der Weg zur Radikalisierung: Vom Hasslernen zur Gewaltbereitschaft

Radikalisierung ist ein komplexer und vielschichtiger Prozess, der Individuen und Gruppen von anfänglichen Hassgefühlen bis hin zur Bereitschaft zur Anwendung von Gewalt führt. Diese Entwicklung kann durch eine Vielzahl von Faktoren beeinflusst werden, einschließlich persönlicher Erfahrungen, sozialer Dynamiken und ideologischer Einflüsse. Dieser Text untersucht den Weg zur Radikalisierung, beginnend mit dem Prozess des Hasslernens bis hin zur Ausbildung einer Gewaltbereitschaft, und stützt sich dabei auf aktuelle wissenschaftliche Erkenntnisse und Theorien.

Der Begriff "Hasslernen" beschreibt den Prozess, durch den Individuen und Gruppen negative Einstellungen und Hass gegenüber bestimmten Personen oder Gruppen entwickeln. Dieser Prozess kann durch verschiedene Mechanismen beeinflusst werden, darunter soziale Prägung, Medienkonsum und persönliche Erfahrungen.

Soziale Prägung spielt eine zentrale Rolle im Hasslernen. Familien, Freunde und Gemeinschaften können entscheidend dazu beitragen, wie Individuen die Welt sehen und welche Gruppen sie als "Andere" betrachten. Der Sozialpsychologe Albert Bandura entwickelte die Theorie des sozialen Lernens, die besagt, dass Menschen durch Beobachtung und Nachahmung lernen. Wenn Kinder und Jugendliche in Umgebungen aufwachsen, in denen Vorurteile und Hass gegenüber bestimmten Gruppen vorherrschen, übernehmen sie diese Einstellungen oft unkritisch.

In der Forschung zu radikalen Gruppen zeigt sich, dass soziale Netzwerke und Peer-Gruppen eine entscheidende Rolle bei der Verbreitung extremistischer Ideologien spielen. Der Politikwissenschaftler Marc Sageman betont in seinem Werk "Understanding Terror Networks", dass persönliche Verbindungen und Gruppendynamiken wesentlich dazu beitragen, Individuen in radikale Bewegungen zu ziehen. Radikale Gruppen bieten oft ein starkes Gefühl der Zugehörigkeit und Identität, das besonders für junge Menschen attraktiv ist, die auf der Suche nach einem Sinn und einer Gemeinschaft sind.

Medien und Propaganda sind weitere mächtige Werkzeuge im Prozess des Hasslernens. Extremistische Gruppen nutzen moderne Kommunikationsmittel, um ihre Ideologien zu verbreiten und Anhänger zu rekrutieren. Das Internet und soziale Medien haben diesen Prozess erheblich beschleunigt, indem sie eine Plattform für die Verbreitung von Hassbotschaften bieten.

Forscher wie J.M. Berger und Jonathon Morgan haben in ihrer Untersuchung "The ISIS Twitter Census" gezeigt, wie effektiv terroristische Organisationen soziale Medien nutzen, um Hass zu schüren und neue Mitglieder zu rekrutieren. Durch gezielte Propaganda können diese Gruppen die Wahrnehmung von Ungerechtigkeit und Opferrolle verstärken, was den Hass gegenüber den als Feinde wahrgenommenen Gruppen intensiviert.

Der Übergang von Hassgefühlen zur Radikalisierung ist ein kritischer Punkt, an dem Individuen beginnen, extremistische Ideologien zu übernehmen und sich für gewaltsame Mittel zur Durchsetzung ihrer Ziele zu öffnen. Dieser Prozess wird oft durch spezifische Auslöser oder „Trigger" verstärkt, die bestehende negative Einstellungen radikalisieren.

Eine "kognitive Öffnung" beschreibt den Moment, in dem Individuen offen für neue, oft extremistische Ideen werden. Diese Öffnung kann durch persönliche Krisen, wie den Verlust eines Angehörigen, wirtschaftliche Schwierigkeiten oder Erfahrungen von Diskriminierung und Ungerechtigkeit, ausgelöst werden. Solche Erlebnisse können das Gefühl der Entfremdung verstärken und die Suche nach radikalen Lösungen und Gemeinschaften anregen.

Der Soziologe Quintan Wiktorowicz beschreibt in seinem Modell der „kognitiven Öffnung" die Bedeutung von Mentoren und ideologischen Führern, die diese verletzlichen Individuen in radikale Netzwerke integrieren. Durch intensive ideologische Indoktrination werden die neuen Mitglieder auf die Ideologie eingeschworen und beginnen, Gewalt als legitimes Mittel zur Erreichung ihrer Ziele zu betrachten.

Radikale Gruppen bieten ihren Mitgliedern oft eine starke Gemeinschaft und ein Gefühl der Identität, das sie in der Mainstream-Gesellschaft möglicherweise nicht finden. Die Gruppenzugehörigkeit verstärkt die ideologischen Überzeugungen und fördert die Bereitschaft, für die Gruppe Opfer zu bringen. Der Anthropologe Scott Atran betont in seinem Werk "Talking to the Enemy", dass die Bindung zu einer Gruppe und die damit verbundene soziale Identität eine entscheidende Rolle bei der Bereitschaft zur Gewalt spielen.

Die Bereitschaft zur Gewalt entwickelt sich meist schrittweise und ist das Ergebnis eines längeren Prozesses der Dehumanisierung und der ideologischen Legitimation von Gewalt.
Dehumanisierung des Feindes

Ein zentraler Mechanismus in der Entwicklung der Gewaltbereitschaft ist die Dehumanisierung des Feindes. Durch die Darstellung der Zielgruppe als weniger menschlich oder als Bedrohung wird es einfacher, Gewalt gegen sie zu rechtfertigen. Studien von Albert Bandura und anderen haben gezeigt, dass Dehumanisierung ein Schlüsselmechanismus ist, der es Individuen ermöglicht, moralische Hemmungen abzubauen und gewaltsames Verhalten zu rationalisieren.

Radikale Ideologien liefern oft eine moralische Rechtfertigung für Gewalt. Durch religiöse, politische oder ethnische Narrative wird Gewalt als notwendiges und gerechtes Mittel dargestellt, um die Gruppe zu schützen oder die Welt zu verbessern. David Rapoport, ein Experte für Terrorismus, beschreibt in seiner "Four Waves of Modern Terrorism"-Theorie, wie unterschiedliche ideologische Wellen (anarchistisch, anti-kolonial, links-revolutionär, religiös) Gewalt als Mittel zur Erreichung ihrer Ziele nutzen.

Der Weg zur Radikalisierung ist ein komplexer Prozess, der durch eine Vielzahl von Faktoren beeinflusst wird. Vom Hasslernen über soziale Prägung und Medienpropaganda bis hin zur ideologischen Indoktrination und Dehumanisierung des Feindes – jeder dieser Schritte trägt zur Entwicklung von Gewaltbereitschaft bei. Ein tiefes Verständnis dieser Mechanismen ist entscheidend, um effektive Strategien zur Prävention und Intervention zu entwickeln. Die Erkenntnis, dass Radikalisierung nicht über Nacht geschieht, sondern das Ergebnis eines langwierigen Prozesses ist, bietet wertvolle Einsichten für Forscher, Politiker und Praktiker, die sich mit der Bekämpfung von Extremismus und Terrorismus befassen.

Die Mediatisierung von Hass bezieht sich auf den Prozess, durch den Hassbotschaften und feindselige Ideologien durch Massenmedien und soziale Plattformen verbreitet und verstärkt werden. In einer zunehmend vernetzten Welt spielen Medien eine entscheidende Rolle bei der Formung öffentlicher Meinungen und Emotionen. Dieser Text untersucht die verschiedenen Mechanismen und Auswirkungen der Mediatisierung von Hass, wobei sowohl traditionelle Massenmedien als auch moderne soziale Plattformen berücksichtigt werden.

Massenmedien haben die Macht, die öffentliche Wahrnehmung und das Bewusstsein für bestimmte Themen zu formen, ein Konzept, das als Agenda-Setting bekannt ist. Durch die Auswahl und Betonung bestimmter Nachrichten und Ereignisse können Medien entscheiden, welche Themen in der öffentlichen Diskussion dominieren. Der Kommunikationswissenschaftler Maxwell McCombs beschreibt in seiner Agenda-Setting-Theorie, wie Medien durch ihre Berichterstattung die Themenhierarchie der Öffentlichkeit beeinflussen.

Ein weiteres verwandtes Konzept ist das Framing. Entsprechend der Framing-Theorie von Erving Goffman beeinflussen Medien nicht nur, worüber gesprochen wird, sondern auch wie darüber gesprochen wird. Durch die Art und Weise, wie Ereignisse und Personen dargestellt werden, können Medien bestimmte Interpretationen und Emotionen fördern. Wenn beispielsweise Migration hauptsächlich im Kontext von Kriminalität und Bedrohung berichtet wird, kann dies Fremdenfeindlichkeit und Hass gegenüber Migranten verstärken.

Massenmedien neigen dazu, sensationelle und emotionale Inhalte zu bevorzugen, da diese mehr Aufmerksamkeit und höhere Einschaltquoten generieren. Dieses Streben nach Aufmerksamkeit kann dazu führen, dass Hass und Konflikte überbetont werden. Der Soziologe John Thompson argumentiert in seinem Buch "The Media and Modernity", dass Medien durch die Betonung extremer und kontroverser Inhalte gesellschaftliche Spannungen und Polarisation verstärken können.

Die Rolle der sozialen Plattformen

Soziale Plattformen bieten eine einzigartige Umgebung für die Verbreitung von Hassbotschaften. Die Architektur sozialer Medien, die auf Algorithmen basiert, die Engagement maximieren sollen, begünstigt die Verbreitung von emotional aufgeladenen und polarisierenden Inhalten. Dies wird durch die Arbeiten von Sinan Aral und anderen Forschern bestätigt, die in ihrer Studie "The Spread of True and False News Online" zeigen, dass falsche und sensationelle Nachrichten sich schneller und weiter verbreiten als wahrheitsgemäße Informationen.

Ein weiteres Phänomen, das zur Verbreitung von Hass in sozialen Medien beiträgt, sind Echokammern und Filterblasen. Diese Begriffe beschreiben die Tendenz von sozialen Medien, Nutzer in homogene Gruppen zu segmentieren, in denen sie hauptsächlich Informationen und Meinungen sehen, die ihren eigenen Ansichten entsprechen. Der Kommunikationswissenschaftler Eli Pariser prägte den Begriff "Filterblase" und warnte vor den Risiken, die entstehen, wenn Menschen nur noch Informationen konsumieren, die ihre bestehenden Überzeugungen bestätigen.

Echokammern und Filterblasen können die Polarisierung verstärken und Hass fördern, indem sie den Anschein erwecken, dass extremistische Ansichten weit verbreitet und akzeptiert sind. Studien von Cass Sunstein in seinem Buch "Going to Extremes" zeigen, dass Gruppen, die hauptsächlich untereinander kommunizieren, dazu neigen, extremere Positionen zu entwickeln und zu verstärken.

Emotionen spielen eine zentrale Rolle bei der Verbreitung von Hass-botschaften. Sowohl Massenmedien als auch soziale Plattformen nutzen emotionale Mobilisierung, um die Aufmerksamkeit der Nutzer zu gewinnen und zu halten. Der Psychologe Jonathan Haidt erklärt in seinem Buch "The Righteous Mind", dass emotionale Appelle beson-ders effektiv sind, um moralische Empörung und Hass zu wecken.

Ein weiterer Mechanismus der Mediatisierung von Hass ist die Dehu-manisierung und Stereotypisierung von bestimmten Gruppen. Medi-enberichte und Online-Inhalte, die Gruppen als weniger menschlich oder als Bedrohung darstellen, können Vorurteile und Hass verstär-ken. Der Sozialpsychologe Herbert Blumer argumentierte, dass Ste-reotypen und Vorurteile oft durch Medien vermittelt und verstärkt werden, indem sie bestehende soziale Hierarchien und Machtstruk-turen reflektieren.

Die Verbreitung von Hass durch Medien kann zu sozialer Spaltung und Gewalt führen. Historische Beispiele wie der Völkermord in Ru-anda zeigen, wie Radiopropaganda genutzt wurde, um ethnischen Hass zu schüren und Gewalt zu fördern. Der Politikwissenschaftler Scott Straus hat in seiner Analyse "The Order of Genocide" gezeigt, wie Medien eine entscheidende Rolle bei der Mobilisierung von Ge-walt spielen können.

Die Mediatisierung von Hass kann auch die Qualität des demokrati-schen Diskurses beeinträchtigen. Wenn Hass und Feindseligkeit den öffentlichen Raum dominieren, wird der konstruktive Dialog er-schwert. Der Politikwissenschaftler Jürgen Habermas betont in sei-ner Theorie des kommunikativen Handelns die Bedeutung eines rati-onalen und inklusiven Diskurses für die Demokratie. Hassbotschaf-ten und Polarisierung gefährden diese Prinzipien und können die de-mokratische Kultur schwächen.

Die Mediatisierung von Hass ist ein vielschichtiges Phänomen, das sowohl traditionelle Massenmedien als auch moderne soziale Plattformen umfasst. Durch Mechanismen wie Agenda-Setting, Framing, emotionale Mobilisierung und die Schaffung von Echokammern tragen Medien entscheidend zur Verbreitung und Verstärkung von Hass bei. Die Auswirkungen dieser Prozesse sind tiefgreifend und können zu sozialer Spaltung, Gewalt und einer Beeinträchtigung des demokratischen Diskurses führen. Ein tieferes Verständnis der Mediatisierung von Hass ist unerlässlich, um Strategien zur Bekämpfung von Hass und zur Förderung eines konstruktiven öffentlichen Diskurses zu entwickeln.

Hass als politisches Instrument: Manipulation, Mobilisierung und Macht

Hass als politisches Instrument ist ein Phänomen, das tief in der Geschichte verwurzelt ist und in der modernen Politik weiterhin eine bedeutende Rolle spielt. Politische Akteure nutzen Hass, um Emotionen zu manipulieren, Unterstützer zu mobilisieren und Macht zu konsolidieren. Dieser Text untersucht die Mechanismen, durch die Hass in der Politik instrumentalisiert wird, und analysiert die Auswirkungen auf Gesellschaften und politische Systeme.

Hass wurde in der Geschichte wiederholt als Mittel zur Durchsetzung politischer Ziele eingesetzt. Beispiele dafür finden sich in verschiedenen Epochen und Kulturen, von den Hetzkampagnen im antiken Rom bis hin zu den Propagandastrategien totalitärer Regime im 20. Jahrhundert. Der Historiker Ian Kershaw beschreibt in seinem Buch *Hitler* die Rolle von antisemitischem Hass in der Nazi-

Propaganda, die systematisch genutzt wurde, um die Bevölkerung zu mobilisieren und die Macht der NSDAP zu festigen.

Der Politikwissenschaftler Roger Eatwell unterscheidet in seiner Analyse zwischen "emotionalem" und "strategischem" Hass. Emotionaler Hass entsteht spontan aus tiefen Vorurteilen und Ressentiments, während strategischer Hass bewusst von politischen Akteuren geschürt wird, um bestimmte Ziele zu erreichen. Diese Unterscheidung ist entscheidend für das Verständnis der Instrumentalisierung von Hass in der Politik.

Mechanismen der Manipulation und Mobilisierung

Die Schaffung und Pflege von Feindbildern ist ein zentraler Mechanismus der politischen Manipulation durch Hass. Politische Akteure identifizieren bestimmte Gruppen als Sündenböcke, um die Aufmerksamkeit von eigenen Fehlern und Problemen abzulenken und soziale Kohäsion innerhalb der eigenen Anhängerschaft zu stärken. Der Sozialpsychologe Henri Tajfel beschreibt in seiner Theorie der sozialen Identität, wie die Abgrenzung von "anderen" Gruppen die Identität und den Zusammenhalt innerhalb der eigenen Gruppe stärkt.

Propaganda ist ein mächtiges Werkzeug zur Verbreitung von Hass und zur Manipulation der öffentlichen Meinung. Der Kommunikationswissenschaftler Garth S. Jowett definiert Propaganda in seinem Buch *Propaganda and Persuasion* als den bewussten Versuch, Einstellungen und Verhalten zu beeinflussen, um eine Antwort zu erzeugen, die die gewünschte Absicht des Propagandisten fördert. Politische Führer nutzen oft emotionale und vereinfachende Rhetorik, um Hass zu schüren und ihre Botschaften zu verstärken.

Ein klassisches Beispiel dafür ist die antisemitische Propaganda des Dritten Reiches, die in Joseph Goebbels' Reden und den

Veröffentlichungen des Völkischen Beobachters manifest wurde. Diese Propaganda zielte darauf ab, Juden als Hauptfeinde des deutschen Volkes darzustellen und somit Hass und Gewalt gegen sie zu legitimieren.

In der modernen Welt haben soziale Medien die Dynamik der Hassverbreitung grundlegend verändert. Plattformen wie Facebook, Twitter und YouTube ermöglichen es politischen Akteuren, Hassbotschaften schnell und effizient an ein breites Publikum zu verbreiten. Untersuchungen von Soroush Vosoughi, Deb Roy und Sinan Aral zeigen in ihrer Studie *The spread of true and false news online*, dass falsche und polarisierende Nachrichten sich schneller und weiter verbreiten als neutrale Informationen, was die Verbreitung von Hass und Extremismus begünstigt.

Hass wird oft genutzt, um politische Unterstützung zu mobilisieren. Durch die Schaffung eines gemeinsamen Feindes können politische Führer ihre Anhänger vereinen und ihre Basis stärken. Der Politikwissenschaftler Donald P. Green und der Soziologe Alan S. Gerber zeigen in ihrer Forschung, dass emotionale Mobilisierung, insbesondere durch negative Kampagnen, die Wahlbeteiligung und das politische Engagement erhöhen kann.

Politische Akteure nutzen Hass auch, um von eigenen Fehlern und Missständen abzulenken. Durch die Fokussierung auf äußere oder innere Feinde können sie die Aufmerksamkeit der Öffentlichkeit von innenpolitischen Problemen ablenken und gleichzeitig ihre eigene Macht legitimieren. Der Politikwissenschaftler Edward N. Luttwak beschreibt in seinem Buch *Coup d'État: A Practical Handbook*, wie Diktaturen oft äußere Bedrohungen inszenieren, um die Notwendigkeit autoritärer Maßnahmen zu rechtfertigen.

Hass kann auch als Werkzeug der Unterdrückung und Einschüchterung dienen. Regierungen und politische Bewegungen nutzen Hass, um oppositionelle Gruppen zu marginalisieren und zu unterdrücken. Der Menschenrechtsaktivist und Politikwissenschaftler Richard Ashby Wilson analysiert in seinem Werk *Incitement on Trial* die rechtlichen und politischen Implikationen der Hassrede und zeigt auf, wie sie als Mittel zur Unterdrückung politischer Gegner eingesetzt wird.

Die Instrumentalisierung von Hass führt oft zu tiefer gesellschaftlicher Polarisierung und Spaltung. Politische Lager werden zunehmend unversöhnlich, was den sozialen Zusammenhalt und die Fähigkeit zur konstruktiven Auseinandersetzung untergräbt. Der Soziologe Arlie Russell Hochschild beschreibt in ihrem Buch *Strangers in Their Own Land* die Auswirkungen dieser Polarisierung auf die amerikanische Gesellschaft und betont die Rolle von Hass und Feindbildern in diesem Prozess.

Ein weiteres schwerwiegendes Ergebnis der politischen Instrumentalisierung von Hass ist die Zunahme von Gewalt und Extremismus. Wenn Hassbotschaften intensiviert und legitimiert werden, sinkt die Hemmschwelle für gewaltsame Handlungen. Der Politikwissenschaftler Mark Juergensmeyer analysiert in seinem Buch *Terror in the Mind of God* die religiösen und politischen Wurzeln extremistischer Gewalt und zeigt, wie Hassideologien zu Terrorismus führen können.

Die Nutzung von Hass als politisches Instrument kann auch die demokratischen Institutionen und Prozesse erodieren. Wenn politische Debatten von Hass und Feindseligkeit dominiert werden, werden rationale Diskurse und Kompromisse erschwert. Der Politikwissenschaftler Steven Levitsky und der Jurist Daniel Ziblatt warnen in ihrem Buch *How Democracies Die* vor den Gefahren, die von der zunehmenden Instrumentalisierung von Hass und Polarisierung für demokratische Systeme ausgehen.

Hass als politisches Instrument ist ein mächtiges, aber gefährliches Werkzeug, das tiefgreifende Auswirkungen auf Gesellschaft und Politik haben kann. Durch die Manipulation von Emotionen, die Mobilisierung von Anhängern und die Festigung von Machtstrukturen können politische Akteure Hass nutzen, um ihre Ziele zu erreichen. Die daraus resultierende Polarisierung, Gewalt und Erosion demokratischer Institutionen stellen ernsthafte Herausforderungen dar, die ein tiefes Verständnis und gezielte Gegenmaßnahmen erfordern. Ein umfassendes Studium der Mechanismen und Auswirkungen von Hass in der Politik ist daher unerlässlich, um die Integrität und Stabilität politischer Systeme zu bewahren.

Kulturelle Unterschiede im Lernen von Hass: Ein interkultureller Vergleich

Das Lernen von Hass ist ein komplexer Prozess, der von einer Vielzahl von Faktoren beeinflusst wird, darunter individuelle Erfahrungen, familiäre und gesellschaftliche Einflüsse sowie kulturelle und historische Kontexte. Kulturelle Unterschiede spielen eine entscheidende Rolle dabei, wie Hass gelernt und manifestiert wird. Dieser Text untersucht die Mechanismen des Hasserlernens in verschiedenen Kulturen und vergleicht die interkulturellen Unterschiede, um ein tieferes Verständnis für die sozialen und psychologischen Prozesse zu gewinnen, die Hass weltweit prägen.

Die Sozialisationstheorie betont die Rolle von Familie, Schule, Peers und Medien bei der Vermittlung von Werten und Normen. Der Soziologe Pierre Bourdieu prägte den Begriff des "Habitus", der beschreibt, wie kulturelle Prägungen und soziale Erfahrungen das Verhalten und die Wahrnehmung eines Individuums formen. In verschiedenen Kulturen sind die Mechanismen der Sozialisation unterschiedlich strukturiert, was zu unterschiedlichen Formen des Hasserlernens führt.

Die Theorie der sozialen Identität von Henri Tajfel und John Turner erklärt, wie Individuen ihre Identität in Bezug auf die Zugehörigkeit zu sozialen Gruppen definieren. Diese Theorie hilft zu verstehen, wie interkulturelle Unterschiede in der Gruppenzugehörigkeit und -abgrenzung zur Entstehung und Verbreitung von Hass beitragen können. In verschiedenen Kulturen gibt es unterschiedliche "Feindbilder", die je nach historischen, politischen und sozialen Kontexten variieren.

In Deutschland hat das kollektive Gedächtnis des Holocaust und des Zweiten Weltkriegs einen tiefgreifenden Einfluss auf die Art und Weise, wie Hass gelernt und weitergegeben wird. Die Erinnerungskultur und die Bemühungen zur Aufarbeitung der Vergangenheit spielen eine wichtige Rolle bei der Bekämpfung von Antisemitismus und Rassismus. Der Historiker Aleida Assmann betont in ihrem Werk "Erinnerungsräume", wie das kollektive Gedächtnis und die historische Aufarbeitung das soziale Lernen und die Einstellung gegenüber Minderheiten beeinflussen.

In den Vereinigten Staaten spielen Rassenbeziehungen und die Geschichte der Sklaverei eine zentrale Rolle beim Lernen von Hass. Der Soziologe Joe R. Feagin beschreibt in seinem Buch "Racist America", wie struktureller Rassismus und institutionalisierte Diskriminierung die sozialen Erfahrungen und Einstellungen von Generationen prägen. Die Black Lives Matter-Bewegung und die anhaltenden Debatten über Polizeigewalt und systemischen Rassismus verdeutlichen, wie tief verwurzelte rassistische Vorurteile und Hass in der amerikanischen Gesellschaft sind.

In Indien sind religiöse Spannungen und Konflikte ein bedeutender Faktor beim Lernen von Hass. Die Historikerin Romila Thapar analysiert in ihrem Werk "The Past as Present", wie historische Narrative und religiöse Identitäten genutzt werden, um Feindbilder zu konstruieren und interreligiösen Hass zu schüren. Die Konflikte zwischen Hindus und Muslimen sowie die Gewalt gegen religiöse Minderheiten zeigen, wie Hass durch politische und religiöse Führer instrumentalisiert wird.

Im Nahen Osten spielen ethnisch-religiöser Nationalismus und langjährige Konflikte eine entscheidende Rolle beim Lernen von Hass. Der Politikwissenschaftler Bernard Lewis beschreibt in seinem Buch "The Middle East: A Brief History of the Last 2,000 Years" die historischen Wurzeln und die Auswirkungen ethnisch-religiöser Konflikte auf die heutigen Gesellschaften. Der israelisch-palästinensische Konflikt ist ein Beispiel dafür, wie Hass durch historische Narrative, politische Ideologien und soziale Ungerechtigkeiten verstärkt wird.

In vielen Kulturen spielt die familiäre Erziehung eine zentrale Rolle beim Lernen von Hass. Eltern und nahe Bezugspersonen vermitteln oft bewusst oder unbewusst Vorurteile und negative Einstellungen gegenüber bestimmten Gruppen. Der Entwicklungspsychologe Urie Bronfenbrenner betont in seiner ökologischen Systemtheorie, wie verschiedene Umwelteinflüsse, einschließlich Familie, Schule und Gemeinde, die Entwicklung von Einstellungen und Verhaltensweisen beeinflussen.

Bildungssysteme und Lehrpläne tragen wesentlich zur Vermittlung von Werten und Normen bei. In einigen Kulturen werden Geschichtsbücher und Lehrpläne genutzt, um bestimmte Narrative und Feindbilder zu fördern. Der Pädagoge Paulo Freire argumentiert in seinem

Buch "Pädagogik der Unterdrückten", dass Bildung sowohl ein Mittel zur Befreiung als auch zur Unterdrückung sein kann, abhängig davon, wie Wissen und Ideologie vermittelt werden.

Medien und Populärkultur haben einen starken Einfluss auf die Verbreitung von Hassbotschaften. In vielen Kulturen werden Medien genutzt, um stereotype Bilder und negative Einstellungen gegenüber bestimmten Gruppen zu verbreiten. Der Kommunikationswissenschaftler Marshall McLuhan betont in seiner Medientheorie die Rolle der Medien als "Verlängerungen des Menschen", die die Wahrnehmung und das Verhalten beeinflussen.

Kulturelle Unterschiede im Lernen von Hass haben tiefgreifende Auswirkungen auf die soziale Kohäsion und das Ausmaß von Konflikten in einer Gesellschaft. Gesellschaften, in denen Hass und Vorurteile weit verbreitet sind, erleben häufig höhere Gewalt- und Konfliktniveaus. Der Politikwissenschaftler Robert D. Putnam zeigt in seinem Buch "Bowling Alone", wie soziale Fragmentierung und der Mangel an sozialem Kapital zu einem Rückgang des gesellschaftlichen Zusammenhalts führen können.

Die Verbreitung von Hass kann auch die politische Stabilität und Entwicklung einer Nation beeinflussen. Gesellschaften, die von Hass und Vorurteilen geprägt sind, haben oft Schwierigkeiten, stabile und inklusive politische Institutionen zu entwickeln. Der Ökonom Daron Acemoglu und der Politikwissenschaftler James A. Robinson argumentieren in ihrem Buch "Why Nations Fail", dass politische und wirtschaftliche Institutionen, die auf Inklusion und Gleichheit basieren, entscheidend für nachhaltige Entwicklung und Stabilität sind.

Individuen, die in Kulturen aufwachsen, in denen Hass weit verbreitet ist, können negative Auswirkungen auf ihr Wohlbefinden und ihre psychische Gesundheit erfahren. Der Psychologe Gordon Allport beschreibt in seiner Theorie der Vorurteile, wie anhaltende Diskriminierung und Feindseligkeit zu Angst, Stress und anderen psychischen Gesundheitsproblemen führen können.

Kulturelle Unterschiede im Lernen von Hass sind ein komplexes und vielschichtiges Phänomen, das tief in den sozialen, historischen und politischen Kontexten verschiedener Gesellschaften verwurzelt ist. Durch die Untersuchung der Mechanismen und Auswirkungen des Hasserlernens in verschiedenen Kulturen können wir ein besseres Verständnis für die Dynamiken von Vorurteilen und Feindseligkeiten entwickeln. Dieses Wissen ist entscheidend, um Strategien zur Bekämpfung von Hass und zur Förderung von Toleranz und sozialem Zusammenhalt zu entwickeln.

Strategien zur Dekonstruktion von Hass: Bildung, Aufklärung und Reflexion

Hass ist eine emotionale Reaktion, die durch tief verwurzelte Vorurteile und Feindseligkeiten genährt wird. Um den Kreislauf des Hasses zu durchbrechen, bedarf es gezielter Strategien, die Bildung, Aufklärung und Reflexion beinhalten. Diese Strategien können helfen, tief sitzende Vorurteile abzubauen, Empathie zu fördern und soziale Kohäsion zu stärken. In diesem Kapitel werden verschiedene Ansätze zur Dekonstruktion von Hass untersucht und ihre Wirksamkeit anhand wissenschaftlicher Studien und theoretischer Überlegungen beleuchtet.

Bildung ist ein zentraler Faktor bei der Bekämpfung von Hass. Der Pädagoge Paulo Freire betont in seiner *Pädagogik der Unterdrückten* die Bedeutung von Bildung als Mittel zur Befreiung und Emanzipation. Bildung kann Individuen befähigen, kritisch zu denken,

Vorurteile zu hinterfragen und ein tieferes Verständnis für die Komplexität sozialer und kultureller Unterschiede zu entwickeln.

Interkulturelle Bildung zielt darauf ab, Wissen über verschiedene Kulturen zu vermitteln und interkulturelle Kompetenzen zu fördern. Sie hilft, Stereotype abzubauen und fördert die Wertschätzung kultureller Vielfalt. Die Bildungsforscherin Christina A. Torres argumentiert, dass interkulturelle Bildung nicht nur Wissen vermittelt, sondern auch Einstellungen und Verhaltensweisen positiv beeinflussen kann. In ihrem Artikel "The Impact of Intercultural Education on Ethnic Tolerance" zeigt sie, dass Schüler, die an interkulturellen Bildungsprogrammen teilnehmen, signifikant tolerantere Einstellungen gegenüber ethnischen Minderheiten entwickeln.

Antirassismus- und Antidiskriminierungserziehung sind spezifische Ansätze innerhalb der Bildung, die darauf abzielen, rassistische und diskriminierende Einstellungen aktiv zu bekämpfen. Der Sozialpsychologe Gordon Allport beschreibt in seiner Theorie der Vorurteile, dass Kontakt und Interaktion zwischen verschiedenen Gruppen, wenn sie unter bestimmten Bedingungen stattfinden, dazu beitragen können, Vorurteile abzubauen. Programme, die positive Interaktionen fördern, können somit effektiv zur Reduktion von Hass beitragen. Medienkompetenz ist entscheidend, um den Einfluss von Hasspropaganda und Desinformation zu minimieren. Der Kommunikationswissenschaftler Renee Hobbs betont in ihrem Werk "Digital and Media Literacy: Connecting Culture and Classroom" die Bedeutung von Medienbildung, um kritisches Denken zu fördern und die Fähigkeit zu entwickeln, zwischen vertrauenswürdigen und irreführenden Informationen zu unterscheiden. Aufklärungskampagnen, die Medienkompetenz stärken, können dazu beitragen, die Verbreitung von Hassbotschaften zu verhindern.

Die Aufarbeitung und Vermittlung historischer Ereignisse, insbesondere solcher, die mit Hass und Gewalt verbunden sind, spielt eine wichtige Rolle bei der Dekonstruktion von Hass. Der Historiker David Irving erklärt in seinem Buch "Holocaust Education: Promise, Practice, Power and Potential", dass eine fundierte historische Bildung über den Holocaust und andere Genozide das Bewusstsein für die verheerenden Folgen von Hass schärfen und zur Prävention zukünftiger Gewalt beitragen kann.

Aufklärungskampagnen in der Öffentlichkeit können dazu beitragen, das Bewusstsein für die Gefahren von Hass und Vorurteilen zu schärfen. Kampagnen wie "Love Has No Labels" der Ad Council in den USA zeigen, wie visuelle und emotionale Appelle genutzt werden können, um Stereotype zu hinterfragen und Empathie zu fördern. Solche Kampagnen können eine breite Öffentlichkeit erreichen und zu einer Veränderung sozialer Normen beitragen.

Selbstreflexion ist ein wesentlicher Bestandteil des Prozesses zur Dekonstruktion von Hass. Der Psychologe Carl Rogers betont in seiner humanistischen Theorie die Bedeutung von Selbstbewusstsein und persönlichem Wachstum. Durch Selbstreflexion können Individuen ihre eigenen Vorurteile erkennen und hinterfragen. Der Prozess der Bewusstseinsbildung, wie er in Programmen zur Förderung emotionaler Intelligenz und Achtsamkeit eingesetzt wird, kann dazu beitragen, eine tiefere Empathie und ein besseres Verständnis für andere zu entwickeln.

Dialogische Ansätze, die auf interpersonale Kommunikation setzen, sind ebenfalls wirksam bei der Dekonstruktion von Hass. Der Philosoph Martin Buber unterscheidet in seinem Werk "Ich und Du" zwischen dem "Ich-Es"- und dem "Ich-Du"-Verhältnis. Während das "Ich-Es"-Verhältnis durch Objektifizierung und Distanz geprägt ist, basiert das "Ich-Du"-Verhältnis auf echter Begegnung und

Anerkennung des Anderen als Subjekt. Dialogprogramme, die auf dieser Philosophie basieren, fördern tiefgehende Gespräche und Verständnis zwischen verschiedenen Gruppen.

Therapeutische Ansätze, insbesondere solche, die auf Gruppentherapie und Versöhnung zielen, können ebenfalls zur Dekonstruktion von Hass beitragen. Der Psychologe James Gilligan beschreibt in seinem Buch "Preventing Violence" verschiedene therapeutische Methoden, die dazu beitragen, tief sitzende Feindseligkeiten und Ressentiments zu bearbeiten und zu überwinden. Solche Ansätze können in Gemeinschaften, die von langanhaltenden Konflikten betroffen sind, besonders effektiv sein.

Nach dem Ende der Apartheid in Südafrika spielte die Wahrheits- und Versöhnungskommission (TRC) eine zentrale Rolle bei der Dekonstruktion von Hass und der Förderung nationaler Versöhnung. Der Politikwissenschaftler John Dugard beschreibt in seinem Buch "Human Rights and the South African Legal Order" die Arbeit der TRC und betont, wie wichtig es ist, Wahrheit und Gerechtigkeit miteinander zu verbinden, um eine nachhaltige Versöhnung zu erreichen. Die öffentliche Aufarbeitung von Menschenrechtsverletzungen und die Förderung des Dialogs trugen wesentlich dazu bei, Hass abzubauen und das gesellschaftliche Zusammenleben zu verbessern.

In Deutschland ist die Erinnerungskultur ein wesentlicher Bestandteil der Bemühungen zur Dekonstruktion von Hass. Gedenkstätten, Bildungsprogramme und öffentliche Debatten über die NS-Vergangenheit und den Holocaust spielen eine zentrale Rolle dabei, das Bewusstsein für die Gefahren von Rassismus und Antisemitismus zu schärfen. Die Historikerin Aleida Assmann argumentiert in ihrem Buch "Der lange Schatten der Vergangenheit", dass eine aktive

Auseinandersetzung mit der Geschichte entscheidend ist, um die Mechanismen des Hasses zu verstehen und zu überwinden.

Nach dem Genozid von 1994 hat Ruanda verschiedene Versöhnungsprogramme eingeführt, um Hass abzubauen und nationale Einheit zu fördern. Die Politikwissenschaftlerin Phil Clark beschreibt in ihrem Buch "The Gacaca Courts, Post-Genocide Justice and Reconciliation in Rwanda" die Bedeutung traditioneller Gacaca-Gerichte für die Versöhnungsarbeit. Diese Gerichte ermöglichten es, Täter und Opfer zusammenzubringen und den Prozess der Vergebung und Wiedergutmachung zu fördern.

Die Dekonstruktion von Hass erfordert einen ganzheitlichen Ansatz, der Bildung, Aufklärung und Reflexion integriert. Bildung kann Vorurteile abbauen und interkulturelle Kompetenzen fördern, Aufklärungskampagnen können das Bewusstsein für die Gefahren von Hass schärfen, und Reflexionsprozesse können tief sitzende Feindseligkeiten hinterfragen und überwinden. Empirische Fallstudien zeigen, dass solche Ansätze erfolgreich zur Reduktion von Hass und zur Förderung sozialer Kohäsion beitragen können. Eine nachhaltige Strategie zur Bekämpfung von Hass muss daher auf diesen drei Säulen basieren, um langfristige Veränderungen zu bewirken.

Hass lernen in totalitären Regimen: Gehirnwäsche und Massenmanipulation

Totalitäre Regime nutzen systematisch Gehirnwäsche und Massenmanipulation, um Hass zu schüren und ihre Macht zu festigen. Diese Techniken dienen dazu, individuelle Denkweisen und Verhaltensweisen so zu beeinflussen, dass sie den Zielen des Regimes entsprechen. Der vorliegende Text untersucht die Mechanismen und Methoden, die totalitäre Systeme verwenden, um Hass zu lernen und zu verbreiten, und analysiert die psychologischen und sozialen Auswirkungen dieser Praktiken.

Der Politikwissenschaftler Carl Joachim Friedrich definiert Totalitarismus als ein politisches System, das durch eine allumfassende Ideologie, eine einzige Massenpartei, totale Kontrolle über das Militär und die Medien sowie eine systematische Überwachung und Terrorherrschaft gekennzeichnet istäre Regime wie das nationalsozialistische Deutschland und die Sowjetunion unter Stalin haben gezeigt, wie mächtig und verheerend solche Systeme sein können.

Der Begriff "Gehirnwäsche" wurde erstmals während des Koreakrieges populär, um die systematische Umformung von Überzeugungen durch totalitäre Regime zu beschreiben. Der Psychologe Robert Jay Lifton definierte Gehirnwäsche als einen Prozess, bei dem intensive, oft brutale Techniken eingesetzt werden, um die Denkweise und Überzeugungen von Individuen zu verändern . Klassionierung, wie von Iwan Pawlow beschrieben, und operante Konditionierung, wie von B.F. Skinner erläutert, bieten theoretische Grundlagen für das Verständnis, wie Verhaltensänderungen durch positive und negative Verstärkung erreicht werden können .

Totalitäre Regime nutzen Propaganda, um Informationen zu kontrollieren und ihre Ideologie zu verbreiten. Joseph Goebbels, der Propagandaminister des Dritten Reiches, nutzte gezielte Propagandamaßnahmen, um antisemitischen Hass zu schüren und die Bevölkerung zu manipulieren. Der Kommunikationswissenschaftler Harold Lasswell beschrieb in seiner Arbeit "Propaganda Technique in the World War" die Rolle der Propaganda bei der Beeinflussung öffentlicher Meinung und der Mobilisierung von Hass .

Indoktrination und Bildungsysteme in totalitären Staaten werden oft genutzt, um die Ideologie des Regimes zu indoktrinieren. Lehrpläne und Unterrichtsmaterialien werden so gestaltet, dass sie die gewünschte Weltanschauung vermitteln und Feindbilder etablieren. In der Sowjetunion wurden beispielsweise Schulbücher verwendet, um Klassenfeinde zu dämonisieren und den sozialistischen Realismus zu fördern .

Überwacepression sind zentrale Instrumente totalitärer Regime, um abweichende Meinungen zu unterdrücken und Konformität zu erzwingen. George Orwell beschrieb in seinem Roman "1984" eindrücklich, wie Überwachung und Kontrolle durch den Staat genutzt werden, um individuelle Freiheiten zu unterdrücken und Hass gegen imaginäre Feinde zu schüren .
Massendemonstrationen und Rallies

Massendemen und politische Rallies werden genutzt, um die Massen zu mobilisieren und Hass gegen ausgewählte Feindbilder zu schüren. In Nazi-Deutschland waren die Nürnberger Rallies ein zentrales Instrument, um die Massen durch Inszenierung und Rhetorik zu beeinflussen. Der Historiker Ian Kershaw analysierte in seinem Buch "Hitler: A Biography" die Bedeutung dieser Rallies für die Verbreitung der nationalsozialistischen
Ein zentrales Element der Hasspropaganda in totalitären Regimen ist die Dehumanisierung von Feindbildern. Der Sozialpsychologe Herbert C. Kelman beschreibt in seinem Artikel "Violence Without Moral Restraint: Reflections on the Dehumanization of Victims and Victimizers" die Prozesse, durch die Menschen ihrer Menschlichkeit beraubt werden, um Gewalt und Hass zu rechtfertigen .

Der Psychologe Solomon Asch führte Experimente zur Konformität durch, die zeigten, wie Gruppenmehrheiten individuelle Urteile beeinflussen können. Totalitäre Regime nutzen diese Tendenz zur Konformität, um Hass und Vorurteile zu verstärken. Die sozialpsychologischen Mechanismen, die Asch identifizierte, sind in totalitären Systemen besonders wirksam, da sie durch Propaganda und Überwachung verstärkt werden .

Die lang psychologischen Auswirkungen der Gehirnwäsche und Massenmanipulation in totalitären Regimen sind tiefgreifend. Individuen, die solchen Techniken ausgesetzt sind, können schwere Traumata und psychische Störungen entwickeln. Der Soziologe Jeffrey Alexander beschreibt in seinem Werk "Trauma: A Social Theory" die kollektiven Traumata, die durch systematische Unterdrückung und Gewalt entstehen, und ihre Auswirkungen auf das soziale Gefüge .

Das Dritte Reiionalsozialistische Deutschland ist ein Paradebeispiel für die Nutzung von Gehirnwäsche und Massenmanipulation zur Verbreitung von Hass. Die antisemitische Propaganda und die systematische Verfolgung und Vernichtung von Juden zeigen, wie effektiv diese Techniken sein können. Der Historiker Richard J. Evans analysiert in seiner dreibändigen Geschichte des Dritten Reiches die Mechanismen und Auswirkungen dieser Hasspropaganda .

Unter Stalins Herrschaft nutzte die Sowjetunion ähnliche Technologische Feinde zu identifizieren und zu eliminieren. Die Schauprozesse und die weitverbreitete Paranoia führten zu einem Klima des Misstrauens und Hasses. Der Historiker Robert Service beschreibt in seiner Biographie "Stalin: A Biography" die Methoden der Manipulation und die Auswirkungen auf die sowjetische Gesellschaft .

Nordkorea unter der Herrschaft der Kim-Dynastie ist ein weiteres Beispiel für ein totalitär das Gehirnwäsche und Massenmanipulation einsetzt, um Hass zu schüren. Die extensive Propaganda und die totale Kontrolle über alle Aspekte des Lebens führen zu einer tiefen Indoktrination der Bevölkerung. Die Journalistin Barbara Demick schildert in ihrem Buch "Nothing to Envy: Ordinary Lives in North Korea" die Alltagsrealität und die Auswirkungen dieser Manipulation auf die Menschen .

Strategien zur Dekonstruktion von Hass in post-totalitären Gesellschaften

Die Aufarbeitung der Vergangenheit ist entscheidend, um die Mechanismen des Hasses in post-totalitären Gesellschaften zu verstehen und zu überwinden. Der Historiker Tony Judt betont in seinem Buch "Postwar: A History of Europe Since 1945" die Bedeutung der Erinnerungskultur und der historischen Aufklärung für den Aufbau einer demokratischen Gesellschaft nach totalitärer Herrschaft .

Bildung und Demokratisierung sind zentrale Elemente zur Förderung von Toleranz und zur Dekovon Hass. Der Politikwissenschaftler Samuel P. Huntington argumentiert in seinem Werk "The Third Wave: Democratization in the Late Twentieth Century", dass Bildung und die Förderung demokratischer Werte entscheidend für die Überwindung der ideologischen Überreste totalitärer Regime sind.

Die Förderung einer starken Zivilgesellschaft und die Schaffung von Dialogplattformen als wichtige Strategien zur Bekämpfung von Hass. Der Soziologe Jürgen Habermas betont in seiner Theorie des kommunikativen Handelns die Bedeutung von öffentlichem Diskurs und deliberativer Demokratie für die Schaffung einer inklusiven und toleranten Gesellschaft.

Die Analyse der Mechanismen und Auswirkungen dieser Techniken zeigt die verheerenden Folgen für Individuen und Gesellschaften. Strategien zur Dekonstruktion von Hass in post-totalitären

Gesellschaften müssen auf Bildung, historische Aufarbeitung und die Förderung von Zivilgesellschaft und Dialog setzen, um nachhaltige Veränderungen zu bewirken.

Das Lernen von Hass in extremistischen Gruppen: Sekten, Terrorzellen und Parallelgesellschaften

Extremistische Gruppen nutzen systematische Methoden, um Hass zu lehren und ihre Mitglieder zu radikalisieren. Diese Prozesse sind in Sekten, Terrorzellen und Parallelgesellschaften besonders ausgeprägt und haben tiefgreifende psychologische und soziale Auswirkungen. Dieser Text untersucht die Mechanismen, durch die Hass in solchen extremistischen Gruppen gelehrt und verbreitet wird, und analysiert die dahinterliegenden Dynamiken.

Radikalisierung ist der Prozess, durch den Individuen zunehmend extremistische Ansichten und Verhaltensweisen entwickeln. Der Politikwissenschaftler Arie W. Kruglanski definiert Radikalisierung als eine graduelle Veränderung der Überzeugungen, Gefühle und Verhaltensweisen hin zu extremer Unterstützung oder Anwendung von Gewalt zur Erreichung politischer, religiöser oder sozialer Ziele . Extremismus ist dabei durch die absolute Ablehnung von demokratischen Werten und die Befürwortung von Gewalt gekennzeichnet .

Der Sozialpsychologe John Horgan betont, dass der Radikalisierungsprozess oft durch soziale und psychologische Faktoren begünstigt wird, darunter Zugehörigkeitsbedürfnisse, Identitätskrisen und die Suche nach Bedeutung . Gruppenprozesse wie Gruppenkohäsion, soziale Identifikation und der Einfluss charismatischer Führer spielen eine zentrale Rolle bei der Radikalisierung.

Extremistische Gruppen nutzen intensive Indoktrination, um ihre Ideologie zu vermitteln und Hass zu schüren. In Sekten wird oft ein starkes dichotomisches Weltbild gefördert, das die Außenwelt als bedrohlich und feindlich darstellt. Der Religionswissenschaftler Michael Barkun beschreibt in seinem Buch *A Culture of Conspiracy: Apocalyptic Visions in Contemporary America* die Rolle apokalyptischer Ideologien bei der Schaffung von Feindbildern und der Förderung von Hass .

Die Theorie der sozialen Identität, entwickelt von Henri Tajfel und John Turner, erklärt, wie Individuen ihre Identität in Bezug auf ihre Gruppenmitgliedschaften definieren . In extremistischen Gruppen wird die soziale Identität stark betont, was zu einer Abgrenzung von und Feindseligkeit gegenüber Außenstehenden führt. Die Förderung eines starken „Wir-gegen-sie"-Denkens ist zentral für die Radikalisierung und das Lernen von Hass.

Charismatische Führer spielen eine entscheidende Rolle bei der Radikalisierung und dem Lernen von Hass in extremistischen Gruppen. Max Weber definierte charismatische Autorität als eine Form der Herrschaft, die auf der besonderen Ausstrahlung und Überzeugungskraft eines Führers beruht . Diese Führer nutzen ihre Position, um Hassbotschaften zu verbreiten und die Loyalität ihrer Anhänger zu sichern. Der Terrorismusforscher Bruce Hoffman analysiert in seinem Buch *Inside Terrorism* die Rolle charismatischer Führer bei der Mobilisierung und Radikalisierung von Terrorzellen .

Extremistische Gruppen isolieren ihre Mitglieder oft von der Außenwelt, um die Kontrolle über Informationen und Interaktionen zu behalten. Diese Isolation verstärkt die Abhängigkeit von der Gruppe und den Führern und erleichtert die Indoktrination. Der Soziologe Erving Goffman beschreibt in seinem Werk *Asylums: Essays on the Social*

Situation of Mental Patients and Other Inmates die Dynamiken totaler Institutionen und die Auswirkungen der Isolation auf das Individuum .

Sekten: Die People's Temple und der Jonestown-Massaker
Der People's Temple unter der Führung von Jim Jones ist ein bekanntes Beispiel für eine Sekte, die Hass und Gewalt förderte. Durch intensive Indoktrination und Isolation gelang es Jones, eine fanatische Anhängerschaft zu schaffen, die schließlich im Massensuizid von Jonestown gipfelte. Der Historiker Tim Reiterman beschreibt in seinem Buch *Raven: The Untold Story of the Rev. Jim Jones and His People* die Mechanismen der Kontrolle und Indoktrination in dieser Sekte .

Al-Qaida ist eine der bekanntesten terroristischen Organisationen, die systematisch Hass gegen den Westen und andere Feindbilder lehrt. Die Radikalisierungsmethoden von Al-Qaida beinhalten intensive religiöse Indoktrination, militärisches Training und die Schaffung eines starken „Wir-gegen-sie"-Narrativs. Der Terrorismusforscher Peter Bergen analysiert in seinem Buch *Holy War, Inc.: Inside the Secret World of Osama bin Laden* die Strukturen und Methoden von Al-Qaida .

Hizb ut-Tahrir ist eine islamistische Gruppe, die parallel zu bestehenden Gesellschaften operiert und eine streng anti-westliche Ideologie propagiert. Durch Bildungsprogramme, Propaganda und soziale Netzwerke fördert die Gruppe Hass gegen nicht-muslimische Gesellschaften und westliche Werte. Der Politikwissenschaftler Zeyno Baran beschreibt in ihrem Buch *Hizb ut-Tahrir: Islam's Political Insurgency* die Methoden und Ziele dieser Gruppe .

Entmenschlichung und moralische Disengagement

Extremistische Gruppen nutzen Mechanismen der Entmenschlichung, um Gewalt zu rechtfertigen und moralische Hemmungen abzubauen. Der Psychologe Albert Bandura beschreibt in seiner Theorie des moralischen Disengagements, wie Individuen durch kognitive Umdeutungen moralische Schranken überwinden und gewalttätige Handlungen rechtfertigen . In extremistischen Gruppen wird diese Technik systematisch eingesetzt, um Hass zu schüren und Gewalt zu legitimieren.

Die starke Gruppenkohäsion und der Druck zur Loyalität innerhalb extremistischer Gruppen verstärken die Radikalisierung. Der Sozialpsychologe Irving Janis beschreibt in seiner Theorie des Gruppendenkens, wie hoher Gruppendruck zu konformem Denken und der Unterdrückung abweichender Meinungen führt . In extremistischen Gruppen führt dies zu einer Verstärkung der ideologischen Überzeugungen und der Bereitschaft, Gewalt anzuwenden.

Die Teilnahme an extremistischen Gruppen kann zu tiefgreifenden psychologischen und sozialen Schäden führen. Individuen, die solchen Gruppen entkommen, berichten oft von schweren Traumata und Schwierigkeiten, sich wieder in die Gesellschaft zu integrieren. Der Psychologe John Horgan beschreibt in seinem Buch *Walking Away from Terrorism: Accounts of Disengagement from Radical and Extremist Movements* die Herausforderungen der Deradikalisierung und Reintegration von ehemaligen Extremisten .

Früherkennung und Intervention sind entscheidend, um Radikalisierungsprozesse frühzeitig zu stoppen. Der Sozialarbeiter Daniel Koehler betont in seinem Buch *Understanding Deradicalization: Methods, Tools and Programs for Countering Violent Extremism* die Bedeutung von Präventionsprogrammen, die auf Risikogruppen abzielen und

Unterstützung bieten, bevor eine vollständige Radikalisierung statt-findet .

Bildung und Aufklärung sind zentrale Strategien zur Prävention von Radikalisierung. Programme, die kritisches Denken, interkulturelle Kompetenz und Toleranz fördern, können helfen, die Anfälligkeit für extremistische Ideologien zu verringern. Der Bildungsforscher James A. Banks argumentiert in seinem Werk *Diversity and Citizenship Education: Global Perspectives*, dass eine integrative Bildungspolitik entscheidend für die Förderung sozialer Kohäsion und die Prävention von Extremismus ist .

Deradikalisierungsprogramme zielen darauf ab, radikalisierte Indivi-duen zu reintegrieren und ihre extremistischen Überzeugungen abzu-bauen. Diese Programme kombinieren psychologische Betreuung, Bildung und soziale Unterstützung. Der Psychologe Hamed El-Said beschreibt in seinem Buch *Deradicalising Violent Extremists: Coun-ter-Radicalisation and De-radicalisation Programmes and Their Im-pact in Muslim Majority States* verschiedene Ansätze und deren Wirk-samkeit in der Praxis .

Das Lernen von Hass in extremistischen Gruppen ist ein komplexer Prozess, der durch Indoktrination, Gruppendynamik und charismati-sche Führung gefördert wird. Die psychologischen und sozialen Aus-wirkungen sind tiefgreifend und erfordern gezielte Präventions- und Deradikalisierungsstrategien. Eine ganzheitliche Herangehensweise, die Bildung, Früherkennung und Intervention sowie umfassende De-radikalisierungsprogramme einschließt, ist notwendig, um den Kreis-lauf des Hasses zu durchbrechen und nachhaltige gesellschaftliche Veränderungen zu bewirken.

Die Rolle von Trauma und Hass: Persönliche und kollektive Traumata als Auslöser

Trauma ist ein komplexes und tiefgreifendes psychisches Phänomen, das sowohl auf der individuellen als auch auf der kollektiven Ebene weitreichende Auswirkungen haben kann. Es kann als eine Reaktion auf extrem belastende oder schockierende Ereignisse verstanden werden, die das Gefühl der Sicherheit, des Wohlbefindens und der Identität eines Individuums oder einer Gemeinschaft destabilisieren. Eine der häufigsten und tragischsten Folgen von Trauma ist der Übergang zu Hass und Gewalt, sowohl auf der persönlichen als auch auf der gesellschaftlichen Ebene. Traumatische Erlebnisse können tiefen Groll, Misstrauen und Feindseligkeit hervorrufen, die nicht nur das Leben des Betroffenen, sondern auch das soziale Gefüge ganzer Gemeinschaften oder Nationen verändern können. Dieser Beitrag untersucht die Mechanismen, durch die persönliches und kollektives Trauma zu Hass führt, und beleuchtet deren psychologische, soziologische und historische Dimensionen.

Trauma wird oft als eine tiefgreifende emotionale Reaktion auf eine Katastrophe, einen Unfall, Krieg, Missbrauch oder andere extreme Ereignisse definiert, die das Gefühl der Kontrolle über das eigene Leben oder die Welt um einen herum radikal erschüttern. Wie die Traumaforscherin Judith Herman beschreibt, „löst ein traumatisches Ereignis Gefühle intensiver Angst, Hilflosigkeit und des Kontrollverlustes aus, die die Grundannahmen über Sicherheit und Vertrauen in die Welt infrage stellen" (Herman, 1992). Auf individueller Ebene können solche Erfahrungen zu posttraumatischen Belastungsstörungen (PTBS) führen, die durch Flashbacks, Albträume und emotionale Taubheit gekennzeichnet sind.

173

Ein wesentlicher Aspekt von Trauma ist seine Fähigkeit, die soziale und psychische Identität zu verändern. Wenn Menschen traumatischen Ereignissen ausgesetzt sind, durchläuft das Gehirn neurobiologische Veränderungen, die Emotionen wie Wut und Angst verstärken können. Dies kann dazu führen, dass negative Emotionen, wie Hass, als Bewältigungsmechanismen verwendet werden, um das Gefühl der Bedrohung und Machtlosigkeit zu kompensieren. Aus dieser Perspektive wird Hass zu einer Reaktion auf tiefe psychische Wunden, die durch Trauma verursacht wurden.

Während persönliches Trauma tiefgreifende Auswirkungen auf das individuelle Leben haben kann, entfaltet kollektives Trauma, das ganze Gesellschaften oder Gemeinschaften betrifft, noch weitaus dramatischere Wirkungen. Kollektives Trauma wird oft durch Krieg, ethnische Säuberungen, Völkermord oder andere systemische Gewaltformen verursacht. Diese Ereignisse hinterlassen nicht nur individuelle, sondern auch kollektive psychische Wunden, die Generationen überdauern können. Historische Beispiele wie der Holocaust, der Völkermord an den Armeniern oder die Kolonialisierung indigener Völker sind eindrückliche Beweise für die tiefgreifenden und langanhaltenden Auswirkungen solcher Traumata auf kollektiver Ebene. Kollektiver Hass entsteht oft, wenn ganze Gruppen traumatisiert werden und die Erinnerung an das erlittene Unrecht über Generationen weitergegeben wird. Der Soziologe Jeffrey C. Alexander hat in seinen Studien zu kollektivem Trauma betont, dass „die symbolische Konstruktion von kollektivem Trauma oft eine Dichotomie zwischen 'Opfer' und 'Täter' schafft, die den Hass auf die wahrgenommenen Verursacher des Traumas institutionalisiert" (Alexander, 2004). Dies zeigt sich insbesondere in gesellschaftlichen Konstellationen, in denen historische Traumata nicht ausreichend anerkannt oder aufgearbeitet wurden.

Das Phänomen des transgenerationalen Traumas, bei dem die emotionalen und psychischen Wunden von einer Generation auf die nächste übertragen werden, ist ein weiterer Faktor, der zu kollektiven Hassgefühlen beiträgt. Die Traumaforscherin Maria Yellow Horse Brave Heart beschreibt diesen Prozess bei den indigenen Völkern Nordamerikas: „Die traumatische Erfahrung der Kolonialisierung und die systematische Zerstörung von Kultur und Identität werden über Generationen weitergegeben und können tiefe Gefühle von Wut und Hass auf die Kolonisatoren und ihre Nachfahren hervorrufen" (Brave Heart, 1998).

Die Entwicklung von Hass als Reaktion auf Trauma ist ein vielschichtiger Prozess, der durch mehrere psychologische Mechanismen beeinflusst wird. Ein zentraler Faktor ist das Gefühl der Demütigung. In vielen Fällen resultiert Hass aus dem Versuch, den Verlust von Macht und Kontrolle, den traumatische Erlebnisse hervorrufen, zu kompensieren. Der Psychologe Donald L. Nathanson erklärt: „Demütigung ist eine der zerstörerischsten emotionalen Reaktionen auf Trauma und kann leicht in Hass umschlagen, da das Gefühl der Ohnmacht und Scham durch die Konzentration auf einen äußeren Feind kanalisiert wird" (Nathanson, 1992).

Zudem spielt die Konstruktion von „Feindbildern" eine wichtige Rolle. Traumatisierte Individuen oder Gemeinschaften neigen dazu, klare Schuldige für ihr Leid zu identifizieren, was zu einer Vereinfachung komplexer sozialer oder politischer Realitäten führt. Diese Feindbilder können in Hass umschlagen, wenn das erlittene Trauma mit einer spezifischen Gruppe, Nation oder Ideologie in Verbindung gebracht wird. Dies ist besonders in politischen Konflikten sichtbar, in denen historische Traumata genutzt werden, um nationale oder ethnische Identitäten zu stärken und den Hass auf „den Anderen" zu fördern.

Ein weiterer bedeutender Mechanismus ist die Entmenschlichung des vermeintlichen „Feindes". In Situationen von kollektivem Trauma wird die Tätergruppe oft entmenschlicht, um den erlebten Schmerz und die Wut zu rechtfertigen. Historische Beispiele dafür finden sich in fast allen großen Konflikten, von den Balkankriegen bis zum israelisch-palästinensischen Konflikt, bei denen das kollektive Trauma beider Seiten dazu beigetragen hat, die Gewaltspirale weiter zu intensivieren.

Die Rolle von Trauma und Hass in der Geschichte ist evident. Der Historiker Charles S. Maier beschreibt, wie nationale Traumata, wie sie etwa durch den Ersten Weltkrieg oder die Große Depression ausgelöst wurden, „zu einer radikalen Polarisierung der Gesellschaft führten, die extreme Ideologien und letztlich Krieg und Gewalt begünstigte" (Maier, 2010). Der Aufstieg totalitärer Regime im 20. Jahrhundert, insbesondere in Deutschland und Russland, kann auch im Kontext kollektiver Traumata und der damit einhergehenden Hassentwicklung verstanden werden. In der Weimarer Republik beispielsweise führte das Trauma des verlorenen Krieges und der wirtschaftlichen Not zu einem tiefen nationalen Groll, der den Aufstieg des Nationalsozialismus erleichterte.

Die historische Aufarbeitung solcher Traumata spielt eine entscheidende Rolle bei der Prävention von Hass und Gewalt. Wie der Politikwissenschaftler Daniel Bar-Tal feststellt, „sind Gesellschaften, die bereit sind, ihre traumatische Vergangenheit aufzuarbeiten und anzuerkennen, eher in der Lage, den Kreislauf von Hass und Gewalt zu durchbrechen" (Bar-Tal, 2007). Dies zeigt sich etwa in den erfolgreichen Übergangsjustizprozessen nach dem Ende der Apartheid in

Südafrika, während das Versäumnis, historische Traumata in anderen Regionen wie dem Nahen Osten oder dem ehemaligen Jugoslawien anzuerkennen, dazu beigetragen hat, langanhaltende Konflikte zu verstärken.

Trauma, sowohl auf individueller als auch auf kollektiver Ebene, kann tiefgreifende emotionale und psychologische Auswirkungen haben, die zu Hass und Gewalt führen können. Die Mechanismen, durch die Trauma Hass auslöst, sind komplex und beinhalten Prozesse wie Demütigung, die Konstruktion von Feindbildern und Entmenschlichung. Historische und politische Kontexte spielen eine entscheidende Rolle dabei, wie diese Mechanismen aktiviert werden. Während persönliche Traumata oft zu individuellen Bewältigungsstrategien führen, kann kollektives Trauma ganze Gesellschaften radikalisieren und zu Gewalt führen. Die Anerkennung und Aufarbeitung von Traumata ist entscheidend, um den Kreislauf von Hass und Vergeltung zu durchbrechen und langfristigen Frieden zu sichern.

Hass und die Medien: Konstruktion und Dekonstruktion von Narrativen

Die Rolle der Medien in der modernen Gesellschaft ist von zentraler Bedeutung, wenn es um die Konstruktion und Dekonstruktion von Narrativen geht, die Hass schüren oder abbauen können. Medien, sei es in Form traditioneller Nachrichtensendungen, sozialer Netzwerke oder Unterhaltung, haben die Macht, emotionale und kognitive Prozesse der Rezipienten zu beeinflussen, insbesondere im Hinblick auf polarisierende Themen. Durch gezielte Narrative können Medien Hass verstärken, Feindbilder schaffen und gesellschaftliche Spannungen verschärfen. Gleichzeitig bieten sie jedoch auch die Möglichkeit, diese Prozesse zu hinterfragen und zu dekonstruieren, um ein differenziertes, weniger konfliktreiches Verständnis von komplexen Themen zu fördern. Dieser Beitrag untersucht die Mechanismen, durch die Medien Hassnarrative konstruieren, und erörtert Strategien zur Dekonstruktion solcher Narrative im Kontext der modernen Medienlandschaft.

Medien spielen eine zentrale Rolle bei der Konstruktion von Narrativen, die den öffentlichen Diskurs prägen. Im Zusammenhang mit Hassnarrativen sind sie in der Lage, bestimmte Gruppen, Ereignisse oder Ideologien in einem negativen Licht darzustellen, um Ängste, Vorurteile und Feindseligkeiten zu fördern. Dies geschieht oft durch selektive Berichterstattung, verzerrte Darstellungen und die bewusste oder unbewusste Verstärkung von Stereotypen. Der Kommunikationswissenschaftler George Gerbner beschreibt diesen Prozess als „kultivierende Funktion der Medien", bei der langfristige und wiederholte Darstellungen bestimmter Themen zu einer verzerrten Wahrnehmung der Realität führen können (Gerbner, 1998). Insbesondere in Krisenzeiten können Medien eine verstärkende Wirkung auf Hass und soziale Fragmentierung haben, indem sie emotionale Reaktionen auslösen und Feindbilder schüren.

Ein klassisches Beispiel dafür ist die Berichterstattung über den „Krieg gegen den Terror" nach den Anschlägen vom 11. September 2001. Die Art und Weise, wie Medien in den USA und anderen westlichen Ländern über muslimische Gemeinschaften und den Islam berichteten, führte zu einer Welle von Islamophobie und Hassverbrechen. Der Medienforscher Edward Said argumentierte in seinem Werk *Covering Islam*, dass westliche Medien durch ihre verzerrte Berichterstattung über den Nahen Osten und den Islam nicht nur Vorurteile verstärkten, sondern auch eine Dichotomie zwischen „zivilisiert" und „barbarisch" schufen, die den Hass auf Muslime legitimierte (Said, 1997).

178

Die Mechanismen der medialen Konstruktion von Hassnarrativen sind vielfältig. Zum einen nutzen Medien oft Vereinfachungen und Dichotomien, um komplexe soziale und politische Zusammenhänge verständlicher zu machen. Dies führt dazu, dass Themen in „Gut gegen Böse"-Termini dargestellt werden, was die Entstehung von Hass auf die vermeintlich „böse" Seite fördert. Zum anderen spielen Emotionen eine zentrale Rolle. Sensationsjournalismus, der auf Angst und Empörung basiert, erreicht eine größere Aufmerksamkeit und erhöht die Einschaltquoten, was Medien dazu verleitet, Ereignisse zu dramatisieren und negative Emotionen zu verstärken. So beschreibt die Soziologin Arlie Hochschild, dass „Wut, Angst und Hass zu wertvollen Währungen in einer Medienwelt geworden sind, die sich auf Erregung und Polarisierung konzentriert" (Hochschild, 2016).

Mit dem Aufstieg der sozialen Medien hat sich die Dynamik der Konstruktion von Hassnarrativen erheblich verändert. Plattformen wie Facebook, Twitter und YouTube haben die Verbreitung von Hassreden und -narrativen exponentiell beschleunigt, da sie es Nutzern ermöglichen, Inhalte mit großer Reichweite zu teilen und zu kommentieren. Algorithmen, die auf Maximierung von Interaktionen und Verweildauer abzielen, begünstigen polarisierende und emotionsgeladene Inhalte, die oft Hass und Vorurteile schüren. Der Sozialwissenschaftler Zeynep Tufekci beschreibt diese Dynamik als „Algorithmic Amplification", bei der die Plattformen „Inhalte priorisieren, die Empörung und Hass fördern, da diese Emotionen stärker mit Benutzerinteraktionen korrelieren" (Tufekci, 2018).

Ein weiteres Problem im Zusammenhang mit sozialen Medien ist die Bildung von „Echokammern" und „Filterblasen". Nutzer, die bereits eine bestimmte Weltanschauung haben, neigen dazu, nur Inhalte zu konsumieren und zu teilen, die ihre bestehenden Überzeugungen bestätigen, was zu einer Verstärkung von Vorurteilen und Hass führen kann. Diese Echokammern isolieren Nutzer von alternativen Perspektiven und fördern extremere Ansichten. Der Medienwissenschaftler Eli Pariser beschreibt dies als eine „Filterblase", in der „die Informationen, die wir sehen, personalisiert und kuratiert sind, um unsere bestehenden Überzeugungen zu stärken, was zu einer wachsenden Kluft zwischen verschiedenen gesellschaftlichen Gruppen führt" (Pariser, 2011).

Ein eindrucksvolles Beispiel für die destruktive Rolle sozialer Medien bei der Verbreitung von Hassnarrativen ist der Völkermord an den Rohingya in Myanmar. Auf Facebook wurden über Jahre hinweg Hassbotschaften und gefälschte Nachrichten verbreitet, die Muslime als Bedrohung für die buddhistische Mehrheit darstellten. Diese Inhalte, die oft von Extremisten erstellt und über soziale Medien verbreitet wurden, trugen zur Eskalation der Gewalt gegen die Rohingya bei. Die Menschenrechtsorganisation Human Rights Watch bezeichnete die Rolle von Facebook in diesem Zusammenhang als „Verstärker von Völkermord und ethnischer Säuberung" (Human Rights Watch, 2018).

Trotz der destruktiven Rolle, die Medien bei der Konstruktion von Hassnarrativen spielen können, bieten sie auch das Potenzial, solche Narrative zu dekonstruieren und zu hinterfragen. Kritische Medienarbeit zielt darauf ab, stereotype Darstellungen zu entlarven, komplexe soziale Zusammenhänge zu beleuchten und alternative Perspektiven aufzuzeigen. Dies erfordert jedoch eine bewusste und systematische Anstrengung, Narrative, die auf Vorurteilen und Hass basieren, zu analysieren und zu zerlegen.

Ein wichtiger Ansatz zur Dekonstruktion von Hassnarrativen ist die „Medienkompetenz". Medienkompetenzprogramme zielen darauf ab, das Bewusstsein der Menschen für die manipulativen Mechanismen der Medien zu schärfen und ihnen die Werkzeuge zu geben, um kritisch mit Informationen umzugehen. Der Medienpädagoge David Buckingham betont, dass „Medienkompetenz nicht nur bedeutet, die Fähigkeit zu haben, Informationen zu konsumieren, sondern auch, diese Informationen zu hinterfragen, ihre Quellen zu prüfen und ihre ideologischen Annahmen zu erkennen" (Buckingham, 2003). Insbesondere in einer Zeit, in der Fake News und Desinformation weit verbreitet sind, ist Medienkompetenz eine entscheidende Voraussetzung, um Hassnarrative zu entlarven.

Ein weiteres Werkzeug zur Dekonstruktion von Hassnarrativen ist der investigative Journalismus. Investigative Medien haben die Aufgabe, tiefgehende Recherchen durchzuführen und die Wahrheit hinter manipulativen Darstellungen aufzudecken. Ein Beispiel hierfür ist die Arbeit von Medienorganisationen wie ProPublica oder The Intercept, die wiederholt Desinformationskampagnen, Rassismus und Hassrede in den sozialen Medien offengelegt haben. Ihre Berichterstattung zielt darauf ab, Machtstrukturen und die Interessen hinter Hassnarrativen sichtbar zu machen, die oft dazu genutzt werden, politische oder ökonomische Ziele zu erreichen.

Zusätzlich können Kunst und Kultur eine wichtige Rolle bei der Dekonstruktion von Hassnarrativen spielen. Filme, Literatur und Theaterstücke, die stereotype Darstellungen herausfordern und menschliche Erfahrungen jenseits von Feindbildern darstellen, können das emotionale und kognitive Verständnis von Konflikten verändern. Der Historiker und Medienkritiker Stuart Hall betont, dass „kulturelle Repräsentation ein Ort ist, an dem Macht und Widerstand verhandelt werden, und dass alternative Darstellungen dazu beitragen können, hegemoniale Narrative, die Hass fördern, zu dekonstruieren" (Hall, 1997).

Die Dekonstruktion von Hassnarrativen ist jedoch mit erheblichen Herausforderungen verbunden. Eine der größten Hürden ist die zunehmende Fragmentierung des Medienmarktes und die Verbreitung von alternativen Medienplattformen, die oft außerhalb traditioneller journalistischer Standards operieren. In diesen „alternativen" Medienlandschaften werden oft extreme Ansichten verbreitet, die Hass und Vorurteile fördern. Da viele dieser Plattformen wenig reguliert sind und auf Algorithmen basieren, die Interaktionen maximieren sollen, wird die Aufgabe, Hassnarrative zu dekonstruieren, erschwert.

Darüber hinaus ist die wachsende Skepsis gegenüber traditionellen Medien ein Problem. In vielen Gesellschaften, insbesondere in polarisierten politischen Umfeldern, werden etablierte Medien zunehmend als parteiisch oder manipulativ wahrgenommen. Diese „Medienverdrossenheit" führt dazu, dass kritische Nachrichten oder Informationen, die Hassnarrative dekonstruiert, von großen Teilen der Bevölkerung ignoriert oder als „Fake News" abgetan werden. Der Politikwissenschaftler Yochai Benkler beschreibt dieses Phänomen als „Informationsautokratie", in der „die Bevölkerung nicht nur durch Desinformation, sondern auch durch die systematische Untergrabung des Vertrauens in objektive Informationsquellen manipuliert wird" (Benkler, 2018).

Die Medien spielen eine ambivalente Rolle bei der Konstruktion und Dekonstruktion von Hassnarrativen. Während sie durch ihre Darstellung von Ereignissen und sozialen Gruppen Hass und Vorurteile verstärken können, bieten sie gleichzeitig das Potenzial, solche Narrative kritisch zu hinterfragen und abzubauen. Die Mechanismen, durch die Medien Hassnarrative konstruieren, basieren auf emotionaler Sensation, vereinfachenden Dichotomien und der Verstärkung von Feindbildern. Soziale Medien beschleunigen diese Prozesse durch ihre algorithmische Struktur und die Bildung von Echokammern. Gleichzeitig bieten kritische Medien, investigative Journalisten und medienkompetente Bürgerinnen und Bürger Ansätze zur Dekonstruktion dieser destruktiven Narrative. Allerdings bleiben Herausforderungen bestehen, insbesondere im Hinblick auf die Fragmentierung des Medienmarktes und das schwindende Vertrauen in traditionelle Medien.

Der Kreislauf des Hasses: Wie Opfer zu Tätern werden

Der Kreislauf des Hasses ist ein tief verwurzeltes und komplexes Phänomen, das häufig in sozialen, politischen und zwischenmenschlichen Konflikten zu beobachten ist. In diesem Zusammenhang beschreibt der Begriff, wie Menschen, die Opfer von Gewalt oder Ungerechtigkeit geworden sind, im Laufe der Zeit selbst zu Tätern werden können. Dieser Transformationsprozess, bei dem Opfer zu Aggressoren mutieren, ist nicht nur ein tragisches menschliches Drama, sondern auch ein zentraler Bestandteil vieler kollektiver Konflikte und individueller Biografien. Dieser Beitrag untersucht die psychologischen, soziologischen und historischen Mechanismen, die diesen Kreislauf des Hasses antreiben, und beleuchtet die Wechselwirkung zwischen Trauma, Macht und Rache.

Aus psychologischer Sicht lässt sich der Kreislauf des Hasses oft durch traumatische Erfahrungen erklären, die bei den Betroffenen tiefe Wunden hinterlassen. Traumatische Erlebnisse erzeugen intensive Gefühle von Ohnmacht, Hilflosigkeit und Verlust. Diese Emotionen können, wenn sie nicht verarbeitet werden, in Wut und Hass umschlagen, die sich später gegen andere richten. Der Psychologe

Donald Nathanson beschreibt in seiner *Scham-Wut-Hypothese*, wie Gefühle von Scham und Demütigung eine zentrale Rolle bei der Entstehung von Hass spielen. Er argumentiert: „Wenn Menschen sich hilflos oder gedemütigt fühlen, können sie diese Gefühle nach außen projizieren, indem sie andere herabsetzen oder ihnen Schaden zufügen" (Nathanson, 1992).

Ein zentraler Mechanismus, der Opfer zu Tätern macht, ist der Prozess der *Identifikation mit dem Aggressor*, ein Konzept, das erstmals von der Psychoanalytikerin Anna Freud beschrieben wurde. Dabei übernehmen die Opfer die Verhaltensweisen und Denkmuster ihrer Peiniger, um sich vor zukünftigen Angriffen zu schützen. Durch diese Identifikation erfahren sie eine Form der emotionalen Ermächtigung, da sie glauben, durch das Nachahmen der Täter ihre eigene Ohnmacht überwinden zu können. Dies kann zu einer Reproduktion von Gewalt führen, bei der die ehemaligen Opfer zu aktiven Tätern werden.

Ein Beispiel für diesen Mechanismus findet sich häufig in familiären oder sozialen Kontexten, in denen Missbrauch stattfindet. Studien zeigen, dass Menschen, die in ihrer Kindheit Opfer von Misshandlung oder Vernachlässigung wurden, ein erhöhtes Risiko haben, im Erwachsenenalter selbst gewalttätiges Verhalten zu zeigen. Der Psychologe John Bowlby, bekannt für seine Bindungstheorie, argumentiert: „Das wiederholte Erleben von Missbrauch kann das Gefühl hervorrufen, dass Gewalt ein legitimes Mittel zur Lösung von Konflikten ist, was wiederum zu einem Kreislauf der Reproduktion von Gewalt führt" (Bowlby, 1988).

Der Kreislauf des Hasses kann nicht nur auf individueller, sondern auch auf kollektiver Ebene beobachtet werden. Insbesondere in Konflikten, die durch ethnische, religiöse oder nationale Identitäten geprägt sind, kann das kollektive Trauma von ganzen Gemeinschaften zur Radikalisierung und letztlich zur Gewalt gegen andere führen. Historische Beispiele, wie der israelisch-palästinensische Konflikt, der Balkankrieg in den 1990er Jahren oder die Gewalt zwischen Hutus und Tutsis in Ruanda, zeigen, dass der Übergang von Opfern zu Tätern häufig durch tief verwurzelte historische Traumata und Feindbilder bedingt ist.

Der Sozialpsychologe Daniel Bar-Tal hat in seinen Studien zur Psychologie des kollektiven Konflikts betont, dass „kollektives Trauma und die damit verbundene Erzählung von Unrecht und Leid oft dazu führen, dass Gruppen die Gewalt gegen andere als gerechtfertigt oder unvermeidlich wahrnehmen" (Bar-Tal, 2007). Er nennt dies den „Belagerungsmentalitäts"-Effekt, bei dem Gemeinschaften, die sich als Opfer äußerer Aggressionen oder Ungerechtigkeiten sehen, eine feindselige und paranoide Weltanschauung entwickeln, die Gewalt gegen andere als legitime Verteidigungsmaßnahme erscheinen lässt.

Ein historisches Beispiel für diesen Kreislauf ist die Situation der deutschen Bevölkerung nach dem Ersten Weltkrieg. Die Niederlage im Krieg und die damit verbundenen Demütigungen, die durch den Vertrag von Versailles und die Wirtschaftskrise verschärft wurden, schufen eine kollektive Traumatisierung, die in Wut und Ressentiments gegenüber den Alliierten und inneren Feinden (insbesondere den Juden) umschlug. Diese Gefühle wurden von politischen Bewegungen wie dem Nationalsozialismus instrumentalisiert, was letztlich in einem zerstörerischen Kreislauf der Gewalt mündete. Der Historiker Ian Kershaw beschreibt diesen Prozess als „einen toxischen Mix aus nationaler Demütigung und ökonomischer Not, der die Ideologie des Hasses förderte und eine ganze Gesellschaft in den Bann von Gewalt und Zerstörung zog" (Kershaw, 2000).

Ein weiteres zentrales Element des Kreislaufs des Hasses ist der Wunsch nach Rache, der oft die Brücke zwischen Opfer- und Täterrollen bildet. In vielen Fällen wird Gewalt als Mittel zur Wiederherstellung von Gerechtigkeit oder zur Rückgewinnung von Macht empfunden. Der Soziologe Friedrich Nietzsche prägte in diesem Zusammenhang den Begriff der *Ressentiments*, um die Gefühle von Groll und Feindseligkeit zu beschreiben, die aus erlebtem Unrecht erwachsen. Laut Nietzsche entwickelt das Opfer eine tiefe Feindseligkeit gegenüber denjenigen, die es als Verursacher seines Leidens wahrnimmt, und wird von dem Wunsch getrieben, sich an diesen zu rächen (Nietzsche, 1887).

Rache als treibende Kraft in der Umkehrung von Opferrollen zu Täterschaft wird in vielen historischen und politischen Kontexten deutlich. Ein Beispiel ist der Konflikt in Nordirland, bei dem sowohl katholische als auch protestantische Gruppen über Jahrzehnte hinweg in einen Teufelskreis der Gewalt verstrickt waren. Die Gewaltakte einer Seite wurden von der anderen als Rechtfertigung für Vergeltung angesehen, was zu einer Endlosschleife der Eskalation führte. Die Politikwissenschaftlerin Martha Crenshaw beschreibt diesen Prozess als eine „dynamische Eskalation", bei der „jede Gewalttat die Legitimität der Gewalt auf der Gegenseite verstärkt und den Konflikt perpetuiert" (Crenshaw, 1995).

Dieses Phänomen ist auch in der Dynamik der „Täter-Opfer-Umkehr" zu beobachten, einem Konzept, das in der Konfliktforschung verwendet wird, um zu beschreiben, wie Opfergruppen durch die Wahrnehmung von historischem oder aktuellem Unrecht legitimiert werden, selbst gewalttätig zu handeln. In der Forschung zu Völkermord und Kriegsverbrechen wird oft festgestellt, dass die Täter ihre Handlungen mit der Wahrnehmung rechtfertigen, selbst Opfer von Ungerechtigkeit oder Aggressionen zu sein. Der Sozialwissenschaftler James

Waller erklärt, dass „die Täter solcher Gewaltakte häufig in einer subjektiven Opfermentalität gefangen sind, die es ihnen ermöglicht, ihre Handlungen als moralisch gerechtfertigt und notwendig zu betrachten" (Waller, 2007).

Der Kreislauf des Hasses ist ein immer wiederkehrendes Muster in der Geschichte, das sich in verschiedenen Formen und Kontexten manifestiert. Ein besonders eindrückliches Beispiel ist der israelisch-palästinensische Konflikt, bei dem sich Opfer- und Täterrollen über die Jahrzehnte hinweg wiederholt verschoben haben. Die Gründung des Staates Israel 1948 führte zur Vertreibung und Entrechtung vieler Palästinenser, die sich fortan als Opfer des Zionismus betrachteten. Auf der anderen Seite sahen viele Juden in der Region die Gründung Israels als historischen Akt der Gerechtigkeit und Rückgewinnung eines verlorenen Landes, nachdem sie jahrhundertelang Verfolgung und Pogrome in Europa erlitten hatten. Diese doppelte Opfer-Täter-Dynamik hat den Konflikt über Jahrzehnte hinweg angeheizt, wobei Gewalt auf beiden Seiten immer wieder als legitime Form der Selbstverteidigung und Vergeltung angesehen wird (Morris, 2001).

Ein weiteres Beispiel ist der Genozid in Ruanda im Jahr 1994, bei dem rund 800.000 Tutsi von Hutu-Extremisten getötet wurden. Diese extreme Gewalt war das Resultat eines jahrzehntelangen Prozesses, in dem die Hutu-Bevölkerung von Kolonialmächten wie Belgien diskriminiert wurde, was zu einer tiefen Spaltung zwischen den beiden Gruppen führte. Nachdem die Hutu-Macht 1959 die Vorherrschaft übernommen hatte, kam es zu Racheakten gegen die Tutsi, die sich schließlich in den Völkermord von 1994 entluden. In diesem Kontext zeigt sich, wie historische Ungerechtigkeiten und Traumata den Boden für extremen Hass und Gewalt bereiten können, bei denen die Opfer von gestern zu den Tätern von heute werden (Des Forges, 1999).

Obwohl der Kreislauf des Hasses tief in menschlichen und gesellschaftlichen Mechanismen verwurzelt ist, gibt es Ansätze, um diesen zu durchbrechen. Eine Möglichkeit besteht in der Auseinandersetzung mit der Vergangenheit und der Heilung von Traumata. Die Konfliktforschung zeigt, dass Prozesse der Wahrheitsfindung, wie sie in Wahrheits- und Versöhnungskommissionen nach großen Konflikten durchgeführt werden, ein Schlüssel zur Überwindung von Hass sein können. Der Soziologe Johan Galtung beschreibt diesen Ansatz als „positive Friedensförderung", bei der es darum geht, „die zugrunde liegenden Traumata zu heilen und eine gerechtere und friedlichere Gesellschaft zu schaffen" (Galtung, 1969).

Ein Beispiel für eine erfolgreiche Unterbrechung des Kreislaufs des Hasses ist die südafrikanische Wahrheits- und Versöhnungskommission, die nach dem Ende der Apartheid eingerichtet wurde. Durch öffentliche Anhörungen und Geständnisse von Tätern sowie die Anerkennung des erlittenen Leids der Opfer gelang es, eine kollektive Aufarbeitung der Gewaltvergangenheit zu initiieren. Dies trug entscheidend dazu bei, den Kreislauf der Gewalt zu unterbrechen und eine Basis für Versöhnung zu schaffen (Tutu, 1999).

Der Kreislauf des Hasses, bei dem Opfer zu Tätern werden, ist ein tief verwurzeltes Phänomen, das sowohl psychologische als auch soziologische Ursachen hat. Traumatische Erfahrungen, die Gefühle von Ohnmacht und Scham auslösen, können dazu führen, dass Opfer Aggressionen nach außen projizieren und zu Tätern werden. Auf kollektiver Ebene verstärken historische Traumata und Feindbilder den Hass und führen zu Eskalationen von Gewalt. Der Wunsch nach Rache und die Dynamik der Täter-Opfer-Umkehr sind zentrale Triebfedern dieses Prozesses. Dennoch zeigen Beispiele wie die südafrikanische Wahrheits- und Versöhnungskommission, dass es

Möglichkeiten gibt, den Kreislauf des Hasses zu durchbrechen, indem Traumata verarbeitet und Vergeltung durch Versöhnung ersetzt wird.

Hass und Humor: Satire, Sarkasmus und ihre Ambivalenzen

Humor, insbesondere in den Formen von Satire und Sarkasmus, ist eine der ältesten und zugleich komplexesten menschlichen Ausdrucksformen. Er dient nicht nur der Unterhaltung, sondern hat auch eine tiefgreifende soziale und politische Funktion. Eine der interessantesten und umstrittensten Schnittstellen, an denen Humor wirkt, ist seine Verbindung mit Hass und Aggression. Satire und Sarkasmus haben oft eine ambivalente Rolle, da sie gleichzeitig als Mittel zur Kritik und als Ausdruck von Feindseligkeit fungieren können. Diese Ambivalenz des Humors zeigt sich besonders deutlich in seiner Fähigkeit, Hass zu entlarven, zu verstärken oder gar zu normalisieren. In diesem Kapitel wird die Rolle von Humor in Bezug auf Hass untersucht, wobei insbesondere die Mechanismen von Satire und Sarkasmus sowie ihre kulturellen, sozialen und psychologischen Auswirkungen beleuchtet werden.

Humor erfüllt in der Gesellschaft mehrere Funktionen. Er kann soziale Normen hinterfragen, gesellschaftliche Hierarchien unterlaufen und als Ventil für aufgestaute Emotionen wie Frustration und Wut dienen. George Orwell bemerkte in seinem Essay *Funny, but Not Vulgar* (1945), dass Humor „immer eine gewisse Rebellion in sich trägt", da er die Macht hat, das Offizielle, das Seriöse und das Mächtige zu untergraben. Humor ist daher nicht nur ein Mittel der Unterhaltung, sondern auch ein Instrument des Widerstands.

Satire und Sarkasmus, die besonders spitze Formen des Humors, sind oft eng mit Aggression und Kritik verbunden. Der Soziologe Sigmund Freud argumentierte in seinem Werk *Der Witz und seine Beziehung zum Unbewussten* (1905), dass der Witz ein Mechanismus sei, durch den der Mensch unterdrückte Gefühle und Aggressionen auf eine sozial akzeptierte Weise zum Ausdruck bringen könne. Freud sah in satirischem Humor eine Art Sublimierung von Wut und Hass: „Der Witz erlaubt es uns, verbotene oder unzulässige Gedanken und Gefühle zu äußern, ohne dabei soziale Sanktionen zu riskieren" (Freud, 1905).

Satire ist eine der mächtigsten Formen von Humor, die sich explizit auf die Kritik von Machtstrukturen und gesellschaftlichen Missständen richtet. Sie hat in der Geschichte eine lange Tradition und wurde von Autoren wie Jonathan Swift, Voltaire und Kurt Tucholsky genutzt, um Ungerechtigkeit, Korruption und Bigotterie zu entlarven. In modernen Kontexten sehen wir die Satire vor allem in politischen Kabarettsendungen, Cartoons und Internet-Memes. Die Satire kann Hass und Vorurteile offenlegen und sie in ihrer Absurdität entblößen, was eine aufklärerische und befreiende Wirkung haben kann.

Ein Beispiel hierfür ist Charlie Hebdo, eine französische satirische Wochenzeitschrift, die durch ihre provokanten Karikaturen immer wieder Kontroversen auslöste. Durch die satirische Überzeichnung religiöser und politischer Figuren kritisierte die Zeitschrift Fanatismus und Totalitarismus. Doch diese Form der Satire kann auch ambivalente Wirkungen haben. Die Mohammed-Karikaturen etwa führten zu weltweiten Protesten und terroristischen Anschlägen. Hier zeigt sich die Grenze der Satire, wenn sie als Provokation empfunden wird und zur Eskalation von Hass und Gewalt beiträgt. Der Kulturtheoretiker Simon Critchley beschreibt diese Dynamik als „die paradoxale Macht des Humors, sowohl zu befreien als auch zu verletzen" (Critchley, 2002).

Sarkasmus und Zynismus sind besondere Formen des Humors, die stark mit Gefühlen von Verachtung, Frustration und Ablehnung verbunden sind. Der Psychologe John Haiman beschreibt Sarkasmus als „einen Spiegel von Machtverhältnissen, bei dem der Sprechende seine moralische oder intellektuelle Überlegenheit demonstriert" (Haiman, 1998). Während Satire oft als aufklärerisch und gesellschaftskritisch betrachtet wird, kann Sarkasmus auch destruktiv wirken, da er häufig auf die Bloßstellung und Demütigung des Gegenübers abzielt.

Ein bekanntes Beispiel für die Verbindung von Sarkasmus und Hass in den Medien ist die Rolle des sogenannten „edgy Humors" im Internet. Plattformen wie 4chan, Reddit und Twitter bieten einen Raum, in dem Sarkasmus und Ironie genutzt werden, um Feindseligkeit und extreme politische Ansichten zu verschleiern. Dies führt zu einem Phänomen, das der Medientheoretiker Whitney Phillips als „Plausible Deniability" beschreibt: „Der ironische, sarkastische Ton solcher Äußerungen macht es schwer, ernsthafte von sarkastischen Kommentaren zu unterscheiden, wodurch Hassreden als 'nur ein Witz' entschuldigt werden können" (Phillips, 2015).

Besonders auffällig wird diese Dynamik in der sogenannten „Alt-Right"-Bewegung, die Humor und Sarkasmus gezielt einsetzt, um rassistische und fremdenfeindliche Inhalte zu verbreiten. Memes und ironische Aussagen werden verwendet, um extremistische Ansichten zu normalisieren und durch Humor zu legitimieren. Der Soziologe Benjamin Teitelbaum beschreibt dies als „den Versuch, durch die Verwirrung von Witz und Ernsthaftigkeit eine subtile Form der Propaganda zu betreiben" (Teitelbaum, 2020).

Humor ist ein zweischneidiges Schwert. Er kann einerseits zur Dekonstruktion von Hass beitragen, indem er Vorurteile und Feindbilder durch Ironie und Übertreibung entlarvt. Andererseits kann er Hass auch verstärken, indem er Feindseligkeiten auf eine scheinbar harmlose Weise ausdrückt oder das Leid anderer trivialisiert. Diese Ambivalenz zeigt sich besonders in der „Punching Up" versus „Punching Down"-Debatte, die die Frage aufwirft, ob Humor mächtigen Akteuren (Punching Up) oder marginalisierten Gruppen (Punching Down) ins Visier nimmt. Der Humorist David Chappelle erklärt diesen Unterschied treffend: „Satire sollte die Mächtigen zur Verantwortung ziehen, nicht die Schwachen verspotten" (Chappelle, 2004).

Wenn Humor „nach unten tritt", kann er schnell zu einem Mittel werden, um bestehende Machtverhältnisse zu festigen und Minderheiten oder verletzliche Gruppen zu diffamieren. In diesem Kontext wird Humor zu einem Instrument der Ausgrenzung und Diskriminierung. „Ethnic Jokes" oder „Gender Jokes" sind klassische Beispiele für solche Formen des Humors, die auf Kosten von Minderheiten gehen. Der Soziologe Michael Billig argumentiert in seinem Buch *Laughter and Ridicule*, dass „das Lachen über andere eine Form der symbolischen Gewalt ist, die soziale Hierarchien und Ungleichheiten zementiert" (Billig, 2005).

Trotz seiner destruktiven Potenziale besitzt Humor jedoch auch das einzigartige Potenzial, Hass zu dekonstruieren und aufklärerisch zu wirken. Indem er die Widersprüche und Absurditäten von Vorurteilen und Feindbildern offenlegt, kann Humor dazu beitragen, den Kreislauf von Hass und Feindseligkeit zu durchbrechen. Der Kulturwissenschaftler Umberto Eco betont die Rolle der Ironie in diesem Prozess: „Ironie ist ein Mittel, um mit dem Ernst des Hasses umzugehen, indem sie die Logik der Feindseligkeit ins Absurde führt" (Eco, 1984).

Satirische Sendungen wie *The Daily Show* oder *Last Week Tonight* haben in der politischen Landschaft der USA gezeigt, wie Humor als Werkzeug zur Aufklärung und Mobilisierung eingesetzt werden kann. Durch die Kombination von Witz und fundierter Recherche entlarven diese Formate häufig die Heuchelei und Doppelmoral der Mächtigen und bieten den Zuschauern eine alternative Perspektive auf politische und gesellschaftliche Themen. Der Medientheoretiker Geoffrey Baym beschreibt dies als „politischen Humor als Form der Gegenöffentlichkeit, die es ermöglicht, hegemoniale Diskurse zu hinterfragen und alternative Narrative zu entwickeln" (Baym, 2005).

Humor, insbesondere in seinen Formen als Satire und Sarkasmus, spielt eine ambivalente Rolle in der Gesellschaft. Auf der einen Seite kann er als kraftvolles Instrument zur Dekonstruktion von Macht und Hass fungieren, indem er die Absurdität von Vorurteilen und Feindbildern offenlegt. Auf der anderen Seite birgt Humor jedoch auch die Gefahr, Feindseligkeit zu verschleiern oder zu verstärken, besonders wenn er auf Sarkasmus und Zynismus basiert. In einer zunehmend polarisierten Welt, in der Hass und Feindseligkeit sowohl offline als auch online wachsen, bleibt die Rolle des Humors in Bezug auf diese Themen hochgradig ambivalent. Es ist daher entscheidend, Humor kritisch zu reflektieren und seine Macht und Grenzen zu erkennen, wenn es darum geht, Hass zu entlarven oder zu verbreiten.

Hass in der Erziehung: Negative Vorbilder und ihre Auswirkungen

Die Erziehung spielt eine zentrale Rolle in der sozialen und emotionalen Entwicklung von Kindern und Jugendlichen. Sie formt nicht nur Werte und Verhaltensmuster, sondern auch Einstellungen gegenüber anderen Menschen und der Welt im Allgemeinen. In diesem

Kontext sind Vorbilder von enormer Bedeutung: Eltern, Lehrer, Betreuer und andere Bezugspersonen vermitteln bewusst oder unbewusst Normen und Einstellungen. Besonders problematisch wird es, wenn diese Vorbilder negative Werte wie Hass, Vorurteile und Intoleranz fördern. Hass in der Erziehung kann schwerwiegende psychologische und soziale Konsequenzen haben, sowohl für die betroffenen Kinder als auch für die Gesellschaft insgesamt. Dieser Beitrag untersucht die Auswirkungen negativer Vorbilder in der Erziehung auf die Entwicklung von Hass und die langfristigen Folgen für Individuen und Gesellschaften.

Vorbilder sind zentrale Bezugspersonen, von denen Kinder und Jugendliche ihre grundlegenden Werte und Verhaltensmuster übernehmen. Sozialisationstheoretiker wie Albert Bandura betonen die Bedeutung des "Modelllernens" oder "Beobachtungslernens". In seinem *Social Learning Theory* (1977) formuliert Bandura, dass Kinder nicht nur durch direkte Instruktion lernen, sondern vor allem durch die Nachahmung des Verhaltens von Vorbildern. „Menschen lernen durch Beobachtung und die Imitation von Vorbildern, insbesondere wenn diese als erfolgreich oder mächtig wahrgenommen werden" (Bandura, 1977). Wenn diese Vorbilder jedoch Hass, Diskriminierung oder aggressive Verhaltensweisen vorleben, übernehmen Kinder diese Einstellungen und Verhaltensmuster, oft unkritisch und unreflektiert.

Der Erziehungswissenschaftler Wolfgang Bergmann weist darauf hin, dass Kinder „eine starke emotionale Bindung zu ihren primären Bezugspersonen" haben und „Werte und Normen in einem sozialen Kontext verinnerlichen" (Bergmann, 2008). Diese Bindung macht es besonders gefährlich, wenn Eltern oder Erzieher Hass und Vorurteile vermitteln. Kinder neigen dazu, die Werte ihrer Eltern und anderer nahestehender Erwachsener als selbstverständlich und korrekt anzusehen. Negative Vorbilder können daher entscheidend zur Entwicklung von Hass und Intoleranz beitragen.

Hass in der Erziehung kann auf verschiedene Weise vermittelt werden, darunter explizite Lehren von Intoleranz, subtile Vorurteile und gewaltsame Disziplinierungspraktiken. Ein wichtiger Mechanismus ist die direkte Vermittlung von negativen Stereotypen und Vorurteilen. Eltern, die feindselige oder diskriminierende Ansichten gegenüber bestimmten Gruppen äußern, vermitteln ihren Kindern implizit, dass Hass und Ablehnung akzeptable Reaktionen auf Unterschiede sind. Diese Einstellungen werden oft in einem ethnozentrischen oder nationalistischen Rahmen vermittelt, in dem die eigene Gruppe als überlegen und andere Gruppen als minderwertig dargestellt werden. Der Sozialpsychologe Gordon Allport stellt in seiner *Theorie der Vorurteile* (1954) fest, dass „Vorurteile tief in der Struktur der Gesellschaft verwurzelt sind und durch familiäre Sozialisation von Generation zu Generation weitergegeben werden" (Allport, 1954).

Neben der direkten Vermittlung von Vorurteilen spielt auch die emotionale Bindung zwischen Kind und Bezugsperson eine Rolle. Studien zeigen, dass Kinder, die in einem Umfeld aufwachsen, in dem emotionale Kälte, Vernachlässigung oder Missbrauch herrschen, ein höheres Risiko haben, aggressive und feindselige Verhaltensweisen zu entwickeln. Der Entwicklungspsychologe John Bowlby argumentiert, dass eine sichere Bindung zwischen Kind und Eltern eine entscheidende Rolle für die emotionale Entwicklung spielt. Kinder, die keine stabile und liebevolle Bindung erfahren, neigen dazu, emotionale Defizite zu entwickeln, die in Hass und Aggression münden können (Bowlby, 1969).

Gewalt in der Erziehung, insbesondere körperliche Bestrafung, ist ein weiterer Faktor, der Hass fördert. In einer Metaanalyse von Elizabeth

Gershoff (2002) wurden die langfristigen negativen Folgen von körperlicher Bestrafung aufgezeigt, darunter erhöhte Aggression, antisoziales Verhalten und ein höheres Risiko für psychische Probleme. „Kinder, die körperliche Bestrafung erfahren, lernen, dass Gewalt eine akzeptable Methode ist, um Konflikte zu lösen und Macht auszuüben" (Gershoff, 2002). Diese Erfahrung fördert nicht nur Aggressivität, sondern auch eine feindselige Weltsicht, die Hass gegenüber anderen verstärken kann.

Kinder, die in einem Umfeld aufwachsen, das von Hass und negativen Vorbildern geprägt ist, entwickeln oft tiefgreifende emotionale und soziale Probleme. Studien zeigen, dass Kinder, die Hass und Gewalt in der Erziehung erfahren, ein erhöhtes Risiko für Aggressionen, antisoziales Verhalten und emotionale Dysfunktionalitäten haben. Der Entwicklungspsychologe Dan Olweus hat in seiner Forschung über Mobbing gezeigt, dass Kinder, die in einem feindseligen oder gewalttätigen Umfeld aufwachsen, eher dazu neigen, selbst aggressive Verhaltensweisen an den Tag zu legen (Olweus, 1993). „Kinder, die Hass und Gewalt erleben, entwickeln oft eine feindselige Weltsicht und sehen Aggression als legitime Methode, um soziale Konflikte zu lösen" (Olweus, 1993).

Ein weiterer Aspekt der psychologischen Auswirkungen von Hass in der Erziehung ist die emotionale Isolation. Kinder, die von ihren Bezugspersonen Hass vermittelt bekommen, entwickeln oft ein starkes Misstrauen gegenüber anderen und haben Schwierigkeiten, gesunde zwischenmenschliche Beziehungen aufzubauen. Der Psychologe Erich Fromm beschreibt dies als eine Form von „emotionaler Entfremdung", bei der das Individuum „sich selbst und andere nicht mehr als gleichwertige Menschen betrachtet, sondern als Objekte der Feindseligkeit" (Fromm, 1956). Diese Entfremdung führt oft zu sozialem Rückzug, emotionaler Kälte und einer erhöhten Neigung zu Feindseligkeit und Aggression.

Hass, der durch Erziehung weitergegeben wird, hat nicht nur Auswirkungen auf die individuelle Entwicklung, sondern auch auf die Gesellschaft als Ganzes. Kinder, die in einem Umfeld aufwachsen, in dem Hass und Vorurteile normalisiert werden, tragen diese Einstellungen oft ins Erwachsenenleben hinein und beeinflussen dadurch die sozialen Strukturen. Historische Beispiele zeigen, wie gefährlich es sein kann, wenn Hass durch Erziehung weitergegeben wird. Die Erziehung in totalitären Regimen wie dem Nationalsozialismus oder dem Apartheidsystem in Südafrika basierte auf der bewussten Vermittlung von Rassismus, Intoleranz und Hass. Diese Systeme konnten ihre Ideologien aufrechterhalten, indem sie über Generationen hinweg negative Vorbilder in der Erziehung etablierten.

Der Sozialpsychologe Theodor W. Adorno untersuchte in seiner Studie *The Authoritarian Personality* (1950) den Zusammenhang zwischen autoritärer Erziehung und der Entwicklung von Vorurteilen und Intoleranz. Er kam zu dem Schluss, dass „autoritäre Erziehungsstile, die auf Unterwerfung, Gehorsam und Strenge basieren, die Entstehung von Vorurteilen und Feindseligkeit gegenüber Andersdenkenden fördern" (Adorno, 1950). Solche Erziehungsstile begünstigen die Entstehung einer Gesellschaft, die von Intoleranz, Aggression und Gewalt geprägt ist.

Um die Verbreitung von Hass durch negative Vorbilder zu verhindern, ist es notwendig, auf individueller und gesellschaftlicher Ebene gegenzusteuern. Eine zentrale Rolle spielt dabei die Förderung von Empathie, Toleranz und emotionaler Intelligenz in der Erziehung. Der Psychologe Daniel Goleman betont in seinem Buch *Emotional Intelligence* (1995), dass „die Fähigkeit, Emotionen zu erkennen, zu verstehen und zu regulieren, entscheidend für das soziale und emotionale Wohlbefinden ist" (Goleman, 1995). Kinder, die in einem Umfeld aufwachsen, das Empathie und emotionale Achtsamkeit fördert, sind weniger anfällig für Hass und Feindseligkeit.

Darüber hinaus ist es wichtig, dass Eltern, Lehrer und andere Erziehungspersonen ihre eigenen Vorurteile und Verhaltensmuster kritisch hinterfragen. In diesem Zusammenhang betont der Pädagoge Paulo Freire in seiner *Pädagogik der Unterdrückten* (1968) die Bedeutung von „kritischem Bewusstsein" in der Erziehung, das „den Erziehenden dazu befähigt, die Welt nicht nur passiv hinzunehmen, sondern aktiv zu hinterfragen und zu verändern" (Freire, 1968). Durch eine reflektierte und bewusste Erziehung können negative Vorbilder und die Weitergabe von Hass durchbrochen werden.

Hass in der Erziehung hat tiefgreifende und weitreichende Auswirkungen auf die emotionale und soziale Entwicklung von Kindern sowie auf die Gesellschaft insgesamt. Negative Vorbilder, die Hass, Vorurteile oder Gewalt vorleben, prägen die psychologische und soziale Entwicklung von Kindern und verstärken die Weitergabe von Intoleranz und Feindseligkeit. Erziehungsstile, die auf Gewalt, emotionaler Kälte oder der bewussten Vermittlung von Vorurteilen basieren, führen häufig zu aggressiven, antisozialen Verhaltensmustern und fördern die Entstehung einer feindseligen Gesellschaft. Um den Kreislauf des Hasses zu durchbrechen, ist es notwendig, eine Erziehung zu fördern, die auf Empathie, emotionaler Intelligenz und kritischem Bewusstsein basiert.

Literatur und Kunst haben seit jeher eine tiefgreifende Wirkung auf die menschliche Psyche und die Gesellschaft. Sie formen, reflektieren und verstärken kollektive Vorstellungen, Gefühle und Ideologien. Während sie oft als Instrumente der Aufklärung, der Schönheit und der Menschlichkeit angesehen werden, können sie auch als Katalysatoren für Hass und Feindseligkeit fungieren. Insbesondere in Zeiten sozialer, politischer und wirtschaftlicher Umwälzungen haben Schriftsteller, Künstler und andere kreative Akteure aufgestaute Ressentiments kanalisiert, oft mit verhängnisvollen Konsequenzen. Dieser Beitrag untersucht, wie Literatur und Kunst Hass beeinflussen können, indem sie gesellschaftliche Stimmungen widerspiegeln, negative Emotionen verstärken und in manchen Fällen sogar zur Legitimation von Gewalt beitragen.

Literatur und Kunst haben eine einzigartige Fähigkeit, die komplexen, oft unausgesprochenen Emotionen und Überzeugungen von Individuen und Kollektiven zum Ausdruck zu bringen. Der Literaturtheoretiker Terry Eagleton schreibt in *Literary Theory: An Introduction* (1983), dass Literatur „nicht nur die Welt darstellt, sondern sie auch formt, indem sie bestimmte soziale und ideologische Haltungen verstärkt oder herausfordert" (Eagleton, 1983). Kunst und Literatur dienen daher nicht nur als Reflexion der Gesellschaft, sondern als aktive Mitgestalter sozialer Realität.

Diese Formungsmacht gilt auch für Hass. Werke, die Vorurteile und Feindseligkeiten aufgreifen oder verstärken, können eine mächtige emotionale Resonanz erzeugen und bestehende Feindbilder schärfen. Der Kunsthistoriker Ernst Gombrich beschreibt in seinem Werk *Art and Illusion* (1960) den Einfluss von Bildern auf die Vorstellungskraft der Betrachter. Er argumentiert, dass „Bilder starke

199

emotionale Reaktionen hervorrufen und tief verwurzelte Überzeugungen über uns selbst und andere beeinflussen können" (Gombrich, 1960). Ähnlich wie visuelle Kunst kann auch Literatur durch narrative Strukturen und Charakterisierungen die Wahrnehmung von „Wir" und „Die Anderen" schärfen und Feindbilder verstärken.

Literatur kann als mächtiges Werkzeug der Ideologiebildung dienen, indem sie Hass und Vorurteile auf subtile oder explizite Weise in den Diskurs einbettet. Besonders deutlich wird dies in der politischen und ideologischen Propagandaliteratur. Während der Zeit des Nationalsozialismus in Deutschland war die Literatur ein zentrales Mittel zur Verbreitung antisemitischer Ideologie. Adolf Hitlers *Mein Kampf* (1925) ist ein markantes Beispiel für ein literarisches Werk, das offen Hass propagiert und das Fundament für eine rassistische Ideologie legte. Das Buch verband persönliche Erfahrungen mit pseudowissenschaftlichen Theorien, um eine aggressive und fanatische Haltung gegenüber Juden und anderen „Feinden des Volkes" zu schüren. Wie der Historiker Ian Kershaw feststellt, diente Hitlers Buch als „ideologischer Leitfaden für eine Generation von Nationalsozialisten" (Kershaw, 1999) und trug erheblich zur Normalisierung antisemitischer Vorurteile bei.

Ein weiteres Beispiel ist die Literatur des Hutu-Power-Regimes in Ruanda, die maßgeblich zum Völkermord von 1994 beitrug. Romane, Pamphlete und Propagandaschriften wie *The Hutu Ten Commandments* (1990) verstärkten Hass gegen die Tutsi-Minderheit und legitimierten ihre Diskriminierung und spätere Vernichtung. Diese Art von Literatur wird von Politikwissenschaftlern wie Scott Straus als „ideologischer Vorläufer des Völkermords" betrachtet (Straus, 2006), da sie die Grundlage für eine kollektive Vorstellung von Überlegenheit und Entmenschlichung der anderen Gruppe legte.

Während Literatur und Kunst oft als Medium der Aufklärung und des Widerstands gegen Ungerechtigkeit verstanden werden, haben sie auch das Potenzial, Hass und Gewalt ästhetisch zu überhöhen. Der Begriff der „Ästhetisierung des Hasses" bezieht sich auf den Prozess, durch den Gewalt und Hass durch künstlerische Mittel ästhetisch ansprechend oder „sinnvoll" gemacht werden. Ein bekanntes Beispiel hierfür ist der Futurismus in Italien, dessen Gründer Filippo Tommaso Marinetti in seinem *Futuristischen Manifest* (1909) Gewalt und Krieg verherrlichte und den Hass als reinigende Kraft der Moderne feierte. Marinetti beschrieb den Krieg als „die einzig wahre Hygiene der Welt" (Marinetti, 1909) und prägte eine künstlerische Bewegung, die Aggression und Zerstörung als notwendige Bestandteile des Fortschritts betrachtete. Diese Ästhetisierung von Gewalt und Hass trug zur Entfaltung totalitärer Bewegungen wie des Faschismus bei, die sich auf ähnliche Ideologien stützten.

Der Philosoph Walter Benjamin warnte in seinem Essay *Das Kunstwerk im Zeitalter seiner technischen Reproduzierbarkeit* (1936) vor der Gefahr der Ästhetisierung der Politik und des Krieges. Er argumentierte, dass die Verbindung von Kunst und Politik dazu führen könne, dass Gewalt und Hass als ästhetisch und notwendig legitimiert werden: „Der Faschismus ästhetisiert die Politik und bereitet damit den Weg für eine verhängnisvolle Vereinigung von Kunst und Zerstörung" (Benjamin, 1936). Diese Verbindung von Kunst und Gewalt führt dazu, dass Hass nicht nur akzeptiert, sondern als legitime, ja sogar „schöne" Ausdrucksform dargestellt wird.

Eines der zentralen Mittel, durch das Literatur Hass verstärkt oder legitimiert, ist die Schaffung und Verfestigung von Stereotypen. Narrationen, die „den Anderen" als bedrohlich, minderwertig oder böse darstellen, tragen wesentlich zur Bildung von Feindbildern bei. Der

Literaturwissenschaftler Edward Said hat in seinem Werk *Orientalism* (1978) dargelegt, wie westliche Literatur und Kunst den Orient als das „Andere" konstruierten, indem sie stereotype und vereinfachende Darstellungen von Menschen aus dem Nahen Osten und Asien präsentierten. Diese Darstellungen halfen, einen Diskurs der Überlegenheit des Westens und der Unterlegenheit des „Anderen" zu schaffen und zu verstärken. Said argumentiert, dass solche Stereotypisierungen nicht nur ein Produkt künstlerischer Phantasie sind, sondern auch dazu dienen, Machtstrukturen zu legitimieren und Feindseligkeit zu institutionalisieren: „Orientalismus ist nicht nur eine akademische Disziplin, sondern ein Machtinstrument, das die politische und kulturelle Hegemonie des Westens über den Osten ermöglicht" (Said, 1978).

Auch in der Kolonialliteratur finden sich zahlreiche Beispiele für die Verfestigung von rassistischen und feindseligen Stereotypen. In Rudyard Kiplings Gedicht *The White Man's Burden* (1899) wird der koloniale Eroberer als heroische Figur dargestellt, die die angeblich „primitiven" Völker der Kolonien zivilisieren muss. Solche Narrative fördern nicht nur ein Gefühl der Überlegenheit, sondern implizieren auch, dass Gewalt und Unterdrückung legitime Mittel sind, um diesen „zivilisatorischen Auftrag" zu erfüllen. Wie der Kulturtheoretiker Homi Bhabha argumentiert, schafft die Literatur durch solche Stereotypisierungen „einen ständigen Kreislauf der Entmenschlichung, der zur Rationalisierung von Gewalt und Hass beiträgt" (Bhabha, 1994).

Trotz der Macht von Literatur und Kunst, Hass zu fördern, haben sie auch das Potenzial, Hass zu dekonstruieren und Widerstand gegen Feindseligkeit und Vorurteile zu leisten. Zahlreiche Schriftsteller und Künstler haben sich bewusst gegen die Instrumentalisierung von

Kunst für Hass gewandt und Werke geschaffen, die Vorurteile entlarven und die Menschlichkeit des „Anderen" betonen.

Ein Beispiel hierfür ist das Werk von Primo Levi, der in seinem Buch *Ist das ein Mensch?* (1947) seine Erfahrungen im Konzentrationslager Auschwitz schildert. Levi nutzt Literatur, um die Dehumanisierung, die im Herzen des nationalsozialistischen Hasses stand, zu entlarven. Er zeigt, wie das System der Konzentrationslager die Menschlichkeit der Opfer zu zerstören versuchte, und stellt gleichzeitig die tiefe moralische Bedeutung der Erinnerung in den Vordergrund: „Das, was geschehen ist, darf nicht vergessen werden, denn die Erinnerung an das Unmenschliche ist die einzige Verteidigung gegen dessen Wiederkehr" (Levi, 1947).

Auch in der bildenden Kunst gibt es zahlreiche Beispiele für die Dekonstruktion von Hass. Werke wie Pablo Picassos *Guernica* (1937) oder Francisco de Goyas *Die Schrecken des Krieges* (1810–1820) prangern die Grausamkeit und Sinnlosigkeit von Gewalt und Hass an. Diese Kunstwerke rufen eine starke emotionale Reaktion hervor und fungieren als moralische Anklage gegen das menschliche Leid, das durch Hass verursacht wird.

Der Einfluss von Literatur und Kunst auf Hass ist ambivalent: Sie können sowohl als Verstärker von Feindseligkeit und Vorurteilen als auch als Mittel zur Dekonstruktion dieser negativen Emotionen fungieren. Durch die Schaffung und Verfestigung von Stereotypen, die Ästhetisierung von Gewalt und die Verbreitung ideologischer Propaganda können Literatur und Kunst Hass schüren und legitimieren. Gleichzeitig besitzen sie jedoch das Potenzial, Vorurteile zu entlarven und die Menschlichkeit in den Mittelpunkt zu stellen. In einer Welt, die zunehmend von Polarisierung und Hass geprägt ist, bleibt die Verantwortung von Künstlern und Schriftstellern, die transformative Kraft ihrer Werke zu nutzen, um Brücken des Verständnisses und der Empathie zu bauen.

Hass und das Gehirn: Neurowissenschaftliche Perspektiven

Hass ist eine kraftvolle und destruktive Emotion, die tief in der menschlichen Psyche verankert ist und individuelle wie kollektive Handlungen prägen kann. In den letzten Jahrzehnten hat die Neurowissenschaft entscheidende Fortschritte dabei gemacht, die neuronalen Grundlagen des Hasses zu erforschen. Die Frage, wie das Gehirn auf emotionale Reize wie Hass reagiert, hat große Bedeutung, da es Aufschluss darüber geben kann, warum Menschen so intensiv negative Gefühle entwickeln und aufrechterhalten und wie diese Emotionen soziale Dynamiken und menschliches Verhalten beeinflussen. Dieser Beitrag untersucht die neurobiologischen Mechanismen des Hasses, die Gehirnregionen, die daran beteiligt sind, und deren Beziehung zu anderen emotionalen Prozessen wie Angst und Empathie.

Hass ist eine komplexe Emotion, die weitreichende kognitive, affektive und soziale Implikationen hat. Aus neurobiologischer Sicht handelt es sich um eine Emotion, die eng mit Überlebensstrategien und der Abwehr von Bedrohungen verbunden ist. Hass ist eine Reaktion auf als extrem negativ empfundene soziale Interaktionen oder persönliche Erfahrungen und kann eine Form von aggressiver Verteidigung darstellen, um das eigene Selbst oder die eigene Gruppe zu schützen. In diesem Sinne kann Hass als evolutionär verankertes Verhalten gesehen werden, das dem Schutz vor äußeren Bedrohungen dient. Der Neurowissenschaftler Joseph LeDoux erklärt in seinem Werk *The Emotional Brain* (1996), dass „Hass ebenso wie Angst

204

eine emotionale Reaktion auf Bedrohungen ist, die eine tiefe Verankerung im Gehirn hat und das Verhalten maßgeblich steuert" (Le-Doux, 1996).

Neurowissenschaftliche Studien haben gezeigt, dass Hass in mehreren miteinander verbundenen Gehirnregionen verarbeitet wird, die gemeinsam als „Hass-Schaltkreis" bezeichnet werden können. Diese Regionen umfassen das subkortikale und das präfrontale Netzwerk, das für die Regulation von Emotionen, Entscheidungsfindung und Aggressionskontrolle zuständig ist.

Eine der zentralen Regionen, die mit der Verarbeitung von Hass verbunden ist, ist die Inselrinde (Insula). Die Insula spielt eine wichtige Rolle bei der Verarbeitung von negativen Emotionen wie Ekel und Abscheu und ist auch an der Wahrnehmung von sozialer Ausgrenzung und Ungerechtigkeit beteiligt. Forschungen von Zeki und Romaya (2008) zeigen, dass die Insula aktiv wird, wenn Menschen feindselige oder hasserfüllte Reize wahrnehmen. In ihrer bahnbrechenden Studie ließen sie Teilnehmer Bilder von Personen betrachten, die sie stark hassten, und fanden heraus, dass die Aktivierung der Insula mit intensiven negativen Emotionen korreliert (Zeki & Romaya, 2008).

Der Mandelkern (Amygdala) ist für die Verarbeitung von Angst und aggressivem Verhalten entscheidend und steht ebenfalls in enger Verbindung mit der Entstehung von Hass. Die Amygdala reagiert auf potenzielle Bedrohungen und spielt eine Schlüsselrolle bei der schnellen Bewertung von Gefahrensituationen. Hass aktiviert die Amygdala, wenn Bedrohungen – sei es real oder symbolisch – erkannt werden. Diese Region signalisiert dann anderen Teilen des Gehirns, dass eine aggressive oder defensive Reaktion angemessen sein könnte. Laut einer Studie von Lamm und Singer (2010) „scheint die Amygdala eng mit aggressiven und hasserfüllten Reaktionen verbunden zu sein, da sie auf den Wahrnehmungsprozess von Bedrohungen spezialisiert ist" (Lamm & Singer, 2010).

Der präfrontale Kortex ist die Region des Gehirns, die für die rationale Entscheidungsfindung, die Impulskontrolle und die Regulation von Emotionen zuständig ist. Er spielt eine kritische Rolle bei der Modulation von Hass und Aggression. Während impulsive Aggressionen oft unkontrolliert auftreten, zeigt die Forschung, dass der präfrontale Kortex dazu beitragen kann, diese Impulse zu dämpfen. Wenn jedoch der präfrontale Kortex durch extreme Emotionen wie Hass überlastet ist, kann seine Fähigkeit, diese Emotionen zu regulieren, beeinträchtigt werden. Dies erklärt, warum hasserfüllte Individuen oft zu irrationalen und extremen Verhaltensweisen neigen. Untersuchungen von Siegel et al. (2007) zeigen, dass „eine verringerte Aktivität im präfrontalen Kortex mit einer gesteigerten Aggressionsneigung und einer verringerten Fähigkeit zur Emotionsregulation verbunden ist" (Siegel et al., 2007).

Hass steht in einer komplexen Beziehung zu anderen emotionalen Prozessen, insbesondere Angst und Empathie. Neurowissenschaftliche Studien legen nahe, dass Angst und Hass eng miteinander verknüpft sind. Hass kann als Reaktion auf tiefe Angst entstehen, insbesondere auf die Angst vor dem Verlust von Macht, Identität oder sozialem Status. Der Neurowissenschaftler Antonio Damasio hat in seinem Werk *Descartes' Error* (1994) gezeigt, dass „negative Emotionen wie Angst und Hass oft auf ähnliche Weise im Gehirn verarbeitet werden, da beide stark mit der Amygdala verknüpft sind" (Damasio, 1994).

Empathie wiederum, die Fähigkeit, die Gefühle anderer Menschen zu verstehen und nachzuempfinden, steht in starkem Kontrast zu Hass. Interessanterweise haben neurowissenschaftliche Studien gezeigt, dass dieselben Gehirnregionen, die für Empathie verantwortlich sind, in umgekehrter Weise mit Hass verbunden sein können. Eine Verringerung der Empathie-Aktivität im Gehirn geht oft mit einer Zunahme von hasserfüllten oder aggressiven Reaktionen einher. Die Forschung von Decety et al. (2009) zeigt, dass „eine geringe Aktivierung von Empathie-Netzwerken im Gehirn mit einer erhöhten Aggressions- und Hassbereitschaft korreliert" (Decety et al., 2009). In Situationen, in denen Menschen dehumanisiert oder als „andere" dargestellt werden, reduziert das Gehirn automatisch die empathischen Reaktionen, was Hass und Gewalt begünstigen kann.

Neben der neuronalen Architektur des Hasses spielen auch Neurotransmitter eine entscheidende Rolle bei der Regulation von aggressiven und hasserfüllten Emotionen. Serotonin und Dopamin sind zwei der wichtigsten Neurotransmitter, die das emotionale Gleichgewicht des Gehirns beeinflussen.

Serotonin ist ein Neurotransmitter, der eine Schlüsselrolle bei der Stimmungsregulation spielt. Ein niedriger Serotoninspiegel wurde mit erhöhter Aggressivität und Impulsivität in Verbindung gebracht. Studien zeigen, dass Menschen mit geringen Serotoninwerten eine größere Neigung zu hasserfüllten oder aggressiven Reaktionen haben. In einer Untersuchung von Carver et al. (2008) wurde festgestellt, dass „niedrige Serotoninspiegel mit einer verringerten Fähigkeit zur Emotionskontrolle und einer erhöhten Anfälligkeit für aggressive Reaktionen verbunden sind" (Carver et al., 2008).

Dopamin ist ein Neurotransmitter, der mit Belohnung und Motivation assoziiert wird. Interessanterweise zeigt die Forschung, dass aggressive Handlungen, die aus Hass entstehen, das Dopaminsystem des Gehirns aktivieren können. Dies bedeutet, dass Menschen, die aus Hass handeln, möglicherweise eine Form von „Belohnung" durch die

Ausschüttung von Dopamin erfahren. Dies könnte erklären, warum Hass oft selbstverstärkend ist – das aggressive Verhalten wird belohnt, was die Wahrscheinlichkeit erhöht, dass es in Zukunft wieder auftritt. Kringelbach und Berridge (2009) argumentieren, dass „die Aktivierung des Dopaminsystems eine zentrale Rolle bei der Verstärkung von aggressiven und hasserfüllten Handlungen spielt, da diese als belohnend erlebt werden können" (Kringelbach & Berridge, 2009).

Eine der beunruhigendsten Erkenntnisse der Neurowissenschaften im Zusammenhang mit Hass ist die Erkenntnis, dass neuronale Muster, die Hass unterstützen, durch wiederholtes Erleben verstärkt werden können. Ähnlich wie bei anderen emotionalen und kognitiven Prozessen können hasserfüllte Reaktionen zu „gewohnten" Verhaltensweisen werden, wenn sie immer wieder ausgelöst werden. Dies liegt daran, dass das Gehirn plastisch ist und neuronale Verbindungen sich verstärken, wenn sie regelmäßig aktiviert werden. Dieses Phänomen wird als „neuronale Plastizität" bezeichnet. Es erklärt, warum Hass und Vorurteile so schwer zu überwinden sind, wenn sie einmal tief im Gehirn verankert sind.

Der Neurowissenschaftler Richard Davidson beschreibt dieses Phänomen in seiner Arbeit über emotionale Reaktionen: „Das Gehirn passt sich an die Emotionen an, die es häufig erlebt. Wenn Hass eine regelmäßige emotionale Erfahrung wird, werden die neuronalen Schaltkreise, die diese Emotion unterstützen, stärker und stabiler" (Davidson, 2004).

Die Neurowissenschaften bieten wertvolle Einblicke in die biologischen Grundlagen des Hasses und erklären, wie emotionale Prozesse im Gehirn verankert sind. Hass ist eine komplexe Emotion, die von mehreren Gehirnregionen gesteuert wird, darunter die Insula, die Amygdala und der präfrontale Kortex. Diese Regionen sind für die

Wahrnehmung von Bedrohungen, die Regulation von Emotionen und die Kontrolle von aggressivem Verhalten verantwortlich. Darüber hinaus beeinflussen Neurotransmitter wie Serotonin und Dopamin die Intensität und Dauer von hasserfüllten Emotionen.

Hass steht in enger Verbindung mit anderen emotionalen Prozessen wie Angst und Empathie, und die neurologische Struktur des Gehirns zeigt, wie schwer es ist, einmal verankerten Hass zu überwinden. Dies legt nahe, dass Interventionen, die auf neurobiologische Prozesse abzielen, eine wichtige Rolle bei der Bekämpfung von Hass und der Förderung von Empathie spielen könnten.

Die Rolle von Minderwertigkeitskomplexen im Lernen von Hass

Minderwertigkeitskomplexe, das Gefühl von geringerem Wert oder Unzulänglichkeit im Vergleich zu anderen, spielen eine entscheidende Rolle in der Entstehung und Verstärkung von Hass. Diese Komplexe entstehen häufig durch tiefgreifende soziale, psychologische und emotionale Faktoren und können das Verhalten, die Wahrnehmung und die Interaktion von Individuen und Gruppen stark beeinflussen. Wenn Menschen oder Gruppen das Gefühl entwickeln, gegenüber anderen minderwertig zu sein, kann dies zu emotionalen Reaktionen führen, die von Selbstzweifeln bis hin zu Feindseligkeit und Hass reichen. Dieser Text untersucht die Rolle von Minderwertigkeitskomplexen im Lernprozess von Hass, beleuchtet die zugrunde liegenden psychologischen Mechanismen und analysiert, wie soziale Dynamiken und kulturelle Faktoren zu einem gefährlichen Zyklus von Hass und Selbstwertproblemen beitragen.

Der Begriff „Minderwertigkeitskomplex" wurde von dem österreichischen Psychologen Alfred Adler eingeführt, einem der Gründerväter der Individualpsychologie. Adler definierte den Minderwertigkeitskomplex als das Ergebnis eines tief empfundenen Gefühls der Unzulänglichkeit, das sich auf die eigene Identität und die Wahrnehmung des Selbstwerts auswirkt (Adler, 1927). Diese Gefühle können durch physische, intellektuelle, soziale oder emotionale Defizite ausgelöst werden und führen häufig dazu, dass Individuen versuchen, durch Überkompensation oder aggressive Reaktionen ihre wahrgenommene Schwäche zu verdecken.

Adler betonte, dass Minderwertigkeitskomplexe nicht nur auf individueller Ebene wirken, sondern auch kollektive Auswirkungen haben können. Gesellschaften und Gruppen, die sich als unterlegen gegenüber anderen Gruppen empfinden, entwickeln häufig ein starkes Bedürfnis, ihren Status zu behaupten, was wiederum in Feindseligkeit gegenüber den vermeintlich überlegenen Gruppen münden kann. Dieser Mechanismus spielt eine zentrale Rolle bei der Entstehung von Hass, da das Gefühl der Unterlegenheit häufig in der Wahrnehmung von Ungerechtigkeit und Ungleichheit wurzelt.

Die Verbindung zwischen Minderwertigkeitskomplexen und Hass kann durch verschiedene psychologische Mechanismen erklärt werden. Eine zentrale Rolle spielen dabei die kognitiven Verzerrungen und Abwehrmechanismen, die Menschen entwickeln, um mit ihren Gefühlen der Unterlegenheit umzugehen.

    a)   Projektion und Externalisierung von Schuld

    b)

Eine der häufigsten Reaktionen auf Minderwertigkeitsgefühle ist die Projektion, ein Abwehrmechanismus, bei dem eigene negative Gefühle oder Schwächen auf andere übertragen werden. Menschen, die sich minderwertig fühlen, tendieren dazu, diese Gefühle auf äußere Faktoren oder Personen zu projizieren, die sie als Ursache ihres eigenen Leids wahrnehmen. Diese Projektion ermöglicht es ihnen, ihre eigene Unsicherheit zu externalisieren und die Schuld für ihre Probleme auf andere zu schieben. Laut Freud (1923) dient die Projektion als Abwehrstrategie, die dazu beiträgt, innere Konflikte zu bewältigen, indem sie die Quelle des Leidens außerhalb des Selbst sucht (Freud, 1923).

Die Projektion kann zu einer verzerrten Wahrnehmung führen, bei der andere als Bedrohung oder als Ursache der eigenen Unzulänglichkeit wahrgenommen werden. In extremen Fällen führt dies zu einem tiefen Hass gegenüber bestimmten Individuen oder Gruppen, die als Sündenböcke für das eigene Versagen oder die eigene Schwäche herangezogen werden.

Ein weiteres psychologisches Konzept, das die Entstehung von Hass im Zusammenhang mit Minderwertigkeitskomplexen erklärt, ist die „narzisstische Kränkung". Menschen, die unter Minderwertigkeitsgefühlen leiden, erleben oft eine tiefe Kränkung ihres Selbstwertgefühls, wenn sie mit ihrer eigenen Unzulänglichkeit konfrontiert werden. Diese Kränkung kann intensive Wut und Rachegefühle auslösen, insbesondere gegenüber Personen oder Gruppen, die als Ursache dieser Kränkung empfunden werden. Die Psychoanalytikerin Melanie Klein argumentierte, dass „narzisstische Kränkungen tiefe Spuren in der Psyche hinterlassen können, die oft in destruktive Gefühle wie Hass und Aggression münden" (Klein, 1946).

Diese Wutgefühle und der Wunsch nach Rache sind besonders ausgeprägt, wenn das Gefühl der Unterlegenheit als ungerecht empfunden wird. In solchen Fällen entsteht eine starke Motivation, das vermeintliche Unrecht zu „korrigieren", indem man die Ursache des Leids angreift oder zerstört. Dies erklärt, warum Menschen, die sich benachteiligt oder unterdrückt fühlen, oft extrem feindselig gegenüber denen reagieren, die sie als Quelle ihres Leids betrachten.

Minderwertigkeitskomplexe führen häufig dazu, dass Menschen versuchen, ihre Schwächen durch übermäßige Betonung von Stärke und Überlegenheit zu kompensieren. Dies ist ein klassisches Beispiel für das, was Adler als „Überkompensation" bezeichnete. Diese Überkompensation kann aggressives Verhalten und den Wunsch nach Dominanz fördern, insbesondere wenn Menschen versuchen, ihre wahrgenommene Unterlegenheit durch aggressive Mittel zu „überwinden". In diesem Kontext wird Hass zu einem Instrument, um die eigene Schwäche zu verbergen und die eigene Überlegenheit zu demonstrieren.

Adler stellte fest, dass „der Hass oft als Mittel dient, um die eigene Schwäche zu kaschieren und den illusionären Eindruck von Stärke zu erzeugen" (Adler, 1933). Dieser Mechanismus ist in politischen oder sozialen Kontexten besonders gefährlich, da er kollektive Formen von Hass und Gewalt fördern kann, wenn Gruppen oder Nationen versuchen, ihre wahrgenommene Unterlegenheit durch aggressive Feindseligkeit gegenüber anderen zu kompensieren.

Minderwertigkeitskomplexe entstehen nicht nur durch individuelle psychologische Prozesse, sondern sind auch tief in soziale und kulturelle Strukturen eingebettet. Gesellschaftliche Ungleichheiten, Diskriminierung und soziale Ausgrenzung können das Gefühl der Unterlegenheit und der Ungerechtigkeit verstärken, was wiederum kollektiven Hass hervorruft.

In vielen Gesellschaften führen starre soziale Hierarchien dazu, dass bestimmte Gruppen systematisch benachteiligt oder marginalisiert werden. Diese Gruppen entwickeln häufig ein starkes Gefühl der

Unterlegenheit und des Unrechts, was zu Ressentiments und Feindseligkeit gegenüber den dominanten Gruppen führen kann. Der Soziologe Pierre Bourdieu argumentierte, dass „soziale Hierarchien und die Reproduktion von sozialer Ungleichheit eine zentrale Rolle bei der Entstehung von kollektiven Minderwertigkeitsgefühlen und damit verbundenem Hass spielen" (Bourdieu, 1979).

Diese Dynamik lässt sich in vielen historischen und modernen Konflikten beobachten, bei denen benachteiligte oder marginalisierte Gruppen intensive Feindseligkeit gegenüber denjenigen entwickeln, die sie als Ursache ihrer Benachteiligung wahrnehmen. In solchen Fällen entsteht ein Zyklus des Hasses, in dem Minderwertigkeitskomplexe und soziale Ungleichheiten sich gegenseitig verstärken.

Kulturelle Narrative spielen eine entscheidende Rolle dabei, wie Minderwertigkeitsgefühle und Hass in einer Gesellschaft verbreitet werden. In vielen Fällen werden bestimmte Gruppen oder Individuen durch gesellschaftliche Diskurse und Medien als minderwertig dargestellt, was tiefgreifende psychologische Auswirkungen haben kann. Edward Said argumentierte in seinem Werk *Orientalism* (1978), dass „kulturelle Narrative oft dazu dienen, die Überlegenheit einer Gruppe über eine andere zu rechtfertigen, indem sie Stereotypen und Vorurteile fördern" (Said, 1978).

Solche kulturellen Narrative verstärken das Gefühl der Unterlegenheit und können Hass gegen diejenigen schüren, die als Ursache dieser marginalisierenden Narrative wahrgenommen werden. Dieser Prozess ist besonders gefährlich, wenn er durch ideologische Propaganda oder politische Rhetorik unterstützt wird, die gezielt darauf abzielt, Feindseligkeit und Ressentiments in der Bevölkerung zu schüren.

Minderwertigkeitskomplexe sind nicht nur ein individuelles Phänomen, sondern können auch auf kollektiver Ebene auftreten. Historische Beispiele zeigen, dass ganze Nationen oder ethnische Gruppen kollektive Minderwertigkeitsgefühle entwickeln können, die tief in ihre Identität eingebettet sind. Solche kollektiven Minderwertigkeitsgefühle entstehen oft durch historische Traumata, Kolonialismus oder lang anhaltende soziale Ungleichheiten.

Der Historiker Ian Kershaw untersuchte in seinem Werk *Hitler: 1889-1936 Hubris* (1999) die Rolle kollektiver Minderwertigkeitsgefühle im Aufstieg des Nationalsozialismus. Er argumentierte, dass „die Demütigung Deutschlands nach dem Ersten Weltkrieg und das Gefühl der nationalen Unterlegenheit einen fruchtbaren Boden für den Aufstieg des Hasses gegen Juden und andere ‚Feinde' des deutschen Volkes schuf" (Kershaw, 1999). Dieses kollektive Minderwertigkeitsgefühl führte dazu, dass die deutsche Bevölkerung empfänglich für die Propaganda des Nationalsozialismus war, die versuchte, die eigene Unterlegenheit durch die Zerstörung des „anderen" zu überwinden.

Minderwertigkeitskomplexe spielen eine zentrale Rolle im Lernprozess von Hass, sowohl auf individueller als auch auf kollektiver Ebene. Psychologische Mechanismen wie Projektion, narzisstische Kränkung und Überkompensation erklären, wie das Gefühl der Unterlegenheit zu aggressiven und feindseligen Reaktionen führen kann. Gleichzeitig tragen soziale Hierarchien und kulturelle Narrative dazu bei, Minderwertigkeitsgefühle zu verstärken und kollektiven Hass zu schüren. Die Erforschung dieser Dynamiken ist entscheidend, um zu verstehen, wie Hass entsteht und welche Maßnahmen ergriffen werden können, um diesen Kreislauf zu durchbrechen.

Sprache ist eines der mächtigsten Werkzeuge des Menschen. Sie ermöglicht den Austausch von Gedanken, die Vermittlung von Emotionen und die Bildung von Gemeinschaften. Doch Sprache kann auch zur Waffe werden. Insbesondere sprachliche Gewalt ist ein zentrales Instrument, um Hass zu schüren und Feindseligkeiten zu verstärken. Die Untersuchung sprachlicher Gewalt beleuchtet, wie Sprache als Medium der Manipulation, Abwertung und Entmenschlichung von Individuen und Gruppen fungiert. Dabei wird deutlich, dass sprachliche Gewalt nicht nur eine Begleiterscheinung physischer Aggression ist, sondern selbst als Form der Aggression und Eskalation von Hass fungieren kann. In diesem Text wird die Dynamik von sprachlicher Gewalt im Kontext von Hass untersucht, wobei auf psychologische, soziologische und linguistische Ansätze zurückgegriffen wird.

Unter dem Begriff „sprachliche Gewalt" versteht man den Einsatz von Sprache, um eine Person oder Gruppe zu erniedrigen, zu beleidigen oder auszugrenzen. Diese Form der Gewalt manifestiert sich durch die bewusste oder unbewusste Verwendung von abwertenden Bezeichnungen, beleidigenden Aussagen oder manipulativen Argumentationsstrukturen, die auf die Entwertung des Anderen abzielen. Die Sprachwissenschaftlerin Deborah Cameron definiert sprachliche Gewalt als „den Gebrauch von Sprache, der dazu dient, andere Menschen zu marginalisieren, zu unterdrücken oder zu verletzen" (Cameron, 1995).

Sprachliche Gewalt kann sowohl explizit, in Form von Beleidigungen und Verleumdungen, als auch subtil, durch ironische oder zynische Äußerungen, erfolgen. Die Linguistin Judith Butler argumentiert, dass Sprache immer auch eine performative Dimension hat – das heißt, sie kann Wirklichkeit konstruieren und soziale Hierarchien reproduzieren. Butler hebt hervor, dass „sprachliche Gewalt nicht nur auf den Moment der Äußerung begrenzt ist, sondern tiefgreifende soziale Folgen haben kann, da sie die Machtverhältnisse in der Gesellschaft aufrechterhält und legitimiert" (Butler, 1997).

Sprache spielt eine Schlüsselrolle in der Eskalation von Hass, indem sie als Instrument der Kategorisierung und Abwertung dient. Der Psychologe Gordon Allport zeigte in seiner berühmten Arbeit „The Nature of Prejudice" (1954), dass Vorurteile oft durch sprachliche Stereotype und abwertende Begriffe verstärkt werden. Allport stellte fest, dass die Verwendung von abwertender Sprache dazu beiträgt, den „Anderen" zu entmenschlichen und ihn als minderwertig darzustellen. Diese sprachliche Entmenschlichung ist eine Vorstufe von Hass und Gewalt, da sie es denjenigen, die sie verwenden, erleichtert, aggressives Verhalten gegen die betroffene Gruppe zu rechtfertigen.

Die Entmenschlichung durch Sprache ist ein zentrales Element sprachlicher Gewalt. Die Verwendung von Tiermetaphern, wie sie in rassistischen oder fremdenfeindlichen Diskursen häufig vorkommt, ist ein Beispiel dafür. Gruppen oder Individuen werden mit Tieren verglichen, um sie als minderwertig und nicht menschlich darzustellen. Dies hat nicht nur eine starke emotionale Wirkung, sondern dient auch der Rechtfertigung von Gewalt und Diskriminierung. Der Linguist Teun van Dijk betonte, dass „Entmenschlichung durch Sprache die Distanz zwischen ‚uns' und ‚denen' vergrößert und es einfacher macht, aggressive Handlungen gegen die entmenschlichte Gruppe zu legitimieren" (van Dijk, 1993).

Ein weiterer Mechanismus, der sprachliche Gewalt verstärkt, ist die Wiederholung und Normalisierung von abwertenden Sprachmustern. Wenn abwertende oder beleidigende Begriffe regelmäßig verwendet werden, verlieren sie für viele Menschen ihre ursprüngliche Schärfe und werden allmählich als Teil des normalen Sprachgebrauchs akzeptiert. Dieser Prozess der Normalisierung trägt dazu bei, dass Hass und Gewalt zunehmend als legitime Reaktionen auf vermeintliche Bedrohungen wahrgenommen werden.

Der Soziologe Pierre Bourdieu untersuchte die Macht der Sprache im sozialen Feld und stellte fest, dass „sprachliche Gewalt, insbesondere in institutionellen Kontexten, zur Reproduktion sozialer Ungleichheit beiträgt, indem sie bestimmte Gruppen durch abwertende Diskurse dauerhaft marginalisiert" (Bourdieu, 1991). Indem abwertende Sprache normalisiert wird, werden auch die zugrunde liegenden sozialen Hierarchien verstärkt und Hass wird auf subtile Weise in den alltäglichen Diskurs integriert.

Sprache ist immer auch ein Spiegel von Machtverhältnissen. Wer die Kontrolle über den öffentlichen Diskurs hat, bestimmt, welche Gruppen als „normativ" und welche als „abweichend" betrachtet werden. Sprachliche Gewalt dient oft dazu, bestehende Machtstrukturen zu festigen und abweichende Gruppen zu marginalisieren. Die Soziologin Ruth Wodak argumentiert, dass „sprachliche Gewalt insbesondere in politischen Diskursen eine zentrale Rolle spielt, um Feindbilder zu konstruieren und den Hass gegen bestimmte Gruppen zu legitimieren" (Wodak, 2001).

Ein zentrales Merkmal sprachlicher Gewalt ist die Ausgrenzung. Durch die Verwendung von Begriffen, die eine Gruppe als fremd oder anders darstellen, wird diese symbolisch von der Mehrheitsgesellschaft ausgeschlossen. Dieser „Diskurs der Ausgrenzung" schafft eine klare Trennlinie zwischen „wir" und „sie" und trägt zur Polarisierung der Gesellschaft bei. Wodak hebt hervor, dass „sprachliche Ausgrenzung nicht nur das Ergebnis von Vorurteilen ist, sondern diese Vorurteile aktiv reproduziert und verstärkt" (Wodak, 2015). In diesem Sinne wird sprachliche Gewalt zu einem Mittel, um soziale Ungleichheit zu zementieren und Hass zu legitimieren.

Sprache wird oft gezielt eingesetzt, um ideologische Manipulation zu betreiben. Politische Redner und Propagandisten nutzen abwertende Sprache, um die öffentliche Meinung zu beeinflussen und Hass gegen bestimmte Gruppen zu schüren. Der Sprachwissenschaftler George Lakoff untersuchte die Rolle von Metaphern in politischen Diskursen und argumentierte, dass „die Wahl bestimmter sprachlicher Metaphern gezielt dazu verwendet wird, um die Wahrnehmung der Öffentlichkeit zu lenken und bestimmte Gruppen als Bedrohung oder als ‚unwert' darzustellen" (Lakoff, 2004). Solche Manipulationen können Hass schüren, indem sie Feindbilder schaffen und die Verantwortung für soziale Probleme auf bestimmte Gruppen projizieren.

Die linguistische Analyse der sprachlichen Gewalt konzentriert sich auf die Strategien, die verwendet werden, um Hass zu erzeugen und zu verbreiten. Eine der wichtigsten Diskursstrategien ist die „Othering"-Technik, bei der eine Gruppe durch Sprache als anders oder fremd dargestellt wird. Diese Technik dient dazu, die betroffene Gruppe zu stigmatisieren und sie symbolisch von der Gemeinschaft auszuschließen.

„Othering" ist ein sprachlicher Prozess, bei dem eine Gruppe oder ein Individuum als „anders" oder „fremd" konstruiert wird. Diese Strategie der Abgrenzung trägt zur Entmenschlichung und Marginalisierung bei, indem sie die Gruppe als Bedrohung oder als unvereinbar mit den Normen der Gemeinschaft darstellt. Der Sprachwissenschaftler Norman Fairclough argumentiert, dass „‚Othering' nicht nur zur Verstärkung von Vorurteilen beiträgt, sondern auch zur Legitimation von

Diskriminierung und Gewalt gegen die betroffene Gruppe"
(Fairclough, 1989).

Eine weitere linguistische Technik, die im Zusammenhang mit sprachlicher Gewalt verwendet wird, ist der Einsatz von Euphemismen, um aggressive oder gewalttätige Handlungen zu verschleiern. Indem Gewaltakte sprachlich abgeschwächt oder als notwendige Maßnahmen dargestellt werden, wird ihre moralische Verwerflichkeit minimiert. Dieser Einsatz von Euphemismen trägt dazu bei, Hass und Gewalt als akzeptable Reaktionen auf vermeintliche Bedrohungen zu normalisieren. Fairclough zeigt auf, wie „sprachliche Verschleierung und Euphemismen oft verwendet werden, um Gewaltakte als legitime Verteidigung oder als gerechtfertigte Handlungen darzustellen" (Fairclough, 1992).

Sprachliche Gewalt hat tiefgreifende soziale und psychologische Konsequenzen. Sie ist nicht nur eine Form der symbolischen Aggression, sondern kann auch physische Gewalt vorbereiten und rechtfertigen. Der Übergang von sprachlicher zu physischer Gewalt ist oft fließend. Die Geschichte zeigt, dass Völkermorde, ethnische Säuberungen und andere Formen massiver Gewalt oft durch eine lange Phase sprachlicher Gewalt vorbereitet wurden. Der Holocaust, der Ruanda-Genozid und der Völkermord in Bosnien sind Beispiele dafür, wie Sprache genutzt wurde, um Hass zu schüren und massive Gewalt gegen bestimmte Gruppen zu legitimieren.

Sprache ist ein zentrales Mittel zur Schürung von Hass. Sprachliche Gewalt spielt eine entscheidende Rolle bei der Entstehung und Verstärkung von Vorurteilen, Feindbildern und Gewalt. Sie schafft ein soziales Klima, in dem Hass nicht nur geduldet, sondern aktiv gefördert wird. Um den Kreislauf des Hasses zu durchbrechen, ist es notwendig, die Mechanismen sprachlicher Gewalt zu verstehen und sie kritisch zu hinterfragen.

Öffentliche Symbole und Hass: Denkmäler, Flaggen und ihre Bedeutungen

Symbole haben in der menschlichen Gesellschaft seit jeher eine immense Bedeutung, da sie als Träger von Bedeutungen, Identitäten und Werten fungieren. Öffentliche Symbole wie Denkmäler und Flaggen sind besonders einflussreich, weil sie als sichtbare Zeichen der kollektiven Erinnerung und Identifikation dienen. Gleichzeitig können sie aber auch als Träger von Konflikten, Vorurteilen und Hass auftreten. Wenn Denkmäler und Flaggen bestimmte historische Ereignisse, Ideologien oder Machtverhältnisse repräsentieren, können sie sowohl als Mittel der Verehrung als auch als Objekte des Hasses und der Kontroverse verstanden werden. Dieser Text untersucht die Rolle öffentlicher Symbole im Kontext von Hass, analysiert ihre Ambivalenzen und zeigt auf, wie sie als Mittel der Manipulation und politischen Instrumentalisierung eingesetzt werden.

Denkmäler und Flaggen haben die Fähigkeit, kollektive Identitäten zu formen und historische Narrative zu kodifizieren. Ihre symbolische Bedeutung geht weit über ihre bloße physische Existenz hinaus, da sie als Verkörperungen von Geschichte, Kultur und Machtstrukturen fungieren. Laut dem Kulturhistoriker David Lowenthal repräsentieren Denkmäler „eine kodifizierte, offizielle Version der Geschichte, die die Werte und Ideale der herrschenden Klasse widerspiegelt" (Lowenthal, 1985). In ähnlicher Weise beschreibt der Historiker Eric Hobsbawm die Symbolik von Flaggen als „ein sichtbares Mittel zur Schaffung und Aufrechterhaltung nationaler Identität, das oft mit politischer Macht und Kontrolle verknüpft ist" (Hobsbawm, 1990).

Denkmäler werden oft errichtet, um historische Ereignisse, Persönlichkeiten oder Ideologien zu ehren. Sie sind jedoch keineswegs neutral. Die Auswahl dessen, was dargestellt wird, spiegelt die Machtverhältnisse und politischen Interessen der Gesellschaft wider, die das Denkmal errichtet. In diesem Zusammenhang beschreibt der Historiker Pierre Nora Denkmäler als „Orte des Gedächtnisses", die sowohl die Erinnerung an die Vergangenheit formen als auch gegenwärtige politische und soziale Hierarchien zementieren (Nora, 1989).

Während Denkmäler für einige als Symbole des Stolzes und der Erinnerung fungieren, können sie für andere Gruppen zur Quelle von Hass und Wut werden, insbesondere wenn sie mit Kolonialismus, Rassismus oder anderen Formen der Unterdrückung verbunden sind. Ein prominentes Beispiel hierfür sind die zahlreichen Statuen von Konföderierten Generälen in den Südstaaten der USA, die für viele die Verteidigung der Sklaverei und des weißen Suprematismus symbolisieren. Diese Denkmäler sind oft zu Brennpunkten politischer Auseinandersetzungen geworden, wie die Proteste und Forderungen nach ihrer Entfernung im Rahmen der Black Lives Matter-Bewegung zeigen.

Flaggen haben eine ähnliche symbolische Funktion wie Denkmäler, sie repräsentieren jedoch nicht nur historische Ereignisse, sondern oft auch territoriale Zugehörigkeit, nationale Identität und politische Loyalität. Der Kommunikationswissenschaftler Michael Billig beschreibt Flaggen als „banale Symbole des Nationalismus", die im Alltag oft unsichtbar bleiben, aber tief in der kollektiven Psyche verankert sind (Billig, 1995). Diese Symbole können jedoch ebenso Quelle von Konflikten und Hass sein, insbesondere wenn sie mit ideologischen oder rassistischen Bewegungen assoziiert werden.

Ein Beispiel ist die Südstaatenflagge (Confederate Flag) in den USA, die für viele Menschen den Kampf für die Unabhängigkeit der Konföderierten Staaten im amerikanischen Bürgerkrieg symbolisiert. Für viele Afroamerikaner und andere marginalisierte Gruppen hingegen ist sie ein Symbol des Rassismus und der Unterdrückung. Die Debatten um die öffentliche Verwendung der Südstaatenflagge verdeutlichen, wie Symbole nicht nur Vergangenes repräsentieren, sondern auch aktuelle gesellschaftliche Spannungen reflektieren.

Öffentliche Symbole sind per se ambivalent, da sie unterschiedliche Bedeutungen für verschiedene gesellschaftliche Gruppen haben können. Ein Symbol, das für eine Gruppe als Zeichen des Stolzes und der Identität dient, kann für eine andere Gruppe als Ausdruck von Unterdrückung und Hass interpretiert werden. Diese Ambivalenz zeigt sich deutlich in der politischen Instrumentalisierung von Denkmälern und Flaggen.

Denkmäler stehen oft im Zentrum politischer Auseinandersetzungen, weil sie nicht nur die Vergangenheit darstellen, sondern auch gegenwärtige Machtverhältnisse aufrechterhalten oder in Frage stellen. Der Soziologe James E. Young betont, dass „Denkmäler weniger als Objekte der Vergangenheit, sondern als Ausdruck der gegenwärtigen Gesellschaft und ihrer Werte verstanden werden sollten" (Young, 1993). Diese Ambivalenz zeigt sich besonders deutlich in den Debatten um die Entfernung oder Erhaltung von Denkmälern, die als Symbole von Rassismus, Kolonialismus oder Diktaturen angesehen werden.

Beispiele hierfür sind die Proteste gegen die Statuen von Kolonialisten und Sklavenhändlern in Europa, etwa die Statue von Edward Colston in Bristol, die 2020 von Protestierenden gestürzt wurde. Die symbolische Kraft dieser Tat zeigt, dass Denkmäler nicht nur historische Artefakte sind, sondern auch politische Aussagen über die Gegenwart machen.

Flaggen haben eine ähnliche ambivalente Funktion wie Denkmäler. Sie repräsentieren nicht nur nationale Identitäten, sondern oft auch politische Bewegungen. Eine Flagge, die für eine Gruppe die Befreiung oder den Widerstand gegen Unterdrückung symbolisiert, kann für eine andere Gruppe den Verlust von Macht oder die Bedrohung durch Fremde darstellen. Dies zeigt sich besonders deutlich bei Flaggen, die von radikalen politischen Gruppen verwendet werden.

Ein Beispiel hierfür ist die Flagge des „Islamischen Staats" (IS), die weltweit als Symbol des Terrorismus und der Gewalt wahrgenommen wird. Für die Mitglieder der Terrororganisation hingegen ist sie ein Symbol des göttlichen Auftrags und der Wiedererrichtung eines islamischen Kalifats. Diese gegensätzlichen Interpretationen verdeutlichen, dass Flaggen nicht nur historische oder territoriale Zugehörigkeit markieren, sondern auch ideologische Kämpfe um Macht und Legitimität widerspiegeln.

Öffentliche Symbole wie Denkmäler und Flaggen werden oft gezielt eingesetzt, um politische Ziele zu erreichen oder bestimmte Narrative zu fördern. Diese Instrumentalisierung von Symbolen kann sowohl von staatlichen Akteuren als auch von politischen Bewegungen ausgehen. Die Soziologin Ruth Wodak argumentiert, dass „Symbole und ihre Bedeutungen immer im Kontext der Machtverhältnisse betrachtet werden müssen, die sie erzeugen und reproduzieren" (Wodak, 2015). Symbole werden in politischen Diskursen verwendet, um bestimmte Gruppen zu stigmatisieren, die öffentliche Meinung zu beeinflussen und kollektive Feindbilder zu schaffen.

In vielen autoritären Regimen werden Denkmäler gezielt genutzt, um die Macht des Staates zu legitimieren und den Führerkult zu fördern. Der Politologe Robert Bevan beschreibt Denkmäler als „Instrumente der Macht, die dazu dienen, eine bestimmte Interpretation der Geschichte zu zementieren und alternative Narrative zu unterdrücken" (Bevan, 2006). Ein Beispiel hierfür sind die zahlreichen Denkmäler zu Ehren von Diktatoren wie Josef Stalin oder Mao Zedong, die in ihren jeweiligen Ländern als Symbole der nationalen Einheit und des Fortschritts errichtet wurden, aber gleichzeitig die Opfer von politischen Repressionen und Säuberungen ignorieren.

Flaggen werden oft von Protestbewegungen verwendet, um ihre politischen Forderungen zu artikulieren und Solidarität unter ihren Anhängern zu schaffen. Gleichzeitig können sie auch von politischen Gegnern als Symbole des Hasses und der Bedrohung wahrgenommen werden. Ein bekanntes Beispiel ist die Verwendung der Regenbogenflagge, die für die LGBTQ+-Gemeinschaft ein Symbol des Stolzes und der Gleichberechtigung darstellt. In konservativen oder autoritären Gesellschaften wird diese Flagge jedoch oft als Angriff auf traditionelle Werte und die soziale Ordnung interpretiert, was zu Hass und Gewalt gegen die LGBTQ+-Gemeinschaft führen kann.
In vielen Gesellschaften stellt sich die Frage, wie mit umstrittenen öffentlichen Symbolen umgegangen werden soll. Sollten Denkmäler und Flaggen, die Hass und Unterdrückung symbolisieren, entfernt oder umgedeutet werden? Diese Debatte ist oft emotional aufgeladen, da Symbole tief in den kollektiven Erinnerungen und Identitäten der Menschen verankert sind. Der Historiker Timothy Garton Ash plädiert dafür, „umstrittene Symbole nicht zu zerstören, sondern sie kritisch zu hinterfragen und ihre Geschichte offenzulegen" (Ash, 2009). Eine solche Neudeutung von Symbolen kann dazu beitragen, den Hass zu deeskalieren und den öffentlichen Raum für eine pluralistische Erinnerungskultur zu öffnen.

Denkmäler und Flaggen sind mächtige öffentliche Symbole, die sowohl zur Förderung von kollektiver Identität als auch zur Erzeugung von Hass genutzt werden können. Ihre Ambivalenz liegt in der Tatsache, dass sie unterschiedliche Bedeutungen für verschiedene gesellschaftliche Gruppen haben können. Um den Hass, der mit solchen Symbolen einhergeht, zu verstehen und zu bekämpfen, ist es notwendig, ihre historischen, kulturellen und politischen Kontexte kritisch zu hinterfragen und alternative Interpretationen zuzulassen.

Hass im Kontext von Globalisierung und Migration

Die Globalisierung hat die Welt in vielerlei Hinsicht verändert. Sie hat den Austausch von Gütern, Ideen und Menschen über Grenzen hinweg erleichtert, aber auch neue Spannungen und Konflikte hervorgerufen. Besonders im Zusammenhang mit Migration zeigt sich, dass Globalisierung oft sowohl als Chance als auch als Bedrohung wahrgenommen wird. Diese Wahrnehmungen führen nicht selten zu Reaktionen, die von Misstrauen bis hin zu offenem Hass reichen. Dieser Text untersucht die Zusammenhänge von Hass, Globalisierung und Migration und beleuchtet die sozialen, kulturellen und politischen Dynamiken, die diesen Hass antreiben. Dabei wird ein besonderer Fokus auf die Rolle von Unsicherheit, wirtschaftlicher Ungleichheit und Identitätsfragen gelegt.

Die Globalisierung hat in den letzten Jahrzehnten sowohl positive als auch negative Folgen für Gesellschaften weltweit mit sich gebracht. Durch den technologischen Fortschritt und den Abbau von

Handelsbarrieren ist die Welt zunehmend miteinander vernetzt. Gleichzeitig haben diese Prozesse jedoch bestehende soziale und wirtschaftliche Ungleichheiten verstärkt und in vielen Fällen Unsicherheiten über Identität, Sicherheit und Wohlstand erzeugt.

Einer der Hauptfaktoren, die zur Entstehung von Hass im Kontext von Globalisierung und Migration beitragen, sind wirtschaftliche Ungleichheiten. Während einige Bevölkerungsgruppen von der Globalisierung profitieren, fühlen sich andere benachteiligt und abgehängt. Diese ökonomischen Spannungen führen oft zu einer Suche nach Sündenböcken, die für soziale und wirtschaftliche Probleme verantwortlich gemacht werden. Der Politikwissenschaftler Manuel Castells beschreibt diese Dynamik als „eine Reaktion auf die wahrgenommenen Bedrohungen durch den wirtschaftlichen und kulturellen Wandel, der durch die Globalisierung verursacht wird" (Castells, 1997).

Migranten werden in diesem Zusammenhang häufig als Hauptverursacher von Arbeitslosigkeit, Lohndruck und sozialer Unsicherheit wahrgenommen. Besonders in wirtschaftlich schwachen Regionen und Ländern, die von der Globalisierung weniger profitiert haben, wird die Migration oft mit dem Verlust von Arbeitsplätzen und der Ausbeutung sozialer Systeme in Verbindung gebracht. Dies schafft ein Klima der Ressentiments und des Hasses gegenüber Migranten und Minderheiten, die als „fremd" und „bedrohlich" angesehen werden.

Neben den wirtschaftlichen Unsicherheiten spielen auch kulturelle Faktoren eine wichtige Rolle bei der Entstehung von Hass im Zusammenhang mit Migration. Die Globalisierung führt zu einer stärkeren Durchmischung von Kulturen und Lebensweisen, was für einige Bevölkerungsgruppen als Verlust der eigenen kulturellen Identität wahrgenommen wird. Der Soziologe Zygmunt Bauman spricht in diesem Zusammenhang von einer „Krise der Zugehörigkeit", die durch die Globalisierung und Migration verstärkt wird (Bauman, 1998). In einer Welt, die immer stärker vernetzt ist, kämpfen viele Menschen um die Bewahrung ihrer traditionellen Werte und Lebensstile, was zu einer Ablehnung des „Fremden" führt.

Migranten werden in diesem Kontext oft als kulturelle Bedrohung wahrgenommen, die das soziale Gefüge der Aufnahmegesellschaft destabilisieren. Dies äußert sich besonders in Nationalismus und Fremdenfeindlichkeit, die darauf abzielen, die eigene Kultur und Identität zu verteidigen. Der Kulturtheoretiker Stuart Hall betont, dass „Identität im Zeitalter der Globalisierung nicht mehr als etwas Statisches und Gegebenes betrachtet werden kann, sondern als dynamischer Prozess der Aushandlung und Veränderung" (Hall, 1992). Diese Unsicherheit über die eigene Identität kann jedoch leicht in Hass umschlagen, wenn sie mit der Angst vor dem Verlust traditioneller Werte und Normen verbunden ist.

Politische Akteure spielen eine entscheidende Rolle bei der Verstärkung und Instrumentalisierung von Hass gegenüber Migranten. In vielen Ländern nutzen populistische und extrem rechte Parteien die Ängste und Unsicherheiten der Bevölkerung, um eine „Wir gegen die"-Mentalität zu schüren. Diese Form der Polarisierung zielt darauf ab, gesellschaftliche Spaltungen zu vertiefen und Migranten als Sündenböcke für alle sozialen und ökonomischen Probleme darzustellen.

Populistische Bewegungen in Europa und den USA haben in den letzten Jahrzehnten maßgeblich zur Verbreitung von Hass und Fremdenfeindlichkeit beigetragen, indem sie Migranten als Bedrohung für die nationale Sicherheit, Kultur und Wirtschaft dargestellt haben. Diese

Rhetorik der Bedrohung wird häufig in Wahlkämpfen eingesetzt, um Wähler zu mobilisieren und politische Unterstützung zu gewinnen. Der Politikwissenschaftler Cas Mudde beschreibt den Populismus als eine Ideologie, die „die Gesellschaft in zwei gegensätzliche Gruppen unterteilt: das ‚reine Volk' und die ‚korrupte Elite', wobei Migranten oft als Bedrohung für das Wohl des Volkes dargestellt werden" (Mudde, 2007).

Ein bekanntes Beispiel für diese Dynamik ist die Rhetorik von Donald Trump während seiner Präsidentschaftskampagne 2016, in der er Migranten aus Mexiko als „Kriminelle" und „Vergewaltiger" bezeichnete und den Bau einer Mauer an der US-mexikanischen Grenze forderte. Diese Art der politischen Kommunikation zielt darauf ab, bestehende Vorurteile zu verstärken und Hass gegenüber Migranten zu legitimieren.

Die Medien spielen eine zentrale Rolle bei der Verbreitung von Hassnarrativen im Zusammenhang mit Migration. Insbesondere Boulevardmedien und soziale Netzwerke tragen durch vereinfachte und sensationsorientierte Berichterstattung dazu bei, Migranten als Gefahr für die Gesellschaft darzustellen. Der Kommunikationswissenschaftler Teun A. van Dijk betont, dass „die Medien nicht nur ein Spiegel der öffentlichen Meinung sind, sondern aktiv an der Konstruktion von Feindbildern und der Verstärkung von Vorurteilen beteiligt sind" (van Dijk, 1993).

In der medialen Berichterstattung wird Migration oft im Zusammenhang mit Kriminalität, Terrorismus und sozialer Unordnung dargestellt. Diese negative Darstellung von Migranten trägt dazu bei, bestehende Stereotype zu festigen und die öffentliche Wahrnehmung von Migration zu beeinflussen. Studien haben gezeigt, dass Menschen, die häufig negative Nachrichten über Migration konsumieren, eher dazu neigen, fremdenfeindliche Einstellungen zu entwickeln und Hass gegenüber Migranten zu empfinden (Esses et al., 2013).

Hass gegenüber Migranten ist nicht nur das Ergebnis politischer und medialer Manipulation, sondern auch tief in sozialen und psychologischen Prozessen verankert. Diese Prozesse sind eng mit Fragen der Identität, des Selbstwertgefühls und der Angst vor dem „Anderen" verbunden.

Der Psychologe Gordon Allport betont, dass „Vorurteile und Hass oft aus der Angst vor dem Unbekannten resultieren" (Allport, 1954). Migranten werden in vielen Gesellschaften als „das Andere" wahrgenommen, das von der eigenen sozialen und kulturellen Norm abweicht. Dieser Prozess des „Othering" führt dazu, dass Migranten als fremd, gefährlich und unvereinbar mit der eigenen Kultur betrachtet werden. Die Angst vor dem Unbekannten wird durch die mediale Darstellung von Migranten als Bedrohung noch verstärkt und führt zu einer Abwertung und Entmenschlichung von Migranten.

Ein weiterer psychologischer Mechanismus, der zur Entstehung von Hass beiträgt, ist die kognitive Dissonanz. Menschen tendieren dazu, widersprüchliche Informationen so zu verarbeiten, dass sie ihre eigenen Vorurteile und Überzeugungen bestätigen. Der Sozialpsychologe Leon Festinger erklärt, dass „wenn Menschen mit Fakten konfrontiert werden, die im Widerspruch zu ihren Überzeugungen stehen, sie oft eine Strategie der Abwehr wählen, um das eigene Selbstbild zu schützen" (Festinger, 1957). Diese Abwehrmechanismen können dazu führen, dass Menschen Migranten die Schuld an sozialen und wirtschaftlichen Problemen geben, um eigene Ängste und Unsicherheiten zu kompensieren.

Obwohl Hass gegenüber Migranten ein weit verbreitetes Phänomen ist, gibt es Ansätze und Strategien, um diesen Hass zu reduzieren und eine integrativere Gesellschaft zu fördern. Diese Ansätze beruhen auf der Förderung von interkulturellem Dialog, der Schaffung von Chancengleichheit und der Bekämpfung von Vorurteilen durch Bildung.

Studien haben gezeigt, dass der direkte Kontakt mit Migranten und der Austausch zwischen verschiedenen kulturellen Gruppen Vorurteile abbauen und gegenseitiges Verständnis fördern kann. Der Sozialpsychologe Thomas Pettigrew beschreibt den sogenannten „Kontakthypothese"-Ansatz, der darauf abzielt, durch positive Interaktionen zwischen Gruppen Vorurteile und Feindseligkeiten zu verringern (Pettigrew, 1998). Solche Initiativen können dazu beitragen, die Barrieren zwischen Einheimischen und Migranten abzubauen und das „Othering" zu überwinden.

Bildung spielt eine entscheidende Rolle bei der Bekämpfung von Hass und Vorurteilen gegenüber Migranten. Durch Aufklärung über die Ursachen und Folgen von Migration sowie über die Beiträge von Migranten zur Gesellschaft können Missverständnisse und Vorurteile abgebaut werden. Integrative Bildungsprogramme, die die Vielfalt der Gesellschaft wertschätzen und die Gemeinsamkeiten betonen, anstatt die Unterschiede hervorzuheben, sind ein wichtiger Schritt zur Förderung von Toleranz und Respekt.

Hass im Kontext von Globalisierung und Migration ist ein komplexes Phänomen, das durch eine Vielzahl von sozialen, ökonomischen und politischen Faktoren beeinflusst wird. Die Unsicherheiten, die durch den ökonomischen und kulturellen Wandel verursacht werden, spielen eine zentrale Rolle bei der Entstehung von Hass. Gleichzeitig tragen populistische Rhetorik und die Medien zur Verbreitung von

Feindbildern bei, die den Hass auf Migranten verstärken. Um diesen Hass zu bekämpfen, sind interkultureller Dialog, Bildung und die Schaffung von Chancengleichheit entscheidende Ansätze, um eine integrative und friedliche Gesellschaft zu fördern.

Methoden zur Messung und Erforschung des erlernten Hasses

Die Erforschung von erlerntem Hass stellt eine komplexe Herausforderung für Wissenschaftler aus verschiedenen Disziplinen wie Psychologie, Soziologie und Politikwissenschaft dar. Erlernter Hass bezieht sich auf die negativen Einstellungen und Verhaltensweisen, die durch soziale, kulturelle und familiäre Einflüsse geprägt werden. Dabei spielen soziale Lernprozesse, kognitive Verzerrungen und emotionale Faktoren eine zentrale Rolle. Um diese Phänomene zu untersuchen, haben Forscher eine Vielzahl von Methoden entwickelt, die auf psychometrischen Messungen, experimentellen Designs, qualitativen Ansätzen und kulturwissenschaftlichen Analysen basieren. Dieser Text gibt einen Überblick über die wichtigsten Methoden zur Messung und Erforschung von erlerntem Hass und betont deren Stärken und Herausforderungen.

Eine der häufigsten Methoden zur Messung von erlerntem Hass sind psychometrische Skalen, die darauf abzielen, Vorurteile, Feindseligkeit und Hass gegenüber bestimmten Gruppen zu quantifizieren. Solche Skalen basieren häufig auf Selbstauskunftsverfahren, bei denen die Befragten ihre eigenen Einstellungen und Gefühle gegenüber Zielgruppen wie ethnischen Minderheiten, politischen Gegnern oder sozialen Klassen angeben.

Ein Beispiel für eine solche Skala ist die „Skala des autoritären Persönlichkeitsprofils" von Adorno et al. (1950), die entwickelt wurde, um autoritäre Einstellungen und Vorurteile zu messen, die eng mit Hass auf marginalisierte Gruppen verbunden sind. Diese Skala wurde in zahlreichen Studien verwendet, um den Zusammenhang zwischen sozialem Lernen und der Entwicklung von Hass zu untersuchen. Eine neuere Variante ist die „Right-Wing Authoritarianism (RWA) Scale" von Altemeyer (1996), die autoritäre Einstellungen misst und aufzeigt, wie Gehorsam gegenüber Autoritäten und konforme Denkmuster zur Entwicklung von Hass beitragen können.

Skalen zur Messung von Vorurteilen und Hass haben den Vorteil, dass sie relativ einfach zu administrieren sind und eine hohe Reliabilität und Validität aufweisen, insbesondere wenn sie auf breiten Bevölkerungsstichproben angewendet werden. Eine Herausforderung besteht jedoch darin, dass diese Skalen auf Selbstauskünften beruhen, was zu sozial erwünschtem Verhalten führen kann – insbesondere in Bezug auf die Angabe von Hassgefühlen, die in vielen Gesellschaften sozial tabuisiert sind (Paulhus, 1984). Daher sind indirekte Messverfahren, wie implizite Assoziationstests (IATs), in der Forschung von erlerntem Hass zunehmend von Interesse.

Da explizite Fragebögen bei der Messung von Hass und Vorurteilen durch soziale Erwünschtheit oder Verzerrungen eingeschränkt sein können, haben sich implizite Messverfahren als nützlich erwiesen, um unbewusste oder automatische Assoziationen zwischen bestimmten Gruppen und negativen Emotionen zu erfassen. Der Implizite Assoziationstest (IAT), ursprünglich von Greenwald et al. (1998) entwickelt, ist eine weit verbreitete Methode, um die unbewusste Voreingenommenheit gegenüber ethnischen, religiösen oder politischen Gruppen zu messen.

Der IAT basiert auf der Idee, dass Menschen schnellere Reaktionszeiten bei der Zuordnung von positiven oder negativen Wörtern zu bestimmten Gruppen aufweisen, wenn ihre impliziten Vorurteile mit den dargestellten Assoziationen übereinstimmen. So kann der IAT etwa messen, ob eine Person eine schnellere Reaktionszeit bei der Assoziation von „schlecht" mit einer bestimmten ethnischen Gruppe aufweist, was als Indikator für unbewussten erlernten Hass interpretiert wird.

Der Vorteil des IAT liegt darin, dass er unbewusste und automatisierte Prozesse erfasst, die der bewussten Kontrolle entzogen sind. Dies bietet wertvolle Einblicke in die tieferen, unbewussten Schichten des erlernten Hasses. Allerdings wird der IAT auch kritisiert, da die Interpretation der Ergebnisse komplex ist und nicht immer eine direkte Verbindung zwischen impliziten Assoziationen und offenem Verhalten besteht (Blanton et al., 2009). Trotzdem bleibt der IAT eine zentrale Methode in der Forschung zu unbewussten Formen des erlernten Hasses.

Experimentelle Ansätze spielen eine zentrale Rolle bei der Untersuchung der sozialen Lernprozesse, die zur Entstehung von Hass führen. Diese Methoden ermöglichen es Forschern, kontrollierte Umgebungen zu schaffen, in denen die Einflussfaktoren für erlernten Hass systematisch untersucht werden können. Ein klassisches Experiment, das die sozialen Grundlagen von Hass untersucht, ist Banduras „Bobo-Doll"-Experiment (1961). Dieses Experiment zeigte, wie Kinder aggressives Verhalten durch die Beobachtung von Vorbildern erlernen können, was die Grundlage der Theorie des sozialen Lernens bildet.

In der modernen Forschung werden solche Experimente häufig eingesetzt, um zu testen, wie Medien, soziale Netzwerke und andere

Formen der sozialen Interaktion zur Verbreitung von Hass beitragen. Eine Studie von Fischer et al. (2011) untersuchte zum Beispiel, wie die Exposition gegenüber gewalttätigen Videospielen und hasserfüllter Rhetorik die Aggressivität und Feindseligkeit gegenüber bestimmten sozialen Gruppen verstärken kann. Solche Experimente helfen zu verstehen, wie erlernte Hassgefühle verstärkt oder abgeschwächt werden können.

Ein Vorteil experimenteller Methoden besteht darin, dass sie kausale Schlussfolgerungen ermöglichen, da die Forscher Variablen isolieren und deren direkte Auswirkungen auf das Verhalten beobachten können. Allerdings gibt es ethische Grenzen bei der Durchführung solcher Experimente, insbesondere wenn es um die absichtliche Förderung von Hass oder Aggression geht. Forscher müssen daher alternative Wege finden, wie etwa die Simulation sozialer Prozesse oder die Verwendung von virtuellen Welten, um die Dynamik des erlernten Hasses zu untersuchen (Fischer & Greitemeyer, 2011).

Qualitative Methoden, wie Tiefeninterviews, Fokusgruppen und Inhaltsanalysen, bieten einen wertvollen Ansatz zur Erforschung des erlernten Hasses, da sie es ermöglichen, die subjektiven Erfahrungen und die Bedeutung, die Individuen ihren Hassgefühlen zuschreiben, zu erfassen. Diese Methoden sind besonders nützlich, um die sozialen und kulturellen Kontexte zu verstehen, in denen Hass erlernt und weitergegeben wird.

Die Forschung von Daniel Bar-Tal (2007) zur kollektiven Erinnerung und Feindbildern zeigt, wie narrative Analysen dazu verwendet werden können, die psychologischen und kulturellen Mechanismen zu erforschen, die Hass gegenüber bestimmten Gruppen aufrechterhalten. In solchen Studien wird untersucht, wie historische

Erzählungen, Mythen und Symbole in einer Gesellschaft genutzt werden, um Feindbilder zu festigen und Hass zu perpetuieren.

Qualitative Methoden haben den Vorteil, dass sie tiefere Einblicke in die individuellen und kollektiven Bedeutungen von Hass ermöglichen. Sie sind besonders nützlich, um zu verstehen, wie Hass in verschiedenen kulturellen und sozialen Kontexten erfahren und weitergegeben wird. Allerdings haben sie auch Einschränkungen, insbesondere in Bezug auf die Generalisierbarkeit der Ergebnisse, da qualitative Studien oft auf kleinere Stichproben beschränkt sind.

In jüngster Zeit haben auch neurobiologische Ansätze an Bedeutung gewonnen, um die neuronalen Grundlagen des erlernten Hasses zu verstehen. Die Untersuchung der Hirnprozesse, die mit Hass und Vorurteilen verbunden sind, bietet neue Erkenntnisse darüber, wie soziale und emotionale Prozesse auf biologischer Ebene verankert sind.

Studien haben gezeigt, dass Hass und Aggression mit der Aktivierung bestimmter Hirnregionen verbunden sind, darunter die Amygdala, die für emotionale Reaktionen zuständig ist, und der präfrontale Kortex, der für die Kontrolle von Impulsen und aggressivem Verhalten verantwortlich ist (Zeki & Romaya, 2008). Diese neurobiologischen Erkenntnisse bieten wertvolle Informationen darüber, wie erlernte emotionale Reaktionen, wie Hass, auf neuronaler Ebene gespeichert und abgerufen werden.

Die Erforschung des erlernten Hasses erfordert einen multidisziplinären Ansatz, der psychometrische, experimentelle, qualitative und neurobiologische Methoden kombiniert. Jede dieser Methoden trägt auf unterschiedliche Weise zum Verständnis bei, wie Hass gelernt, aufrechterhalten und ausgedrückt wird. Während psychometrische

Ansätze quantitative Messungen ermöglichen, liefern qualitative Methoden tiefere Einsichten in die subjektiven und kulturellen Dimensionen des Hasses. Neurobiologische Ansätze erweitern unser Verständnis von den zugrunde liegenden Gehirnprozessen. Letztlich bietet die Kombination dieser Methoden einen umfassenden Ansatz zur Erforschung des erlernten Hasses und seiner Auswirkungen auf Individuen und Gesellschaften.

Hass und Identitätskrisen: Selbstdefinition durch Ablehnung des Anderen

Hass und Identitätskrisen stehen in einem tiefen und komplexen Zusammenhang, der sowohl auf individueller als auch auf kollektiver Ebene betrachtet werden muss. Die Selbstdefinition durch Ablehnung des „Anderen" ist ein Phänomen, das in vielen sozialen, politischen und kulturellen Kontexten zu beobachten ist. In Zeiten der Unsicherheit, in denen Identitäten instabil werden, kann Hass als ein Mittel zur Stärkung des eigenen Selbstverständnisses dienen. Diese Dynamik lässt sich durch psychologische, soziologische und kulturwissenschaftliche Ansätze erklären, die aufzeigen, wie der „Andere" zum zentralen Gegenstand des Hasses wird, um das eigene Selbst zu definieren und zu festigen.

Identitätskrisen entstehen, wenn Individuen oder Gruppen Schwierigkeiten haben, ein konsistentes und stabiles Selbstbild aufrechtzuerhalten. Solche Krisen können durch verschiedene Faktoren ausgelöst werden, darunter gesellschaftliche Umwälzungen, wirtschaftliche Unsicherheit oder politische Instabilität. Erik Erikson (1950), einer der bedeutendsten Theoretiker der Identitätsentwicklung, beschrieb Identitätskrisen als Phasen, in denen Menschen sich selbst und ihre Rolle in der Gesellschaft infrage stellen. Diese Phasen der Unsicherheit sind oft von Angst und Verwirrung begleitet, da

Menschen keine klare Antwort darauf finden, wer sie sind und wofür sie stehen.

In solchen Momenten kann Hass als ein psychologisches Abwehrmittel dienen, um innere Unsicherheiten zu bewältigen. Der Sozialpsychologe Henri Tajfel (1981) betonte in seiner Theorie der sozialen Identität, dass Menschen dazu neigen, ihre Identität in Abgrenzung zu „anderen" Gruppen zu definieren. Diese Abgrenzung erfolgt häufig durch die Herabsetzung oder Entwertung der „Anderen", was zu Vorurteilen und Feindseligkeit führen kann. Indem der „Andere" als Bedrohung oder Feind konstruiert wird, kann das Individuum oder die Gruppe ein Gefühl von Sicherheit und Kohärenz wiederherstellen.

Die Identitätskrise wird somit zur Grundlage für die Entwicklung von Hass, da das Bedürfnis nach Selbstdefinition durch die Schaffung eines klaren Gegensatzes zwischen „uns" und „den anderen" gestillt wird. Diese Dynamik zeigt sich besonders in gesellschaftlichen und politischen Kontexten, in denen Gruppen auf der Grundlage von Ethnizität, Religion, Nationalität oder Ideologie gegeneinander ausgespielt werden. Der Hass auf den „Anderen" dient hier als Projektionsfläche für eigene Ängste und Unsicherheiten.

Die Projektion spielt eine zentrale Rolle bei der Konstruktion des „Anderen" als Feindbild. Sigmund Freud (1920) beschrieb Projektion als einen psychologischen Abwehrmechanismus, bei dem Individuen ihre eigenen negativen Eigenschaften oder unerwünschten Gefühle auf andere übertragen. Diese Projektion ermöglicht es dem Individuum, unangenehme innere Konflikte zu externalisieren und sich selbst von negativen Gefühlen zu entlasten.
In Identitätskrisen wird dieser Mechanismus besonders relevant, da die Unsicherheiten und Widersprüche des eigenen Selbst auf den „Anderen" projiziert werden. Der „Andere" wird als Träger all dessen

wahrgenommen, was das Individuum oder die Gruppe in sich selbst ablehnt oder fürchtet. Dieses psychologische Konstrukt erklärt, warum Gruppen in Krisenzeiten dazu neigen, Feindbilder zu entwickeln und diese mit Hass zu füllen. Der Soziologe Zygmunt Bauman (2001) beschrieb in seiner Analyse der Postmoderne, dass die moderne Gesellschaft von einer „Flüssigkeit" der Identitäten geprägt ist, in der traditionelle Kategorien wie Klasse, Geschlecht oder Nationalität immer unsicherer werden. Diese Unsicherheit verstärkt den Drang, den „Anderen" als Fixpunkt für die eigene Identität zu definieren.

Ein anschauliches Beispiel für diesen Prozess ist die Konstruktion von ethnischen oder religiösen Feindbildern in Zeiten sozialer oder politischer Instabilität. In vielen ethnisch heterogenen Gesellschaften werden Konflikte oft durch die Schaffung von klaren Grenzen zwischen „wir" und „sie" verschärft. In solchen Fällen wird der „Andere" nicht nur als unterschiedlich, sondern als bedrohlich wahrgenommen, was Hass und Gewalt rechtfertigen kann. Studien haben gezeigt, dass diese Konstruktion von Feindbildern häufig von politischen Eliten oder Medien gefördert wird, um bestehende Ängste und Unsicherheiten auszunutzen (Staub, 1989).

Auf kollektiver Ebene funktioniert der Mechanismus der Selbstdefinition durch Ablehnung des „Anderen" ähnlich wie auf individueller Ebene. Kollektive Identitäten, wie nationale, ethnische oder religiöse Identitäten, sind oft eng mit der Vorstellung verbunden, wer zur Gruppe gehört und wer nicht. Der französische Soziologe Pierre Bourdieu (1991) argumentierte, dass kollektive Identitäten durch symbolische Grenzziehungen aufrechterhalten werden. Diese Grenzziehungen können zu Feindseligkeit gegenüber „Fremden" oder „Außenseitern" führen, da diese als Bedrohung für die Kohärenz und Stabilität der Gruppe wahrgenommen werden.

Ein klassisches Beispiel für die kollektive Definition von Identität durch Ablehnung des „Anderen" ist der Nationalismus. Nationalistische Bewegungen neigen dazu, die eigene Nation als überlegen oder auserwählt zu betrachten, während andere Nationen oder ethnische Gruppen abgewertet und mit negativen Eigenschaften versehen werden. Diese Dynamik wurde besonders deutlich im Kontext des europäischen Faschismus im 20. Jahrhundert, wo der Hass auf ethnische und politische „Feinde" ein zentrales Element der kollektiven Identität bildete. George Mosse (1985) analysierte, wie der Nationalsozialismus in Deutschland das jüdische Volk als den „absoluten Anderen" konstruierte, um die deutsche Identität zu stärken und politische Ziele zu legitimieren.

In solchen Fällen wird Hass nicht nur als individuelle Emotion erlebt, sondern als kollektives Gefühl, das durch soziale Rituale, Symbole und Erzählungen gestärkt wird. Diese kollektive Erfahrung von Hass schafft ein starkes „Wir"-Gefühl, das die Gruppe zusammenschweißt und gleichzeitig die Abgrenzung von anderen Gruppen verstärkt. Dies führt zu einer Eskalation von Vorurteilen, Diskriminierung und Gewalt.

Psychologische Theorien bieten wertvolle Einblicke in den Zusammenhang zwischen Identitätskrisen und der Entwicklung von Hass. Die Theorie des „symbolischen Interaktionismus" von George Herbert Mead (1934) betont, dass Identität durch soziale Interaktionen und die Wahrnehmung des Selbst im Spiegel des „Anderen" entsteht. Wenn dieser „Andere" als feindlich oder bedrohlich wahrgenommen wird, führt dies zu einer Verschiebung in der Selbstwahrnehmung, bei der die eigene Identität durch die Abgrenzung und Ablehnung des „Anderen" gestärkt wird.

Der Psychologe Erich Fromm (1941) untersuchte in seinem Werk *Escape from Freedom* den Zusammenhang zwischen der Angst vor Freiheit und der Entstehung von autoritären und hasserfüllten Ideologien. Fromm argumentierte, dass Menschen in Zeiten von Unsicherheit und sozialem Wandel häufig nach einfachen Antworten und klaren Identitäten suchen, die durch die Abwertung und den Hass auf andere Gruppen definiert sind. Dieser Mechanismus hilft den Individuen, mit den Ängsten und Unsicherheiten umzugehen, die durch Identitätskrisen ausgelöst werden.

Darüber hinaus betonen neuere psychologische Theorien die Rolle von Emotionen wie Angst und Wut in der Entstehung von Hass. Studien zeigen, dass Angst vor dem Unbekannten oder vor Veränderungen häufig zu Abwehrmechanismen führt, bei denen der „Andere" als Sündenbock dient (Fischer & Roseman, 2007). Diese Emotionen verstärken den Hass und die Ablehnung, da sie eine klare Trennung zwischen „uns" und „den anderen" schaffen und gleichzeitig das eigene Selbstgefühl stabilisieren.

In der modernen, globalisierten Welt haben sich die Dynamiken von Identitätskrisen und Hass verändert. Globalisierung führt zu einer Vermischung von Kulturen, Werten und sozialen Normen, was bei vielen Menschen das Gefühl verstärken kann, ihre traditionelle Identität zu verlieren. Der „Andere" in globalisierten Gesellschaften wird oft als der Inbegriff dieser Bedrohung wahrgenommen, da er für kulturelle Veränderungen und wirtschaftliche Unsicherheiten verantwortlich gemacht wird.

In diesem Kontext argumentiert der Soziologe Ulrich Beck (2007), dass die Globalisierung neue Formen von Identitätskrisen erzeugt, die zu „Rückzugsbewegungen" führen, bei denen Menschen sich auf nationalistische, religiöse oder ethnische Identitäten zurückbesinnen, um ein Gefühl von Sicherheit und Zugehörigkeit wiederherzustellen. Diese „Rückkehr zu den Wurzeln" geht oft mit einer verstärkten Abgrenzung und Ablehnung des „Anderen" einher, was zu einer Zunahme von Hass und Feindseligkeit führt.

Der Zusammenhang zwischen Hass und Identitätskrisen ist ein vielschichtiges und komplexes Phänomen, das psychologische, soziale und kulturelle Dimensionen umfasst. In Zeiten der Unsicherheit und Instabilität kann Hass auf den „Anderen" als Mittel dienen, um das eigene Selbstverständnis zu stärken und innere Ängste zu bewältigen. Die Konstruktion von Feindbildern und die Projektion negativer Emotionen auf den „Anderen" helfen dabei, die eigene Identität zu definieren und zu stabilisieren. Sowohl auf individueller als auch auf kollektiver Ebene zeigt sich, dass die Ablehnung des „Anderen" oft eng mit der Notwendigkeit verbunden ist, ein Gefühl von Kohärenz und Sicherheit wiederherzustellen.

Hassverbrechen: Formen, Ursachen und Präventionsstrategien

Hassverbrechen, auch als „hate crimes" bekannt, sind Straftaten, die aus Vorurteilen oder Feindseligkeiten gegenüber einer bestimmten Gruppe begangen werden. Diese Verbrechen richten sich oft gegen Menschen aufgrund ihrer ethnischen Herkunft, Religion, sexuellen Orientierung, Geschlechtsidentität oder anderer sozialer Merkmale. Hassverbrechen sind nicht nur direkte Angriffe auf das Opfer, sondern auch auf die gesamte Gruppe, die durch die Tat stigmatisiert und bedroht wird. Das macht sie besonders gefährlich, sowohl für das soziale Gefüge als auch für das Wohl der betroffenen Gemeinschaften.

Die Untersuchung von Hassverbrechen erfordert einen interdisziplinären Ansatz, der soziologische, psychologische und rechtliche Dimensionen integriert. Dieser Text gibt einen Überblick über die verschiedenen Formen von Hassverbrechen, beleuchtet ihre Ursachen und diskutiert Präventionsstrategien, die entwickelt wurden, um solche Verbrechen zu verhindern und ihre Auswirkungen zu minimieren.

Hassverbrechen manifestieren sich in einer Vielzahl von Formen, die von verbalen Angriffen bis hin zu schweren Gewalttaten reichen. Die häufigsten Formen lassen sich in folgende Kategorien unterteilen:

Physische Gewalt: Dies umfasst Übergriffe, Schläge, Körperverletzungen und sogar Mord, die aus Hass gegenüber einer bestimmten Gruppe resultieren. Ein Beispiel für ein extremes Hassverbrechen war das Massaker von Christchurch 2019, bei dem ein rechtsextremer Täter in zwei Moscheen in Neuseeland 51 Muslime ermordete. Diese Tat wurde weltweit als Ausdruck des wachsenden Islamhasses verurteilt (Perry & Alvi, 2012).

Vandalismus: Die Zerstörung von Eigentum, insbesondere religiöser oder kultureller Symbole, ist eine häufige Form von Hassverbrechen. Beispiele sind das Schänden von Friedhöfen oder das Anzünden von Gotteshäusern, wie es häufig bei Angriffen auf Synagogen oder Moscheen vorkommt.

Hassreden und Drohungen: Diese Form beinhaltet verbale Angriffe, Beleidigungen und Drohungen, die auf die Identität des Opfers abzielen. Hassreden werden häufig online verbreitet und sind durch die Anonymität des Internets schwerer zu verfolgen und zu sanktionieren. Besonders die sozialen Medien haben Hassreden und die Anstiftung zu Hassverbrechen verstärkt, wie diverse Studien aufzeigen (Daniels, 2018).

Diskriminierung und strukturelle Gewalt: Neben direkten physischen Angriffen kann Hassverbrechen auch in systematischer

Diskriminierung und Ungleichbehandlung resultieren, wie zum Beispiel in der Verweigerung von Dienstleistungen oder im Ausschluss von Bildungs- und Arbeitsmöglichkeiten aufgrund von Vorurteilen.

Die Ursachen von Hassverbrechen sind vielschichtig und komplex. Sie beinhalten psychologische, soziale und politische Faktoren, die alle zur Entstehung und Verstärkung von Vorurteilen und Feindseligkeiten beitragen. Im Folgenden werden die wichtigsten Ursachen untersucht:

Psychologische Theorien betonen die Rolle von Emotionen wie Angst, Wut und Unsicherheit als treibende Kräfte hinter Hassverbrechen. Der Sozialpsychologe Gordon Allport (1954) argumentierte, dass Vorurteile oft das Ergebnis von tief verwurzelten Ängsten sind, die durch Bedrohungen oder Unsicherheiten ausgelöst werden. Menschen neigen dazu, ihre eigenen Unsicherheiten und Ängste auf „andere" zu projizieren, die sie als Bedrohung für ihre eigene soziale oder kulturelle Identität wahrnehmen. In diesen Fällen wird der „Andere" nicht nur als unterschiedlich, sondern als Feind betrachtet, der bekämpft oder eliminiert werden muss.

Henri Tajfels Theorie der sozialen Identität (1981) legt nahe, dass Hassverbrechen häufig aus einem starken „Wir-gegen-sie"-Denken entstehen. Menschen definieren sich oft über ihre Zugehörigkeit zu bestimmten sozialen Gruppen (z. B. ethnische, religiöse oder nationale Gruppen) und betrachten andere Gruppen als Bedrohung für ihre eigene Identität. In solchen Fällen kann die Gewalt gegen Mitglieder anderer Gruppen als Verteidigung der eigenen Gruppe rationalisiert werden. Diese Dynamik ist insbesondere in Zeiten sozialer und politischer Instabilität zu beobachten, wenn Menschen verstärkt nach klaren Identitäten und Zugehörigkeiten suchen.

Politische und wirtschaftliche Krisen können das Entstehen von Hassverbrechen begünstigen, indem sie sozialen Zusammenhalt schwächen und Ressentiments schüren. In Zeiten von ökonomischen Krisen oder politischem Umbruch werden bestimmte Gruppen häufig als Sündenböcke für gesellschaftliche Probleme dargestellt. Historische Beispiele hierfür sind zahlreich: Die Judenverfolgung im nationalsozialistischen Deutschland oder die Verfolgung von Muslimen in Myanmar zeigen, wie wirtschaftliche und politische Spannungen gezielt genutzt werden, um Hass gegen bestimmte Gruppen zu fördern (Staub, 1989).

Die Rolle der Medien, insbesondere sozialer Netzwerke, bei der Förderung von Hass und Radikalisierung ist in den letzten Jahren zunehmend in den Fokus gerückt. Radikale Ideologien und Verschwörungstheorien verbreiten sich online oft ungehindert, und Hassgruppen nutzen digitale Plattformen, um ihre Botschaften zu verbreiten und neue Mitglieder zu rekrutieren. Diese „Echo-Kammern" verstärken bestehende Vorurteile und können dazu führen, dass Einzelpersonen sich zu extremen Handlungen hinreißen lassen. Forscher wie Jessie Daniels (2018) haben gezeigt, dass insbesondere rechte und islamfeindliche Gruppierungen online besonders aktiv sind und gezielt Feindbilder aufbauen.

Angesichts der schwerwiegenden Auswirkungen von Hassverbrechen auf Individuen und Gemeinschaften ist die Prävention ein zentrales Ziel für Politik, Strafverfolgung und Zivilgesellschaft. Präventionsstrategien sind vielfältig und reichen von gesetzgeberischen Maßnahmen über Bildungsprogramme bis hin zu Gemeinschaftsinitiativen.

Viele Länder haben spezielle Gesetze zur Bekämpfung von Hassverbrechen erlassen, die härtere Strafen für Verbrechen vorsehen, die durch Vorurteile motiviert sind. In den USA wurde beispielsweise der „Matthew Shepard and James Byrd Jr. Hate Crimes Prevention Act" von 2009 verabschiedet, der das Strafmaß für Hassverbrechen erhöht und die Bundesbehörden ermächtigt, bei besonders schweren Fällen einzugreifen (Levin & McDevitt, 1993). Auch in der Europäischen Union und in vielen anderen Ländern gibt es spezielle Anti-Diskriminierungsgesetze, die Hassverbrechen unter Strafe stellen.

Eine effektive Strafverfolgung ist jedoch oft durch Schwierigkeiten bei der Identifikation von Hassmotiven erschwert. Daher ist eine engere Zusammenarbeit zwischen Strafverfolgungsbehörden, Justiz und Zivilgesellschaft erforderlich, um sicherzustellen, dass Hassverbrechen konsequent verfolgt und bestraft werden.

Bildung ist eine der wirksamsten Präventionsstrategien gegen Hassverbrechen. Programme, die sich auf die Förderung von Toleranz und interkulturellem Verständnis konzentrieren, können dazu beitragen, Vorurteile und Feindseligkeit abzubauen. Studien zeigen, dass Bildungsinitiativen, die auf die Förderung von Empathie und das Verständnis für unterschiedliche Kulturen abzielen, insbesondere bei jungen Menschen langfristig positive Effekte haben (Allport, 1954). Schulprogramme, die sich mit Themen wie Rassismus, Antisemitismus und Homophobie auseinandersetzen, können helfen, Hassverbrechen zu verhindern, bevor sie entstehen.

Ein Beispiel für solche Initiativen ist das Programm „Facing History and Ourselves", das Lehrer und Schüler dazu anregt, historische Beispiele von Vorurteilen und Gewalt zu untersuchen und daraus Lehren für den heutigen Umgang mit Hass zu ziehen.

Gemeinschaftsbasierte Präventionsstrategien, die auf Dialog und Zusammenarbeit zwischen verschiedenen sozialen Gruppen abzielen, sind ebenfalls ein wichtiger Bestandteil der Bekämpfung von Hassverbrechen. Der Sozialpsychologe Gordon Allport (1954) entwickelte die Kontakthypothese, die besagt, dass direkter Kontakt zwischen Mitgliedern unterschiedlicher Gruppen helfen kann, Vorurteile zu verringern. Diese Idee wurde in vielen Gemeinschaftsprojekten umgesetzt, die darauf abzielen, den interkulturellen Dialog zu fördern und Spannungen zwischen ethnischen oder religiösen Gruppen abzubauen.

Projekte wie „Interfaith Dialogues" oder „Community Cohesion Programs" haben gezeigt, dass gemeinsames Engagement in sozialen Projekten und der Aufbau von Vertrauen zwischen verschiedenen Gruppen entscheidend dazu beitragen können, Hass und Feindseligkeit zu mindern (Perry, 2001).

Angesichts der zunehmenden Bedeutung von sozialen Medien für die Verbreitung von Hassideen ist auch die Prävention im digitalen Raum entscheidend. Plattformen wie Facebook, Twitter und YouTube stehen vor der Herausforderung, Hassreden und die Verbreitung extremistischer Inhalte zu regulieren, ohne die Meinungsfreiheit einzuschränken. Initiativen wie das „Code of Conduct on Countering Illegal Hate Speech Online", eine Vereinbarung zwischen der Europäischen Kommission und großen Technologieunternehmen, zielen darauf ab, Hassreden schneller zu entfernen und ihre Verbreitung zu verhindern (Keen, 2017).

Zudem ist die Förderung von Medienkompetenz ein wesentlicher Bestandteil der Online-Prävention. Durch die Vermittlung von Fähigkeiten zur kritischen Bewertung von Online-Inhalten und zur Erkennung von Fake News können Nutzer dazu befähigt werden, Hasspropaganda zu durchschauen und sich aktiv dagegen zu wehren.

Hassverbrechen stellen eine ernste Bedrohung für das soziale Gefüge dar, da sie nicht nur einzelne Opfer, sondern ganze Gemeinschaften und Gesellschaften angreifen. Die Ursachen von Hassverbrechen sind tief in psychologischen, sozialen und politischen Dynamiken verwurzelt, die durch Unsicherheit, Vorurteile und Gruppenkonflikte verstärkt werden. Die Prävention von Hassverbrechen erfordert daher ein umfassendes, interdisziplinäres Vorgehen, das von gesetzgeberischen Maßnahmen über Bildungsinitiativen bis hin zur Förderung von interkulturellem Dialog reicht. Nur durch gemeinsame Anstrengungen von Politik, Zivilgesellschaft und Einzelpersonen kann die Gefahr, die Hassverbrechen für das gesellschaftliche Zusammenleben darstellen, nachhaltig bekämpft werden.

Die Dekonstruktion von Hass in der Therapie: Ansätze und Fallstudien

Hass ist eine der intensivsten und destruktivsten Emotionen, die sowohl auf individueller als auch auf gesellschaftlicher Ebene erhebliche Schäden anrichten kann. Er kann sich auf verschiedene Arten äußern: in Form von Vorurteilen, Wut, Feindseligkeit oder sogar Gewalt. Für Menschen, die von Hass dominiert werden, kann dieser Zustand erhebliche psychische und physische Folgen haben, die sowohl ihr eigenes Wohlbefinden als auch ihre zwischenmenschlichen Beziehungen beeinträchtigen. In der psychotherapeutischen Praxis stellt die Dekonstruktion von Hass daher eine besondere Herausforderung dar, die eine Kombination aus theoretischem Verständnis, therapeutischen Techniken und Geduld erfordert. In diesem Text werden die wichtigsten psychotherapeutischen Ansätze zur Dekonstruktion von Hass beleuchtet, Fallstudien zur Veranschaulichung herangezogen und schließlich diskutiert, wie Hass in der Therapie behandelt und transformiert werden kann.

Hass ist nicht nur eine einfache emotionale Reaktion, sondern ein komplexes Konstrukt, das tief in psychologischen Mechanismen verwurzelt ist. Psychodynamische, kognitive und humanistische Theorien bieten unterschiedliche Perspektiven, um den Ursprung und die Aufrechterhaltung von Hass zu verstehen.

Aus psychodynamischer Sicht wird Hass oft als eine Abwehrreaktion gegen tiefere, unangenehme Emotionen wie Angst, Scham oder Ohnmacht verstanden. Sigmund Freud (1920) sah Hass als eine primitive Emotion, die oft auf innere Konflikte und unerfüllte Bedürfnisse zurückzuführen ist. Menschen, die nicht in der Lage sind, ihre Wut oder Frustration auf gesunde Weise zu verarbeiten, neigen dazu, diese negativen Emotionen nach außen zu projizieren. Carl Gustav Jung (1957) argumentierte ebenfalls, dass Hass eine Projektion des „Schattenaspekts" des Selbst sei – jener Teile der Persönlichkeit, die verdrängt und auf andere projiziert werden.

Kognitive Modelle des Hasses fokussieren sich auf die verzerrten Denkmuster und Überzeugungen, die der Emotion zugrunde liegen. Aaron Beck (1976) und Albert Ellis (1962), Pioniere der kognitiven Verhaltenstherapie (KVT), sahen Hass als Produkt irrationaler Überzeugungen und negativer automatischer Gedanken. Menschen entwickeln Überzeugungen, die feindselige oder bedrohliche Interpretation von Situationen begünstigen, was Hass aufrechterhält. Diese Denkmuster führen zu einer „schwarz-weißen" Weltsicht, in der das Selbst als vollkommen gerecht und der andere als absolut böse gesehen wird. Die Therapie zielt darauf ab, diese kognitiven Verzerrungen zu identifizieren und zu korrigieren.

Aus humanistischer Sicht, insbesondere nach Carl Rogers (1961), ist Hass das Ergebnis eines Mangels an bedingungsloser positiver Wertschätzung und Empathie. Rogers postulierte, dass Menschen, die in ihrer Kindheit keine liebevolle Akzeptanz erfahren haben, Hass als Abwehrmechanismus gegen das Gefühl von Wertlosigkeit entwickeln. In dieser Perspektive ist Hass ein Zeichen von tiefem emotionalem Schmerz und Isolation, der durch mangelnde zwischenmenschliche Verbindungen verstärkt wird.

Die Dekonstruktion von Hass in der Therapie erfordert ein tiefes Verständnis der zugrunde liegenden emotionalen, kognitiven und sozialen Faktoren, die zu seinem Fortbestehen beitragen. Die folgenden therapeutischen Ansätze bieten verschiedene Werkzeuge und Methoden zur Behandlung von Hass.

Die Kognitive Verhaltenstherapie (KVT) hat sich als eine der wirksamsten Methoden zur Behandlung von Hass erwiesen, insbesondere wenn dieser auf kognitiven Verzerrungen und negativen Denkmustern basiert. In der KVT wird der Fokus auf die Identifikation und Veränderung der feindseligen Gedanken gelegt, die Hass aufrechterhalten. Durch Techniken wie das kognitive Umstrukturieren lernen Patienten, ihre Wahrnehmungen und Reaktionen zu hinterfragen und neue, realistischere Sichtweisen zu entwickeln (Beck, 1976). Eine Fallstudie von Hofmann und Asmundson (2008) beschreibt beispielsweise einen Patienten mit starkem Hass gegenüber einer ethnischen Minderheit. Durch die Arbeit an seinen Überzeugungen und Vorurteilen konnte der Patient seine extremen Einstellungen relativieren und den Hass schrittweise abbauen.

In der psychodynamischen Therapie wird Hass als eine Abwehrreaktion gegen tiefere emotionale Verletzungen verstanden. Der Therapeut hilft dem Patienten, unbewusste Konflikte und verdrängte Gefühle aufzudecken, die den Hass antreiben. Ziel ist es, das Bewusstsein für die ursprünglichen Quellen des Hasses zu entwickeln und diese Emotionen auf gesunde Weise zu integrieren. Eine klassische

Fallstudie ist die Analyse von „Anna O.", einem frühen Fall Freuds und Breuers, in dem die Abreaktion unterdrückter Gefühle zu einer Verminderung von hasserfülltem Verhalten führte (Freud & Breuer, 1895). In modernen psychodynamischen Ansätzen, wie der mentalisierungsbasierten Therapie (MBT), liegt der Fokus auf der Verbesserung der Fähigkeit des Patienten, die eigenen und fremden mentalen Zustände zu verstehen, was eine zentrale Rolle bei der Verringerung von Hass spielt (Bateman & Fonagy, 2016).

Die Emotionsfokussierte Therapie (EFT) basiert auf der Annahme, dass negative Emotionen wie Hass durch unverarbeitete, tiefere Emotionen genährt werden. In der EFT wird der Therapeut den Patienten ermutigen, sich auf diese zugrunde liegenden Gefühle wie Angst, Scham oder Ohnmacht zu konzentrieren und sie zu verarbeiten. Dies hilft, den Hass zu entschärfen und durch konstruktivere Emotionen zu ersetzen. Greenberg und Paivio (1997) dokumentieren in ihrer Arbeit die Effektivität von EFT bei der Behandlung von Menschen, die von intensiven negativen Gefühlen, einschließlich Hass, geprägt sind.

In der systemischen Therapie wird Hass oft als ein Produkt von gestörten Beziehungen innerhalb von Familien- oder sozialen Systemen verstanden. Der Ansatz zielt darauf ab, die Dynamik in den Beziehungen des Patienten zu untersuchen und zu verändern, um die Grundlage des Hasses zu entschärfen. Beispielhaft sind hier Therapien, die sich auf die Bearbeitung familiärer Konflikte konzentrieren, bei denen Hass häufig eine Reaktion auf ungelöste Machtkämpfe oder langjährige Ressentiments ist (Nichols, 2013). Ein Fallbeispiel ist die Behandlung von Familien mit generationenübergreifenden Feindseligkeiten, bei denen systemische Interventionen halfen, alte Muster zu durchbrechen und neue Formen der Kommunikation zu etablieren.

Fallstudie 1: Die Transformation von Fremdenhass
In einer Fallstudie von Hinton et al. (2012) wird ein 35-jähriger Mann beschrieben, der stark fremdenfeindliche Ansichten entwickelt hatte und regelmäßig verbale Angriffe gegen Migranten verübte. Die Therapie begann mit der Exploration seiner Kindheitserfahrungen, in denen er emotionale Vernachlässigung und Missbrauch erlebte. Es stellte sich heraus, dass der Hass auf Migranten eine Projektion seiner Wut und seines Gefühls der Machtlosigkeit war. Durch psychodynamische Therapie und das Erkennen der wahren Ursachen seiner Emotionen konnte er beginnen, seine Einstellung zu überdenken und Empathie für die von ihm attackierten Menschen zu entwickeln.

Fallstudie 2: Hass im Kontext von Ehekonflikten

Eine weitere Fallstudie (Johnson & Greenberg, 1985) untersucht die Verwendung von Emotionsfokussierter Paartherapie bei einem Paar, das von gegenseitigem Hass und Feindseligkeit geprägt war. Die Partner beschuldigten sich gegenseitig für persönliche Misserfolge, was zu chronischen Wutausbrüchen und Feindseligkeit führte. Im Verlauf der Therapie wurde der Hass als Deckmantel für tiefere emotionale Bedürfnisse erkannt – insbesondere das Bedürfnis nach Anerkennung und Nähe. Durch das Erarbeiten dieser Bedürfnisse in der Therapie konnte das Paar seine destruktiven Muster durchbrechen und den Hass transformieren.

Die Behandlung von Hass ist oft mit erheblichen Herausforderungen verbunden. Zum einen neigen Menschen mit starkem Hass dazu, tief verwurzelte Überzeugungen zu haben, die sich schwer verändern lassen. Dies ist besonders problematisch, wenn der Hass durch ideologische oder kulturelle Überzeugungen gestützt wird. Zum anderen erfordert die Arbeit mit Hass eine hohe emotionale Stabilität und fachliche Kompetenz des Therapeuten, da dieser oft selbst Ziel von Ablehnung oder Feindseligkeit werden kann.

Ein weiteres Problem besteht darin, dass einige Menschen Hass als einen Teil ihrer Identität wahrnehmen und sich stark mit dieser Emotion identifizieren. In solchen Fällen ist es entscheidend, dass der Therapeut den Patienten nicht verurteilt, sondern Empathie zeigt und einen sicheren Raum schafft, in dem der Patient seine Gefühle offen und ohne Angst vor Repressalien ausdrücken kann.

Neben der direkten therapeutischen Arbeit gibt es Ansätze zur Prävention von Hass, die auf gesellschaftlicher Ebene ansetzen. Bildungsprogramme, die Empathie und interkulturelles Verständnis fördern, können dazu beitragen, Hass zu reduzieren, bevor er überhaupt entsteht. Zudem können Programme, die sich auf die Stärkung der emotionalen Intelligenz und den Abbau von Vorurteilen konzentrieren, langfristig dazu beitragen, Hass in der Gesellschaft zu verringern (Staub, 2003).

Die Dekonstruktion von Hass in der Therapie ist ein komplexer, mehrschichtiger Prozess, der individuelle, soziale und emotionale Faktoren berücksichtigen muss. Unterschiedliche therapeutische Ansätze wie KVT, psychodynamische Therapie und Emotionsfokussierte Therapie bieten wirksame Methoden, um Hass aufzulösen und durch gesündere emotionale Muster zu ersetzen. Fallstudien verdeutlichen, dass es möglich ist, selbst tief verwurzelte Formen von Hass zu transformieren, wenn der Therapeut in der Lage ist, die zugrunde liegenden emotionalen Bedürfnisse zu adressieren und die kognitiven Verzerrungen zu korrigieren. Durch diese Arbeit können Menschen, die von Hass beherrscht werden, lernen, konstruktivere und gesündere Wege zu finden, mit ihren Emotionen umzugehen.

Fazit: Kann man das Lernen von Hass rückgängig machen? Perspektiven und Zukunftsaussichten

Hass ist eine der intensivsten und destruktivsten menschlichen Emotionen, die in der Regel nicht angeboren, sondern erlernt ist. Diese Emotion kann durch persönliche Erfahrungen, soziale Einflüsse, kulturelle und politische Ideologien oder familiäre Prägungen entstehen und tief in den Überzeugungen und Verhaltensweisen eines Menschen verankert sein. Angesichts der tiefgreifenden gesellschaftlichen und individuellen Schäden, die durch Hass entstehen, stellt sich die zentrale Frage: Kann man das Lernen von Hass rückgängig machen? Dieser Text beleuchtet die psychologischen, sozialen und therapeutischen Perspektiven zur Dekonstruktion von Hass, diskutiert die Wirksamkeit verschiedener Ansätze und gibt einen Ausblick auf zukünftige Möglichkeiten und Herausforderungen.

Hass wird in der psychologischen Forschung als eine komplexe emotionale Reaktion verstanden, die oft auf erlernten Vorurteilen, negativen Stereotypen und kognitiven Verzerrungen basiert. In Anlehnung an Gordon Allport (1954) ist Hass das Endprodukt eines Prozesses, der mit Antipathie beginnt, durch Vorurteile verstärkt wird und in Feindseligkeit und Diskriminierung gipfeln kann. Diese Emotion wird oft durch soziale Gruppenprozesse wie Ingroup- und Outgroup-Dynamiken (Tajfel, 1982) verstärkt, bei denen die eigene Gruppe als überlegen und die fremde Gruppe als minderwertig betrachtet wird. Derartige erlernte Muster sind tief in die Identität des Einzelnen eingebettet und können, wenn sie nicht hinterfragt werden, zur Normalisierung von Hass und Gewalt führen.

Die zentrale Frage, ob das Lernen von Hass rückgängig gemacht werden kann, wird durch verschiedene psychologische und therapeutische Ansätze adressiert. Während der Prozess, Hass zu verlernen, schwierig und langwierig ist, zeigen zahlreiche Studien, dass unter bestimmten Bedingungen eine Veränderung möglich ist.

Ein vielversprechender Ansatz zur Bekämpfung von Hass ist die Kognitive Verhaltenstherapie (KVT). Diese Therapieform zielt darauf ab, die negativen, automatischen Gedanken und Überzeugungen zu identifizieren, die Hass aufrechterhalten. KVT basiert auf der Annahme, dass Überzeugungen und Gedankenmuster erlernt und somit auch verändert werden können (Beck, 1976). Durch das kognitive Umstrukturieren lernen Menschen, ihre feindseligen Denkmuster zu hinterfragen und durch realistischere, weniger polarisierte Überzeugungen zu ersetzen. Studien zeigen, dass KVT insbesondere bei der Behandlung von Vorurteilen und Feindseligkeiten wirksam ist (Hofmann et al., 2012). Eine Metaanalyse von Hofmann und Smits (2008) belegt, dass kognitive Verhaltenstherapien signifikante Erfolge bei der Verringerung von Angst und Hass gegenüber bestimmten sozialen Gruppen aufweisen.

Ein weiterer Ansatz zur Dekonstruktion von Hass ist die Emotionsfokussierte Therapie (EFT). In der EFT wird Hass als sekundäre Emotion betrachtet, die aus tieferliegenden Gefühlen wie Angst, Ohnmacht oder Scham resultiert. Durch den therapeutischen Prozess der emotionalen Verarbeitung lernen Menschen, ihre ursprünglichen emotionalen Bedürfnisse zu erkennen und diese auf gesunde Weise auszudrücken. Greenberg und Paivio (1997) zeigen, dass EFT besonders bei Menschen, die von intensiven negativen Gefühlen geprägt sind, erfolgreich ist. In einer therapeutischen Umgebung, in der der Ausdruck von Emotionen gefördert wird, können Hassgefühle deeskaliert und transformiert werden.

Die psychodynamische Therapie konzentriert sich auf die Entschlüsselung unbewusster Konflikte, die oft den Hass antreiben. Sigmund Freud (1920) und Carl Jung (1957) argumentierten, dass Hass häufig eine Projektion unterdrückter oder verdrängter Emotionen sei. In der Therapie wird versucht, diese Konflikte ins Bewusstsein zu bringen und ihre Ursache zu verstehen. Moderne psychodynamische Ansätze, wie die Mentalisierungsbasierte Therapie (MBT), zeigen vielversprechende Ergebnisse bei der Behandlung von Menschen mit tief verwurzeltem Hass, indem sie die Fähigkeit zur Reflexion über die eigenen Gedanken und Gefühle fördern (Bateman & Fonagy, 2016).

2.4 Systemische Therapie und die Veränderung sozialer Dynamiken

Die systemische Therapie betrachtet Hass nicht isoliert, sondern als Teil eines größeren sozialen Gefüges, das in familiären oder gesellschaftlichen Kontexten eingebettet ist. In der Therapie wird der Fokus auf die Veränderung der Dynamik in den Beziehungen des Patienten gelegt, die zur Entwicklung von Hass beigetragen haben. Nichols (2013) zeigt, dass systemische Ansätze besonders bei der Arbeit mit Familien oder Gruppen effektiv sind, bei denen Hass als Reaktion auf ungelöste soziale Konflikte entsteht. Ein Beispiel ist die Therapie von intergenerationalen Feindseligkeiten, bei der systemische Interventionen helfen können, alte Konfliktmuster zu durchbrechen.

Trotz der vielversprechenden Ansätze gibt es erhebliche Herausforderungen bei der Dekonstruktion von Hass. Zunächst ist es oft schwierig, tief verwurzelte Überzeugungen und Denkmuster zu verändern, insbesondere wenn sie stark ideologisch oder kulturell verankert sind. Menschen, die Hass empfinden, identifizieren sich häufig stark mit dieser Emotion, was den therapeutischen Prozess erschwert (Staub, 2003). Hinzu kommt, dass gesellschaftliche und politische Einflüsse, wie Populismus oder Extremismus, Hass verstärken können, was den Weg zur Heilung zusätzlich blockiert.

Ein weiteres Problem besteht darin, dass viele Menschen, die von Hass betroffen sind, keine intrinsische Motivation haben, diesen zu überwinden. In solchen Fällen kann es schwierig sein, eine therapeutische Beziehung aufzubauen, die auf Vertrauen und Veränderungsbereitschaft basiert.

Obwohl es möglich ist, das Lernen von Hass rückgängig zu machen, bleibt die Prävention ein zentraler Ansatz, um die Entstehung von Hass überhaupt zu verhindern. Bildungsprogramme, die auf Toleranz, Empathie und interkulturelles Verständnis abzielen, können langfristig dazu beitragen, dass weniger Menschen Hass entwickeln. Dies kann durch frühkindliche Erziehung, schulische Aufklärung und mediale Kampagnen unterstützt werden. Programme wie das „Kontakt-Hypothesen-Modell" von Allport (1954), das auf die Schaffung positiver Interaktionen zwischen verschiedenen sozialen Gruppen setzt, haben gezeigt, dass der direkte Kontakt Vorurteile und damit auch Hass reduzieren kann.

Zukünftig bieten digitale Technologien wie virtuelle Realität (VR) neue Möglichkeiten, Empathie zu fördern und Hass abzubauen. Programme, die es Menschen ermöglichen, in die Perspektive anderer einzutauchen, könnten eine wichtige Rolle bei der Prävention von Hass spielen. Forscher wie Slater und Sanchez-Vives (2016) zeigen, dass VR-basierte Empathie-Trainings bereits erste Erfolge verzeichnen.

Auch auf gesellschaftlicher Ebene können politische Maßnahmen zur Bekämpfung von Hass beitragen. Gesetzgeberische Initiativen, die Hassrede und Diskriminierung bekämpfen, sind ein notwendiger Bestandteil, um die gesellschaftliche Akzeptanz von Hass zu minimieren.

Die Frage, ob das Lernen von Hass rückgängig gemacht werden kann, ist sowohl theoretisch als auch praktisch mit „Ja" zu beantworten – aber mit wichtigen Einschränkungen. Therapeutische Ansätze wie die Kognitive Verhaltenstherapie, die Emotionsfokussierte Therapie und die systemische Therapie haben gezeigt, dass es möglich ist, tief verwurzelte Hassgefühle zu dekonstruieren und durch gesündere emotionale und kognitive Muster zu ersetzen. Doch dieser Prozess ist komplex, langwierig und oft von Rückschlägen geprägt.

Eine umfassende Strategie zur Bekämpfung von Hass muss jedoch über die individuelle Therapie hinausgehen und gesellschaftliche, bildungspolitische und kulturelle Maßnahmen einbeziehen. Die Prävention von Hass sollte eine Priorität in Erziehungs- und Medienprogrammen sein, während gleichzeitig innovative Technologien und politische Maßnahmen genutzt werden, um die gesellschaftliche Verbreitung von Hass zu minimieren.

Letztlich bleibt die Dekonstruktion von Hass eine interdisziplinäre Aufgabe, die sowohl auf individueller als auch auf kollektiver Ebene angegangen werden muss, um langfristige und nachhaltige Veränderungen zu erreichen.